Rainer Neutzling

HERZKASPER

Geschichten über
Liebe und Sex
in der Pubertät

Rowohlt

1. Auflage August 1995
Copyright © 1995 by Rowohlt Verlag GmbH,
Reinbek bei Hamburg
Alle Rechte vorbehalten
Einbandgestaltung Barbara Hanke
Gesetzt aus der Sabon (Monotype Lasercomp)
von Libro, Kriftel
Gedruckt und gebunden von Clausen & Bosse, Leck
Printed in Germany
ISBN 3 498 04667 5

Für Angie, Katinka, Marcie und Zingo

Inhalt

Doch jetzt tut's nicht mehr weh
Nee, jetzt tut's nicht mehr weh.
Und alles bleibt stumm
Und kein Sturm kommt auf wenn ich dich seh.

Es ist vorbei, bye bye Junimond
Es ist vorbei, es ist vorbei bye bye...

Rio Reiser: Junimond

Vorwort

Aufklärungsliteratur meint es heutzutage meistens nur gut. Wenn Jugendliche ordentlich verhüten und die Aids-Gefahr im Auge behalten, sollen und dürfen sie ruhig alles ausprobieren, was ihnen Spaß verspricht – natürlich nur, wenn sie es nicht allzu bunt treiben. An Informationsangeboten etwa über Flirttips und die Kunst, ja oder nein zu sagen, mangelt es nicht. Gegen praktische Hinweise zur Empfängnisverhütung hat mit Ausnahme des Papstes so gut wie niemand mehr etwas einzuwenden. Das ist schließlich vernünftig.

Wenn man mit Jugendlichen spricht, gewinnt man allerdings den Eindruck, daß sie es nicht unbedingt leichter haben als die Mädchen und Jungen früher, aus denen bereits Eltern geworden sind. Viele tun sich mit der Sexualität und der Liebe sogar schwerer, denn der Druck ist groß geworden, schon möglichst früh hinzubekommen, woran die meisten Erwachsenen sich immer noch schamvoll abarbeiten. Die drängendste Frage lautet nach wie vor: Bin ich überhaupt richtig? Trotz aller Aufklärung fehlen oft nicht nur grundlegende Informationen über körperliche Beschaffenheiten und Vorgänge, sondern vor allem auch Worte. Bei Manuskriptlesungen vor Schulklassen ist mir das jedesmal begegnet.

Die Erwachsenen haben in der Regel vergessen, wie es sie selbst in der Pubertät gebeutelt hat und was ihnen, Glück und Lust zum Greifen nahe, doch immer wieder im Wege

9

stand. Die Sexualität Jugendlicher sperrt sich zudem selbst gegen gutgemeinte pädagogische Einwirkungen. Sie ist nämlich nicht nur wild, autoritätsverhöhnend und überhaupt das Ureigene, sondern auch im höchsten Maße angstbesetzt und von den widersprüchlichsten Erwachsenenbotschaften beeinflußt. Mit anderen Worten: Gefühle der Scham und der Unsicherheit lassen sich genausowenig einfach wegwünschen, wie Lust und Beziehungsreife per Handlungsanleitung zu erlangen sind. Und dabei steht jede Jugendgeneration vor der Aufgabe, die Liebe neu zu erfinden, und zwar abgeschieden von den Erwachsenen und gegen ihre Vorstellungen.

Mit HERZKASPER möchte ich das Gefühlschaos der Pubertät auch in seiner Unentrinnbarkeit schildern. In Form einer «erzählenden Sexualkunde» soll das Buch am Beispiel der drei zu Beginn der Handlung siebzehnjährigen Hauptfiguren Micha, Vio und Laura über Pubertätskonflikte informieren, aber vor allem auch das Herz bewegen. Für die Jugendlichen geht es dabei nicht um ein «coming of age». HERZKASPER handelt weniger vom Erwachsenwerden im klassischen Sinn als vielmehr von den Sehnsüchten und Nöten einer schwierigen Lebensphase.

Über einen Zeitraum von zwei Jahren werden aus der jeweils wechselnden subjektiven Sicht des Jungen und der Mädchen vor allem Empfindungen und Gedanken beschrieben. Es geht um die Beziehung zu den Eltern, das Verhältnis zum eigenen Körper, Selbstbefriedigung, die sie begleitenden Phantasien, Probleme mit dem Selbstwertgefühl, Gruppendruck, monströse Vorstellungen vom jeweils anderen Geschlecht, das erste Mal, die Erfahrungen danach, Angst vor einer Schwangerschaft, Rauschmotive, sich verändernde Freundschaften, Treubruch, Eifersucht, heilloser Liebeskummer und Selbstrettung.

Ich hoffe, HERZKASPER trägt dazu bei, die gewünschte Nähe und die gebotene Distanz zwischen Jugendlichen und Erwachsenen auszubalancieren. Vielleicht kommen sich Jugendliche dann etwas weniger «falsch» vor, und vielleicht sind sie Erwachsenen dann auch etwas weniger «fremd».

Rainer Neutzling, im Februar 1995

1 Ein schöner Nachmittag – eigentlich

Plötzlich wiegt Micha vier Zentner. Er kennt das Gefühl, er hat es sozusagen erfunden.

Nannette geht vor dem Regal in die Knie und sucht einen Musiksender im Radio. Zwischen Hosenbund und T-Shirt lugt ein Stück ihres braungebrannten Rückens hervor. Der Ansatz ihrer Poritze ist auch zu sehen. «Mist! Samstag nachmittags bringen sie überall nur Fußball oder Labersendungen.» Auf einer Ferse dreht sie sich zur Seite und streckt ächzend ein Bein aus. Das T-Shirt spannt über ihren Brüsten. Sie kurbelt weiter am Sender, findet eine italienische Schnulze. «Das?»

Micha zuckt mit den Schultern. Es ist ihm egal. Er sitzt auf heißen Kohlen.

Nannette wendet sich vom Radio ab und kommt auf ihn zu. Mit einer lässigen Handbewegung wirft sie ihre beeindruckende Haarpracht zurück, die für zwei Mädchenköpfe ausreichen würde, und setzt sich zu Micha auf die Bettcouch.

Er lehnt aufrecht sitzend an der Wand und schaut auf seine Uhr. «Gleich fünf.»

Sie schiebt sich zu ihm rüber und grinst verschmitzt, nimmt einen tiefen Atemzug und schlägt die langen Wimpern nieder. Sie beginnt, mit dem Zeigefinger an seiner Hosennaht entlangzustreichen.

Fünf Zentner. Ihr Kopf wiegt leicht hin und her. Von ihrem Gesicht ist nichts zu sehen. Sechs Zentner. Er hat einen pappigen Geschmack im Mund, denkt an die fettigen Pommes frites, die sie vor einer halben Stunde in der Dorfbude gegessen haben. Nannette schaut zu ihm hoch. Vollblei. Immer wieder dieselbe Scheiße!

Vor ein paar Wochen ist Micha nach Bendorf zu seinem Vater gezogen. Das kleine ehemalige Industriestädtchen am Rhein zwischen Koblenz und Neuwied macht nicht gerade viel her. Knapp über zehntausend Einwohner, historisch aufgepeppter Stadtkern, aber ansonsten ziemlich grau, wenn nicht gar trist. Es ist die Heimatstadt seines Vaters. Der riesige Bendorfer Wald hat es Micha jedoch angetan. Nach den Jahren bei seiner Mutter in München hat er festgestellt, daß ihm stundenlange Spaziergänge gefallen, bei denen ihm kein Mensch begegnet.

Bis vor fünf Jahren hat er mit seinen Eltern und seinen beiden Schwestern noch in der Nähe von Essen gewohnt. Die Eltern ließen sich scheiden, weil der Vater bei einem seiner Besuche in Bendorf eine andere Frau kennengelernt hatte und bei ihr bleiben wollte. Marion, fünfundzwanzig und damit fünfzehn Jahre jünger als er, schön und gescheit und damals gerade mal doppelt so alt wie Micha. Die ersten Monate nach dem Bruch waren ein einziger elender Krampf. Heulerei oder Schweigen, eins von beiden. Der Mutter ging es natürlich schlecht. Ihre Leidensmiene wurde immer länger. Aber das war nicht das Schlimmste. Eigentlich kannte Micha seine Mutter gar nicht anders.

Viel schlimmer waren das Gestammel des Vaters und die schuldbewußten Umarmungsversuche. Er konnte ihm nichts mehr erklären. Micha und seine beiden jüngeren Schwestern zogen mit der Mutter nach München, in ihre Heimatstadt. Der Vater machte zusammen mit Marion in Bendorf einen Zeitschriftenladen auf. Micha besuchte ihn, sooft es ging, vor allem in den Ferien, und lernte auch Marion besser kennen. Das war heikel. Seine Mutter fragte ihn nach seiner Rückkehr jedesmal aus. Was sollte er ihr erzählen? Daß es dem Vater gutging? Daß man sich mit Marion gut unterhalten konnte? Daß sie gut roch, so teuflisch gut, daß sie in seinen Träumen auftauchte? Am Ende hätte seine Mutter noch aus Eifersucht mit ihm schmusen wollen. Sie hatte damals ohnehin gelegentlich solche Anwandlungen, rutschte abends vorm Fernseher auf der Couch an ihn heran, lehnte ihren Kopf an seine Schulter und seufzte, er sei jetzt ihr Großer. Er machte sich stocksteif. Zärtlichkeiten seiner Mutter war er nicht gewohnt.

Enttäusch mich bloß nicht! hat Max letzten Mittwoch zu ihm gesagt und ihn am Pinkelbecken von *Tante Mathilde*, der einzigen annehmbaren Kneipe Bendorfs, über Nannette ins Bild gesetzt. Sie sei schwer in Ordnung und ließe auch sonst nichts zu wünschen übrig. Mit offenem Hosenstall formte er zwei imaginär volle Hände vor seiner Brust und schubste Micha von der Seite an, der Mühe hatte mit dem Zielen.

Max wohnt in Michas Nachbarschaft, eine Seitenstraße weiter auf dem Streckenpfad, einer hochgelegenen Siedlung am Waldrand. Sie kennen sich von Michas vielen Ferienbesuchen bei seinem Vater und haben sich über die Jahre hinweg angefreundet. Wenn Micha darüber nachdenkt, stellt er fest, daß Max der einzige wirkliche Freund ist, den er je gehabt hat. In München ist er mit niemandem so richtig warm geworden.

Sie verbrachten den Abend bei *Tante Mathilde*, und alle waren da, die Micha bisher nur aus Max' Erzählungen oder von flüchtigen Begegnungen auf der Straße her kannte: aus Bendorf die ordentliche Claudia und der stille Karsten, die hübsche Vio und der smarte Olli, die impulsive Liv und schließlich Nannette aus Vallendar, einem der vielen kleinen Nachbardörfer Bendorfs. Michas Zuversicht wuchs, daß sich die Ankündigung seines Freundes Max bewahrheiten könnte, in Bendorf würde alles, vor allem das mit den Mädchen, besser laufen als in München.

Nannette lud ihn kurzerhand für Samstag nachmittag zu sich nach Vallendar ein.

Was mache ich hier!?

«Hallo.» Nannette scheint zu überlegen, ob sie ihren Kopf an seine Brust schmiegen soll.

Kerzengerade und schwer, kommt er sich vor wie ein kalter, metallener Buddha auf der Bettcouch. In seinen Phantasien freut er sich immer über willige Mädchen. Da nimmt er mal abgebrüht, mal gierig die Aufforderung, zur Sache zu gehen, ganz selbstverständlich an. Jetzt aber ist er wie gelähmt. Sag was! Sein Mund ist staubtrocken. Er grinst verlegen und läuft puterrot an. Schließlich befiehlt er seiner Hand, sich auf Nannettes Kopf zu legen. Die Handbewegung kommt ihm seltsam plump vor. Vielleicht liegt es daran, daß es ihm nicht gelingt, ohne große Umstände durch die Unmasse von Haaren ihren Schädel zu fühlen. Seine Hand krallt sich in ein dickes Büschel. Es sieht aus, als hätte er die Hand aus irgendeinem praktischen Grund dort hingehängt. Nannette kuschelt sich an ihn und spielt mit den Knöpfen seines Hemdes. Er hält sich an dem Haarbüschel fest. Ihm ist heiß. Seine Nase schwillt zu. Er versteht das alles nicht. Nannette sieht gut aus. Hier und jetzt könnte er zugreifen. Sie will es, da gibt es kein Vertun! Aber das war noch nie das Problem. Daß Max vermutlich schon einmal etwas mit ihr gehabt hat, ist zwar keine angenehme Vorstellung, aber das kümmert Micha nicht weiter. Daß Nannette in dem Ruf steht, leicht zu haben zu sein, stört ihn auch nicht. Den Eindruck macht sie ohnehin nicht.

Bevor sie in ihrem Zimmer gelandet sind, haben sie einen Spaziergang zum *Wüstenhof* gemacht, einem Gasthaus im nahen Vallendarer Hinterland mit Pferden auf der Koppel und Hühnern, die zwischen den Tischen auf der sonnigen Terrasse frei umherlaufen. Von dort oben hat man einen weiten Ausblick hinunter ins Rheintal. Sie haben einfach einen schönen Nachmittag miteinander verbracht. Eigentlich.

Das Problem ist, denkt Micha, daß ich weder voll noch bekifft bin. Nannette schiebt sich ein paar Zentimeter nach oben, während sie leicht an ihm zieht, offenbar um seinen Kopf auf gleiche Höhe mit ihrem zu bringen. Micha gibt nach. Er läßt ihre Haare los und rutscht nach unten. Dann liegt sie in seinen Armen. Er schließt die Augen, neigt steif seinen Kopf und trifft ihren Mund. Ihre Zähne schlagen leicht aufeinander. Dann rotiert seine Zunge hektisch um ihre. Seine Spucke fließt in ihren Mund, und er merkt, daß sich ein Tropfen Schweiß aus seiner Achselhöhle löst und kalt bis zum Hüftknochen runterläuft. Sie legt eine Hand in seinen Nacken. Aus Versehen streift er mit seiner Hand ihre Brust, und für einen Augenblick spürt er seinen Penis. Er hebt den Kopf und niest.

Nannette lacht, als er sie fragt, ob sie ein Taschentuch für ihn habe. Sie kommt nach oben, beugt sich quer über seinen Schoß und langt unter die Couchumrandung. Er linst ihr in den Ausschnitt des T-Shirts, dessen oberster Knopf geöffnet ist. Großer Gott, welche Pracht! Und so nah! Als sie unter der Couchumrandung ein Päckchen Papiertaschentücher hervorfischt, gibt ihm das einen Stoß. Wie griffbereit sie die Taschentücher plaziert hat! Es scheint, als wäre Nannette auf alle Eventualitäten vorbereitet...

Sie muß seinen mißtrauischen Blick bemerkt haben. «Ich reagiere auf alle möglichen Pollen allergisch. Im Frühjahr ist es besonders schlimm, aber manchmal läuft mir auch im Sommer ständig die Nase.» Zum Beweis zieht sie die Nase hoch. Sie reicht ihm ein Taschentuch.

«Ich habe einen ganz trockenen Hals.» Er schneuzt sich. «Hast du was zu trinken da?»

Für einen kurzen Augenblick stiert Nannette ins Leere. Dann steht sie auf, schüttelt ihre Löwenmähne und zerrt ein stoffumwickeltes Gummiband aus ihrer engen Hosentasche. Mit ein paar drehenden Bewegungen faßt sie den größten Teil ihrer Haare zu einem Pferdeschwanz zusammen. «Klar.» Sie schaut ihn flüchtig an. «Saft?»

Er lächelt erleichtert und nickt zustimmend. Nannette verschwindet aus dem Zimmer. Während er sich eine Zigarette dreht, verwünscht er sich abwechselnd als Hornochse, Krummbohrer und Idiot.

Sie kommt mit zwei Gläsern und einer Flasche Apfelsaft zurück, stellt die Sachen auf der Bettcouch ab und geht zum Regal, um das Radio auszuschalten. Mit einem Aschenbecher in der Hand kommt sie wieder zur Couch. «Hier.»

«Darf ich?» Micha zeigt ihr die Zigarette.

«Ja.» Sie füllt beiden Saft ein, nimmt ihr Glas und setzt sich neben ihn an die Wand. In kleinen Schlucken nippt sie an ihrem Getränk.

Plötzlich tut ihm Nannette leid. Wieder eine enttäuscht! Am liebsten wäre er jetzt aufgesprungen und hätte die Bettcouch hochgestemmt. Nannette hätte angefangen, zu kreischen und zu lachen. Und dann wären ihm Flügel aus dem Kreuz geschossen und er wäre aus dem Fenster geflogen. Vielleicht hätte Nannette zu ihm heraufgewinkt. Er zündet sich seine Zigarette an und überlegt, was er sagen könnte.

Alles, was ich von jetzt an sage, wird danebengehen!

Nannette hilft ihm aus der Klemme. «Drehst du mir auch eine?»

Er ist froh, zu etwas aufgefordert zu werden, das er gut kann. Nannettes Zigarette wird formvollendet. Er entspannt sich ein wenig.

Mit einer unsicheren Bewegung hält sie die Zigarette in die Flamme des Streichholzes, inhaliert vorsichtig und läßt geräuschvoll den Rauch ab. «Poh, sind die stark. Rauchst du immer dieses Zeug?»

«Du rauchst eigentlich nicht, was?» Langsam weicht das Blei aus seinen Gliedern.

Sie lächelt und macht es sich am Kopfende der Bettcouch bequem. Die Zigarette zwischen langgestrecktem Zeige- und Mittelfinger eingeklemmt, nimmt sie mit spitzen Lippen einen weiteren Zug. «Manchmal schon, aber wenn, dann nicht ein solches Kraut.»

«Ach, es geht.» Er trommelt mit den Fingern seiner freien Hand auf seinem Knie. «Heiß hier!»

«Hast du dich schon eingelebt in Bendorf? Max hat erzählt, daß du lange in München gewohnt hast. Im Vergleich dazu ist hier in der Gegend wohl nicht viel los, was?»

Normalgewicht. Micha erzählt im Plauderton. Daß Marion, die Frau im Zeitschriftenladen, nicht seine Mutter ist, hat Nannette sich schon gedacht. Sie schätzt Marion auf dreißig, was genau hinkommt. Daß Micha zwei jüngere Schwestern hat, die noch bei der Mutter in München leben, überrascht sie allerdings. Sie würde ihn zwar erst seit ein paar Tagen kennen, aber sie hätte ihn für ein Einzelkind gehalten. Micha denkt kurz darüber nach und meint, daß er sich selbst oft so fühle.

Nannette gähnt verstohlen. «Und weshalb bist du zu deinem Vater gezogen?»

«Och, ich wollte halt mal was anderes sehen. Außerdem bin ich gerade hängengeblieben.»

«Ach, du bist gar nicht bei Max in der Klasse?»

Micha schüttelt den Kopf. «Ich laufe seit zwei Wochen eine Ehrenrunde in der Elften.» Er greift nach seinem Tabakpäckchen und dreht eine neue Zigarette. Mit einem fragenden Nicken bietet er sie Nannette an.

Nannette mag nicht rauchen. Sie hebt ihr T-Shirt leicht an und fächelt sich Luft auf den Bauch. «Und deine Mutter, hat sie auch wieder geheiratet?»

Micha bekommt Rauch in die Speiseröhre und hustet. «Nein, die nicht.» Er klopft sich mit der flachen Hand auf die Brust. «Ich glaube, das wird sie auch nicht mehr tun.»

«Wieso nicht? So alt ist sie doch bestimmt noch nicht.»

«Nein. Noch keine Vierzig.» Er schnippt die Asche ab. «Ich weiß auch nicht.» Er zuckt mit den Schultern und nimmt einen tiefen Zug.

Nannette richtet sich auf und gießt Saft nach. «Du kannst auch ein kaltes Bier haben. Mein Vater hat unten im Keller einen ganzen Kühlschrank voll davon.»

Micha lehnt ab.

«Dann besorge ich etwas Eis aus der Küche. Die Brühe hier

ist schon ganz warm.» Sie steht auf. «Außerdem muß ich mal. Bin gleich wieder da.»

Er drückt die Zigarette aus. Meine Mutter und wieder heiraten? Unvorstellbar!

Nach der Scheidung ist sie in München wieder etwas aufgeblüht. Sie fing an, stundenweise als Kassiererin im Baumarkt ihres Bruders zu arbeiten. Micha glaubt, daß sie für Männer nichts mehr übrig hat. Die sind in ihren Augen ohne Ausnahme egoistisch, unzuverlässig und gefühllos. Das hat sie ihm in den letzten Jahren auch immer wieder vorgehalten, besonders als das mit den Feten losging, mit dem Saufen und dann auch mit dem Kiffen. Und mit dem Absacken in der Schule. Sie hat sich immer wieder am Telefon bei seinem Vater beschwert. Sie käme nicht mehr zu Rande mit ihm, so ginge das nicht mehr weiter und so weiter und als Vater müsse er seinem Sohn endlich einmal ins Gewissen reden. Dabei schneidet sein Vater bei ihr ebenfalls alles andere als gut ab. Aber wenn Micha sie einmal mit einem Mann reden sah, egal, ob mit einem Nachbarn oder mit irgendeinem aus dem Baumarkt, dann kam es ihm vor, als schäkerte sie, was das Zeug hielt. Er fragte sich jedesmal, ob es die Mutter ehrlich meinte.

Irgendwo in der Wohnung wird eine Toilettenspülung betätigt.

Als er vor zwei Wochen mit seinen gepackten Sachen vor ihr stand, um sich zu verabschieden, hatte er für einen kurzen Augenblick den Eindruck, daß sie ihn umarmen wollte. Er hob schnell die Hand und sagte: Also, ich geh dann jetzt mal! Er konnte sich nicht daran erinnern, je von ihr einen Kuß bekommen zu haben. Vielleicht ganz früher einmal – vielleicht. Während der Zugreise nach Koblenz war es ihm dann merkwürdig schwer ums Herz, und es dauerte eine ganze Weile, bis das bleierne Gefühl aus seinem Körper endlich verschwand. Sein Vater holte ihn abends vom Koblenzer Hauptbahnhof ab. Er legte Micha freundlich einen Arm um die Schultern und sagte: Laß uns noch mal neu anfangen. Micha schüttelte ihn ab. Die kurze Autofahrt nach Bendorf verbrachten sie schweigend.

Unten in der Küche fällt etwas aus Metall auf Steinfußboden.

Max war begeistert, als Micha ihm erzählte, daß er nach Bendorf ziehen würde. Max, der Frauenheld! Er kennt Michas Problem mit den Mädchen. – Micha hat ihm auch von Dani erzählt, von Dani aus München, ein Jahr älter als er und die Schönste und Tollste überhaupt. Im Frühjahr hat er sich in sie verliebt, allerdings ohne auch nur einmal an sie herangekommen zu sein. Eine absolut aussichtslose Sache.

Nannette erscheint mit einem Plastikschüsselchen in der Tür. «Hat ein bißchen länger gedauert.» Sie gibt in jedes Glas zwei Eiswürfel. Dann macht sie es sich wieder in ihrer Ecke bequem.

Er prostet ihr zu. Ich ticke nicht richtig! Er nimmt einen Schluck. Was sie jetzt wohl von ihm denkt? Vielleicht hält sie ihn für besonders zartfühlend? Das gefällt ihm nicht. Wärend er sich wieder eine Zigarette dreht und Nannette an einer Strähne ihrer Haare spielt, wird ihm plötzlich klar, daß er nicht die Spur in sie verliebt ist. Gut, daß er ihr nicht an die Brust gefaßt hat. Und geküßt hat sie ihn ja auch mehr als er sie. Da kann sie keine Ansprüche stellen...

Nannette nimmt das Gespräch wieder auf. «Wieso hast du eigentlich keinen bayerischen Akzent, wo deine Mutter doch Münchnerin ist?»

«Ihre Eltern kommen aus der Nähe von Hannover. Sie ist zwar in München aufgewachsen, aber sie hat da nie bayerisch geredet.»

«Aha.» Nannette scheint darüber nachzudenken.

Micha entscheidet, bald den Abflug zu machen.

«Hast du Freundinnen in München gehabt?»

«Klar, sicher, hin und wieder.»

«Und jetzt, ich meine, na ja, du wohnst ja noch nicht so lange hier.»

«Das stimmt, ja.»

«Ich finde dich nett.» Sie trinkt einen großen Schluck, nimmt einen Eiswürfel in den Mund und läßt ihn wieder zurück ins Glas fallen.

«Ja.» Er räuspert sich. «Was machst du eigentlich so?»

Sie erzählt, daß sie nach der elften Klasse das Gymnasium geschmissen hat und in ein paar Tagen eine Ausbildung bei einem Zahnarzt in Koblenz anfangen wird und daß sie von zu Hause ausziehen will, sobald sie das Geld dazu hat.

Er überlegt, wie er am schnellsten von hier verschwinden kann.

«Und was machst du heute abend?» Nannette versteckt sich hinter ihrem leeren Glas.

Er schaut auf seine Armbanduhr. «Ich muß gleich nach Hause. Ich gehe mit meinem Vater und Marion essen.»

Ihr Mund zuckt kaum merklich. «Ach so. Da hast du gar nichts von erzählt.» Sie streicht ihr T-Shirt auf dem Bauch glatt. «Na ja, wahrscheinlich kommt Laura gleich vorbei. Wir wollten ein bißchen» – sie überlegt kurz – «weggehen.»

«Laura?»

«Eine Freundin von mir.»

«Die war aber nicht am Mittwoch bei *Tante Mathilde*, oder?»

«Nein, die geht da selten hin.»

«Warum nicht? Ist doch nett da.»

Nannette steht auf und geht zum Fenster. «Und morgen? Ich fand es ganz schön heute.»

«Weiß ich noch nicht. Aber sonntags gehe ich selten aus dem Haus.» Er betrachtet ihre Rückseite und entscheidet, am Abend an sie zu denken und sich einen runterzuholen. Im nächsten Moment mag er sich selbst nicht mehr. Micha, der Marathonwichser!

«Ja dann.» Sie dreht sich um. «Trinkst du noch was?»

Er stellt sein Glas ab und steht ebenfalls auf. «Nein danke, ich muß jetzt los.»

«Rufst du mal an?»

«Klar. Sicher. Also, tschüs dann!» Er hebt seine Hand und

verschwindet aus dem Zimmer. Ihre Entschlossenheit kommt ihm so bewundernswert wie beängstigend vor.

Auf der Straße blickt er zu Nannettes Fenster hoch. Das Fenster ist gekippt, und er kann nicht erkennen, ob sie da noch steht und auf ihn herunterschaut. Er löst das Schloß, mit dem er den Helm am Mofa seines Vaters befestigt hat, und schwingt sich auf die kleine Maschine. Eigentlich zukkelt sein Vater damit immer durch die Gegend. Bis Micha in knapp einem Jahr den Führerschein machen wird, steht ihm das Mofa zur Verfügung. Er setzt den Helm auf und fährt los.

Die Strecke von Vallendar nach Bendorf führt mehrspurig am Rhein entlang und ist wie die meisten landschaftlich schönen Straßen leider nicht für Mofas und Fahrräder geeignet. Es gibt keinen vernünftigen Seitenstreifen, und die Autofahrer nutzen das kurze Stück zwischen den Orten, um kräftig Gas zu geben.

Der Fahrtwind kühlt die Haut auf angenehme Weise. Die Sonne senkt sich schon. Plötzlich fühlt er sich beschwingt. Immer wieder sagen die Leute, daß er gut aussehe. Er selbst findet sich eigentlich viel zu schmächtig. Und wenn er sich nicht rasiert, entsteht am Kinn ein spärlicher Flaum, der aussieht wie Schambehaarung. Er weiß, daß die Mädchen ihn für süß halten, für zartfühlend und schüchtern. Auch Dani hat ihn leider nur für süß gehalten. Es ist verhext. Und wenn eine mal Interesse hat, muß er sich entweder besaufen oder zukiffen – meistens beides zusammen. Ansonsten geht es ihm wie vorhin mit Nannette.

Er läßt den Rhein links liegen und biegt an der ersten Abfahrt nach Bendorf ab. Mühsam zuckelt das Mofa den langgestreckten Berg hoch. Oben zweigt die Straße nach Weitersburg ab. Micha liest im Vorbeifahren das Hinweisschild: Weitersburg 2 km.

Plötzlich kommt die Erinnerung klar und deutlich. Es war vor zwei Jahren bei einem seiner Besuche in Bendorf. Max schleppte zwei Mädchen an. Eine hieß Geli, die hatte Max für ihn vorgesehen. Zu viert spazierten sie nach Weitersburg, wo es im Wald ein kleines, mit Matratzen ausgelegtes Häuschen gab. Durch ein Fenster konnte man einsteigen. Geli hatte kurze blonde Haare, rote Backen und trug ein giftgrünes, kurzes Kleid. Er war aufgeregt und schwitzte aus allen Ritzen und Poren. Alle außer ihm kannten das Häuschen. Geli wußte, was dort passieren sollte. Ihr schien das aber nichts auszumachen. Im Gegenteil. Geübt schwang sie sich durch das Fenster, ohne daß er ihren Slip zu sehen bekam. Als er das Matratzenlager betrat, wurde ihm flau im Magen. Er nahm sich fest vor, sich nicht zu blamieren. Dann saß er steif neben ihr an der Wand. Er hätte seinen Arm um sie legen sollen, aber der wäre ihm eher abgefallen, als daß er ihm gehorcht hätte. Eine Handbreit neben ihnen waren Max und das andere Mädchen schon zugange. Geli rutschte etwas tiefer. Ihr Kleid schob sich langsam nach oben, und zwischen ihren Beinen kam ihr weißer Slip zum Vorschein. Während sie sich bewegte, schaute sie ihn auffordernd lächelnd an. Michas Kreislauf lief auf Hochtouren. Los, mach schon! Max ackerte. Geli wartete. Beweg dich! Vollblei. Plötzlich sagte Geli: Hast du keine Lust zu küssen? Er sagte: Doch, doch! Dann stand er auf und stolperte zum Fenster. Ich muß mal pinkeln, bin sofort wieder zurück! Und raus.

Gegenüber dem Bendorfer Kirchplatz biegt Micha ab in Richtung Streckenpfad, wo sein neues Zuhause ist. Wieder geht es bergauf. Das Mofa keucht. Er mußte damals wirklich pinkeln, aber er konnte sich nicht mehr dazu durchringen, wieder zurück ins Häuschen zu klettern. Nach kurzem Überlegen machte er sich, ohne den anderen Bescheid zu geben, aus dem Staub. Max fragte ihn am nächsten Tag, wo er denn abgeblieben wäre. Geli hätte sein Verschwinden zwar seltsam gefunden, aber auch gefragt, wann er wieder einmal nach Bendorf käme. Glücklicherweise begnügte Max sich mit der Antwort, daß er einfach und plötzlich keine Lust mehr gehabt hatte.

Zu Hause schmiert Micha sich ein paar Brote und findet im Kühlschrank einen Rest Gurkensalat. Marion und sein Vater sind am Nachmittag zu Freunden nach Essen gefahren. Sonntag abend kommen sie zurück. Kauend hockt Micha sich im Wohnzimmer in den schweren Fernsehsessel seines Vaters. Sein eigenes Zimmer liegt zwei Stockwerke höher unterm Dach. Abgesehen davon, daß es dort oben zu dieser Zeit noch viel zu warm ist, steht da auch kein Fernseher. Mit der Fernbedienung in der Hand denkt er nach.

Das wird schon noch was mit ihm werden. Für den Anfang war's gar nicht schlecht. Aber er will sich verlieben. Ohne das kann er es nicht. Vio, die er letzten Mittwoch bei *Tante Mathilde* kennengelernt hat, das wäre eine, in die er sich verlieben könnte. Sie hat schöne dunkelbraune Augen, schönes leicht gewelltes braunes Haar, einen schönen Mund und leider einen schönen Freund namens Olli, der nicht nur schon über Zwanzig ist, sondern auch zu den örtlichen Szenechefs gehört. Vio zählt damit zu den Bendorfer Spitzenfrauen. Die schlafen garantiert schon miteinander! Schlag dir das aus dem Kopf! Lächerlich! Mit dem vagen Verdacht, daß er sich vorzugsweise jene Mädchen zum Verlieben aussucht, die aussichtslos besetzt sind, drückt er den Fernseher an und läßt sich nach einigen unkonzentrierten Anfangsminuten von einem Film mit Doris Day und Cary Grant unterhalten.

Später geht er ins Bad, um sich zu duschen. Da liegt etwas auf der Toilettenspülung, von dem er spürt, daß es eigentlich nicht dort liegen sollte. Marion hat noch nie ihre Unterwäsche im Badezimmer herumliegen lassen. Sie muß es am Nachmittag eilig gehabt haben, denn auf dem Wasserkasten liegt einer ihrer BHs. Während Micha sich auszieht, betrachtet er ihn. Seit langem träumt er davon, einem Mädchen einmal ein solches Exemplar auszuziehen. Er nimmt an, daß er es schon einmal getan hat, ist sich aber nicht ganz sicher. Es war vor zwei Monaten am Ende seiner letzten Fete in München mit einer Freundin seiner geliebten

Dani. Er war mit ihr in irgendeinem Zimmer gelandet. Wahrscheinlich war er dorthin gekrochen, aber so genau weiß er auch das nicht mehr. Zuviel Bier, zuviel Shit. Die Kombination bringt es einfach nicht. Er erinnert sich daran, daß sie plötzlich nackt waren. Aber er bekam keinen hoch. Das weiß er noch. In den folgenden Tagen spielte er in seinen Phantasien immer wieder Fragmente dieses Ereignisses durch. Er hatte dann immer einen kräftigen Ständer, aber wenn er sich dann vorzustellen versuchte, wie es gewesen wäre, in sie einzudringen, war der Film zu Ende.

Vorsichtig greift er nach dem BH und fühlt das weiche Material der Körbchen. Er hat sich schon mehrmals vorgestellt, daß Marion schöne Brüste haben muß. Er drückt den BH in seiner Hand zusammen und gräbt seine Nase hinein. Es riecht nach Marions Bodylotion und auch ein wenig nach Schweiß. Irgendwie nach Frau. Sein Penis richtet sich ungefragt auf. Er legt den BH wieder auf den Wasserkasten, steigt in die Wanne und zieht den Vorhang zu. Er stellt das Wasser auf warm und seift sich ein. Vorsichtig zieht er die Vorhaut zurück und betrachtet mit dem immer wieder gleichen Verdruß das weiße, käsige Zeug, das sich manchmal auf seiner Eichel ansammelt. Das Smegma läßt sich wie immer leicht abwaschen, und bald leuchtet seine Eichel wieder rosig und gesund. Richtige Sorgen bereitet ihm aber ein seltsamer Knubbel, den er vor einem Jahr in der linken Hälfte seines Hodensacks entdeckt hat. Er nimmt den linken Hoden zwischen die Finger, drückt sachte zu und läßt ihn wegflutschen. Dann tastet er das restliche Gewebe ab, in dem sich diverse dünne Schläuche zu befinden scheinen, und fühlt wieder diesen murmelgroßen Knubbel. Elendes Scheißding! Manchmal überkommt ihn die Angst, er könnte Hodenkrebs haben. Er duscht sich ab und überlegt zum hundertstenmal, irgendwann vielleicht einen Arzt wegen dieser Sache aufzusuchen, aber er faßt keinen Vorsatz. So genau will er es gar nicht wissen. Wenn ich tatsächlich Hodenkrebs habe, ist sowieso alles aus!

Mit seinem Bündel Kleider unterm Arm tapst er in seines Vaters und Marions Schlafzimmer. Er stellt sich vor den großen Schrankspiegel, in dem er sich von Kopf bis Fuß betrachten kann. Breitbeinig atmet er tief ein, hält die Luft an, reckt das Kinn und winkelt die Arme ein wenig an. Frustriert atmet er wieder aus und denkt an den Expander, der ihm beim Einpacken in München nach langer Zeit wieder in die Hände gefallen ist. Er dreht sich zur Seite und nimmt eine neue Pose ein. Max hat noch nie Krafttraining gemacht und hat trotzdem jede Menge Muskeln! Micha zieht an seiner Vorhaut, um den Penis etwas länger erscheinen zu lassen. Und sein Pimmel wirkt auch trotz Beschneidung länger als meiner! Micha wüßte zu gern, ob seiner auch im eregierten Zustand immer noch kürzer wäre als der von Max. Er tritt nahe an den Spiegel heran und begutachtet eingehend sein Gesicht. Zufrieden stellt er fest, daß in den letzten beiden Wochen kein einziger Pickel hinzugekommen ist. Die alten bilden sich allmählich zurück. Vielleicht liegt's daran, daß Marion anders kocht als Mutti! Er wendet sich vom Spiegel ab. Sein Blick fällt auf das Doppelbett. Es ist ihm noch nie gelungen, sich seinen Vater und Marion zusammen im Bett vorzustellen. Marion ist eine ganz andere Frau als seine Mutter, lebensfroh und meistens gut gelaunt, locker und freundlich, einfach – erotisch. Und sein Vater? Er ist ein stiller Typ, ein Schmusebär, aber auch brummelig, und kriegt, wenn es darauf ankommt, die Zähne nicht auseinander. Wenn Micha Marion betrachtet, findet er seinen Vater als Mann vergleichsweise langweilig. Was macht der mit einer so feurigen Alten? Nach der Scheidung hat Micha noch eine Zeitlang gehofft, daß die Eltern wieder zusammenkommen würden. Als er dann aber Marion zum erstenmal sah, konnte er seinen Vater in gewisser Weise verstehen. Das änderte jedoch nichts an seiner Wut auf diesen alten Sack, der sich einfach verpißt und sie alle allein gelassen hatte. Was findet Marion eigentlich an ihm?

Micha zieht sich flüchtig an und rennt durchs Treppenhaus zwei Stockwerke höher in sein Zimmer. Niemand sieht ihn. Er legt sich auf sein Bett und denkt, daß die Papiertaschentuchindustrie eine helle Freude an ihm haben dürfte. Mechanisch dreht er sich zur Seite, fischt ein Taschentuch aus dem Regal neben seinem Bett und nimmt seinen Penis in die Hand. Er schließt die Augen und begibt sich auf die Reise: Versehentlich überrascht er Marion im Badezimmer beim Ausziehen. Anstatt ihn rauszuschmeißen, grinst sie ihn an, leckt sich die Lippen und befiehlt ihm, die Tür hinter sich zu schließen. Sie streckt die Hände nach ihm aus und führt ihn an den Wannenrand, wo sie seine Hose herunterstreift. Mit einem gekonnten Griff befreit sie seinen Schwanz aus der Unterhose. Dann setzt sie sich rittlings auf seinen Schoß. Vor seinem Gesicht baumeln ihre Brüste zum Anbeißen nahe. Fick mich, flüstert sie, fick mich, mein kleiner, süßer Michael. Während sie seinen Kopf mit beiden Händen faßt und sein Gesicht mit Küssen bedeckt, gelingt es ihm mühelos, beiseite zu schieben, daß er gar keine praktische Vorstellung davon hat, was es bedeutet, eine Frau zu ficken. Ihre Zunge leckt über seine Nase, seine Ohren und seine Augenlider. O Micha, haucht sie, dein Vater – Das Bild wird schwarz. Micha horcht. Ihm ist, als hätte er ein Geräusch gehört, als käme jemand die Treppe herauf. Quatsch, kann gar nicht sein! Er spielt an seinem Hodensack und stellt verwundert fest, daß er den Knubbel nicht mehr fühlen kann. Ich glaube, ich spinne! Marion ist verschwunden.

Seine Erektion droht nachzulassen. Nannette erscheint. Ihre Brüste. Sie beugt sich über ihn, um unter der Couchumrandung nach den Taschentüchern zu suchen. Er sieht ihr in den Ausschnitt, sieht den Ansatz ihrer Brüste und riecht plötzlich den würzigen Schweißgeruch ihrer Achseln. Ihre Brustwarzen bilden sich deutlich unter dem dünnen Stoff ihres T-Shirts ab. Langsam hebt er seine Hand und umfaßt behutsam eine ihrer Brüste. Nannette stöhnt auf, setzt sich augenblicklich rittlings auf seinen Schoß und preßt ihre Brüste gegen sein Gesicht. Er kommt in einem heißen Schauer, der ihm den Rücken raufläuft. Er dreht sich auf den Bauch, seine Oberschenkel verkrampfen sich. Er zieht die Knie an. Elende Kacke! Er öffnet die Augen, sein Blick fällt auf seine Schulmappe. Ich gehöre der Generation WiX an!

Er nimmt ein zweites Taschentuch und umwickelt damit das aufgeweichte Papierknäuel auf dem Bettlaken. Den Papierkorb neben seinem Schreibtisch verfehlt er wie gewöhnlich. Schlapp und leer döst er vor sich hin.

Der Todesmarsch von Richard Bachman alias Stephen King liegt in seiner Reichweite, aber er hat keine Lust zu lesen. Ein bißchen Gras aus München ist noch da. Er könnte sich eine Tüte bauen. Langsam erhebt er sich und kramt aus einem der letzten Umzugskartons, die noch vereinzelt in seinem Zimmer herumstehen, eine alte Teedose hervor. Der Joint ist schnell gebaut, und die Wirkung läßt auch nicht lange auf sich warten. Aber wie so oft verstärkt das Gras lediglich seine momentane Stimmung.

Trübsinnig liegt er auf dem Rücken. Er leckt sich die Lippen und fängt leise an zu summen, irgend etwas Unbestimmtes. Er raucht zu Ende und drückt die Kippe im Aschenbecher aus. Erschöpft läßt er sich wieder auf den Rücken fallen. Dani, die Unerreichbare, Dani-Joghurt. Nannette. Nannette im Bett adrett kokett gar nicht fett im Bett so nett so nett ... Er schaltet das Licht aus. Niemand kommt und überrascht ihn. Keine will ihn wirklich haben. Ich bin ein armer Wicht, ein wichsender Wicht, ein junger Spritzer. Auf Dani hab ich mir nie einen runtergeholt. Das ging einfach nicht. Zu schön, zu weit weg, zu real ...

Er dämmert weg. Sein letzter Gedanke gilt Vio. Viola, Bella, ja, die gefällt mir, könnte mir gefallen, doch jaja. Die Schöne und das Ober-Olli. Blöder Olli, Olli blöder ...

2 Das Ritual

Sonntag morgen. Vios Mutter verbreitet wie immer Hektik. «Du machst die Schupfnudeln. Die Kartoffeln sind gleich fertig. Danach räumst du dein Zimmer auf und gehst mal mit dem feuchten Lappen durchs Bad. Und deine Hose ist hinten eingerissen. Wo treibst du dich eigentlich immer herum? Herrgott, Viola, wie alt bist du eigentlich!» Sie kommt von der Spüle mit einem Lappen in der Hand auf Vio zu, fischt ihr ein Haar von der Schulter und begutachtet den Riß am Hinterteil der Jeans.

«Laß!» Vio dreht sich weg.

«Wenn du dir deine Klamotten selber bezahlst, kannst du meinetwegen herumlaufen, wie du willst!»

Sonntag morgen ist nicht die Zeit ihrer Mutter. Früher ist es noch schlimmer gewesen. Seitdem Vios ältere Schwestern ausgezogen sind und am Sonntagmorgen nicht mehr für fünf, sondern nur noch für drei Personen gekocht und gebacken werden muß, hat sich die jedesmal um diese Zeit vom nahen Kirchengeläut und Kochdampf geschwängerte Küchenatmosphäre etwas entspannt. Doch erst nach dem Mittagessen, das – wie wochentags auch – pünktlich um halb zwei auf den Tisch kommt, verschwinden die roten Streßflecken allmählich aus ihrem Gesicht. Im Grunde aber ärgert sie sich am meisten und leider unvermindert über ihren Ehemann. Vios Vater verdrückt sich nämlich seit Jahr und Tag Sonntag morgens zum Frühschoppen, während sie zu Hause bleiben und schuften muß. Ich hab nie mal Pause! lautet ihr Standardsatz. Da Vio ihr in diesem Punkt recht geben muß, steht fest, daß sie sich später niemals so viele Kinder anschaffen wird.

Sie nimmt die gargekochten Pellkartoffeln vom Herd und legt sich den Kartoffelstampfer sowie Eier und Mehl bereit. «Was gibt es denn sonst noch außer Schupfnudeln?» Sie fängt an, eine Kartoffel zu pellen.

«Rosenkohl und Kalbsbraten. Den Kalbsbraten habe ich gestern schon fertiggemacht, der muß nur noch aufgewärmt werden. Den Rosenkohl mache ich nachher. Ich muß noch den Tortenboden für heute nachmittag belegen.» Mit verzerrtem Gesicht versucht die Mutter ein Glas Sauerkirschen zu öffnen. Sie schafft es gerade noch rechtzeitig. Ihr Kopf droht zu platzen.

Nachdem alle Kartoffeln gepellt sind, werden sie in einer Plastikschüssel zerstampft. Vio gibt zwei Eier dazu und so viel Mehl, daß sich aus dem Ganzen ein halbwegs fester Teig kneten läßt. Dann formt sie daraus kleinfingergroße Teigröllchen. Später werden sie noch gekocht und in einer Pfanne angebraten. Im Schwäbischen heißen die Schupfnudeln auch Buabaspitzle, weil die Ähnlichkeit mit einem gewissen männlichen Körperteil nicht zu leugnen ist.

Vio grinst vor sich hin. «Die Dinger sehen wirklich aus wie Jungenpenisse.»

Ihre Mutter schaut von ihrer Tortenplatte auf. «Was weißt du denn schon davon!?» Sie macht ein ärgerliches Gesicht. «Hast du dir auch die Hände gewaschen?»

«Ja, hab ich.» Sie weiß genug davon. Ihre Mutter kann sich das eigentlich denken. Schließlich geht sie schon ein halbes Jahr mit Olli. Es ist allerdings besser, sich nicht auf ein Gespräch über solche Dinge einzulassen.

«Ich hoffe, du nimmst die Pille.» Ihre Mutter sagt es in einem barschen Ton. Mit fahrigen Bewegungen verteilt sie den Tortenguß über die Sauerkirschen.

«Nein, nehme ich nicht.» An Vios Händen klebt Nudelteig.

Ihre Mutter ist bei ihrem Spezialthema. «Mach's nicht so wie ich! Sei schlauer!» Sie steckt den mit Tortenguß verklebten Löffel zurück in den Topf und stützt sich mit beiden Händen auf die Tischplatte. «Die Männer wollen und können immer. Dagegen kannst du nichts machen. Aber du kannst dich schützen. Warum nimmst du die Pille nicht? Ihr habt doch heute alle Möglichkeiten.»

Vio erwidert nichts. Sie geht zur Spüle und wäscht sich den Nudelteig von den Händen.

«Überhaupt, wie du rumläufst!» Die Mutter stellt die Obsttorte zur Seite und schneidet mit einem Küchenmesser das Netz mit dem Rosenkohl auf. Mit schnellen, geübten Bewegungen beginnt sie, die Rosenknollen zu putzen.

Vio bereut ihren Satz mit den Jungenpenissen. «Was hat das eine denn mit dem anderen zu tun?» Daß ihre Mutter annimmt, sie würde mit Olli schlafen, ist ihr peinlich. Nicht nur, weil er die ganze Zeit schon darauf drängt, sondern auch weil ihre Mutter es jedesmal schafft, alles, was mit Sex zu tun hat, unanständig erscheinen zu lassen. Vio kennt die Litanei auswendig. Als Mädchen ist die Mutter mit ihren Eltern von Reutlingen nach Bendorf gezogen, und mit neunzehn hat sie schon heiraten müssen. Sie beklagt sich immer, daß sie so streng erzogen worden sei. Wenn man sie als kleines Mädchen mit einem weißen Kleidchen in eine Pfütze gesetzt hätte, wäre sie ohne einen Flecken wieder aufgestanden. Sie soll ein sehr reinliches Kind gewesen sein. Und wenn sie später schlauer gewesen wäre, hätte sie nie mit zwanzig das erste Kind bekommen. Danach gab es dann im Abstand von je sieben Jahren offenbar zwei weitere Mißgeschicke. Bei Vios Geburt war die Mutter schon Mitte Dreißig.

Eigentlich findet Vio ihre Mutter nicht wirklich streng. Sie spricht keine unsinnigen Verbote aus und hat auch nichts gegen die Beziehung zu Olli einzuwenden. Dennoch hat Vio das Gefühl, daß sich hinter der Aufgeschlossenheit ihrer Mutter ein ganzer Berg von Frust verbirgt. Sie kommt ihr verbittert und vertrocknet vor. Einmal hat Vio sie belauscht, als sie mit einer Freundin über Männer redete. Frauen würden auch gut ohne «das» auskommen, aber die Männer seien ja alle rückenmarkgesteuert. Waschen würden sie sich auch nicht richtig. Später haben sie sich noch über eine Frau ihres Jahrgangs ausgelassen, ein Flittchen mit drei Kindern von drei verschiedenen Männern. Soviel war klar: Von Zärtlichkeit und Romantik haben Männer nicht die leiseste Ahnung.

Vio schüttelt sich. «Wann soll ich das Wasser für die Schupfnudeln aufstellen?» Nichts wie raus aus der Küche!

«Kurz vor eins reicht.» Ihre Mutter gibt die geputzten Rosenkohlknollen in einen Kochtopf.

«Dann räum ich jetzt mein Zimmer auf.» Vio geht in die Diele.

«Vergiß das Bad nicht!»

Die Sonne durchflutet ihr Zimmer und reflektiert grell von den rotlackierten Oberflächen der Möbel. Sie hat sich den Bettkasten, den dazugehörigen Kleiderschrank, den Schreibtisch und das Regal zu ihrem zwölften Geburtstag gewünscht. Inzwischen mag sie niemandem mehr ihr Zimmer zeigen. Es kommt ihr kleinmädchenhaft vor, aber sie kann ihre Eltern nicht davon überzeugen, daß sie neue Möbel braucht. In einem Jahr wird sie mit der Realschule fertig sein und sich eine Lehrstelle suchen. Dann, meinen die Eltern, könnte man immer noch über eine neue Zimmereinrichtung nachdenken. Im Regal steht neben einem großen Einmachglas mit gesammelten Glasmurmeln eine kleine Stereoanlage. Daneben liegt eine Handvoll Kassetten. Vio entscheidet sich für die erste, die Olli ihr einen Tag nach ihrem ersten Kuß geschenkt hat. Ein Mix aus Schmuseliedern, die sie sich in den ersten zwei Wochen immer und immer wieder angehört hat. Sie beschließt, daß ihr Zimmer nicht aufgeräumt zu werden braucht, breitet die Tagesdecke über den Bettkasten und legt sich darauf.

Die Aufforderung ihrer Mutter, sie solle doch die Pille nehmen, geht ihr nach. Immer diese Verdächtigungen! Sie schließt immer von sich auf andere, denkt immer nur an das eine. Wie Olli. Er verdient mit seinen dreiundzwanzig Jahren mehr Geld, als alle ihre Bekannten zusammen an Taschengeld aufbringen können. Wenn er sich etwas zurechtmacht und seine dichten schwarzen Haare zurückkämmt, könnte er glatt als Model arbeiten. Aber er selbst favorisiert eher den gepflegten Schmuddellook, was im Grunde auch besser zu seiner lockeren Art paßt. Manchmal kann er allerdings ziemlich fies sein. Vor ein paar Tagen erst hat er ihr einen *Spiegel* mit der Bemerkung aus der Hand genommen, daß sie dafür doch zu dumm sei. Na ja, vielleicht hat er ja recht! Alle Mädchen aus der *Tante Mathilde* wollten ihn haben, und Vio hat sich vor einem halben Jahr, da war sie noch sechzehn, ungemein geschmeichelt gefühlt und sich in absoluter Hochstimmung von ihm küssen lassen. Sie war davon überzeugt, daß ein Mann wie er sie endlich zur Frau machen würde. Außerdem dachte sie, daß sie von seiner geistigen Überlegenheit profitieren könnte. Olli gilt als schlau und souverän. Vios einziges Problem mit ihm ist: Er ist ständig geil. Sie treffen sich jeden Tag. Und jedesmal ist Sex das erste, was er von ihr will.

Sie haben noch nicht miteinander geschlafen, und Vio fragt sich, warum sie nicht will. Eigentlich will sie es, aber sie hat sich bis heute nicht dazu überwinden können. Angst hat sie nicht davor, wenigstens nicht viel. Sie lauscht dem Geschepper, das aus der Küche zu ihr dringt. Betrübt stellt sie fest, daß ihre Lust in letzter Zeit wie weggeblasen ist, sobald sie Ollis Wohnung betritt.

Sie hat ihm gleich in der ersten Woche gesagt, daß er ihr noch ein bißchen Zeit lassen solle. Er nickte, streichelte ihr übers Haar und sagte: Sicher, nur nichts überstürzen. Vio versicherte ihm, daß sie auf alles andere Lust hätte. Am Anfang war es noch toll. Jeden Tag ging es zur Sache, abgesehen von dieser einen Einschränkung. Olli hat einen schönen Körper, weiche Haut, und er riecht gut. Seine Hän-

34

de sind geschickt. Aber sie haben Vio noch nie zum Orgasmus gebracht. Wenn Olli kommt, verzieht er wie von Schmerzen geplagt das Gesicht. Sie befürchtet, dabei ein ähnlich seltsames Gesicht machen zu müssen und will nicht, daß er sie so sehen kann. Es geht einfach nicht. Ab einem bestimmten Punkt fällt ihre Lust in sich zusammen wie ein Kartenhaus. Manchmal ist es sogar richtig unangenehm, wenn sein Finger dann ihre plötzlich wieder trockene Klitoris reibt. Mit der Zeit ist es immer schlimmer geworden. Oft wird sie gar nicht mehr feucht, auch am Anfang nicht. Sie hat sich schon gefragt, ob bei ihr vielleicht eine Drüse verstopft sein könnte.

Er fragt sie fast jedesmal, ob sie auch gekommen sei. Sie sagt dann: Ich glaube ja, es war schön. Sie kommt sich blöd vor, weil es nicht klappt. Außerdem spürt sie, daß er ihr nicht glaubt. Um so mehr bemüht er sich, es ihr endlich gut zu machen. Das Scheitern ist ein Teil ihres täglichen Rituals. Er hat ihr gesagt, daß sie es ihm richtig gut machen würde, und wollte dann mit einem süffisanten Lächeln wissen, wo sie das denn gelernt habe. Blöder Witz! Außerdem: Was gibt es denn da zu lernen? Ihm kommt es ja immer blitzschnell. Bei Männern ist das eben viel einfacher. Sie dreht sich auf den Rücken. Ihr Blick verdüstert sich. In bin nicht ganz normal!

Vor ein paar Wochen lag sie mit Olli auf seinem Bett. Plötzlich stand er auf und schob eine Videokassette in den Recorder am Fußende des Bettes ein. Willst du mal einen Porno sehen? fragte er sie. Vio hatte sogleich ein entrüstetes Nein auf den Lippen, merkte aber, daß sie durchaus neugierig war. Sie hatte noch nie einen richtigen Porno gesehen. Ist nichts Brutales dabei! versicherte Olli, und Vio war einverstanden. Mit dem Gefühl, etwas Verruchtes zu tun, kuschelte sie sich an ihn. Der Streifen erregte sie, obwohl sie ihn abstoßend fand. Eine Frau kommt zum Zahnarzt. Sie wird von zwei halbnackten Sprechstundenassistentinnen zum Behandlungsstuhl gebracht und ausgezogen. Das machen sie spielerisch und lustvoll. Sie kichern unentwegt. Komischerweise wundert sich die Frau über all das gar nicht. Irgendwie scheint das normal zu sein. Dann kommt der Arzt herein. Die Assistentinnen räumen das Feld. Der Mann öffnet ohne ein Wort seine Hose. Die Frau auf dem Stuhl ist schon halb weg vor Lust, leckt sich die Lippen und spreizt die Beine. Der Mann dringt in sie ein. Die Frau juchzt und beteuert in immer heftigerer Erregung, daß alles gut sei, so gut, ja so gut, o ja, ja. Die beiden anderen Frauen kommen wieder hinzu, und während der Doktor rammelt und stößt und knetet, lecken und küssen die Assistentinnen mit vereinten Kräften die Patientin zu einem explosionsartigen Orgasmus... Vio schaute wie gebannt zu. Für einen kurzen Augenblick stellte sie sich vor, die Frau auf dem Behandlungsstuhl zu sein. Sie erschrak darüber und lockerte ein klein wenig die Umarmung. Olli rückte nach. Der Film ging weiter. In den anderen Behandlungsräumen spielen sich ähnliche Szenen ab. Sind die Patienten Männer, hält sich der Arzt heraus. Dann besorgen es ihnen die Assistentinnen nach allen Regeln der Kunst. Irgendwann geht auch im Wartezimmer alles drunter und drüber, und bald keucht und ächzt die ganze Praxis. Je länger der Film dauerte, desto unwohler fühlte sich Vio. Sie hatte genug gesehen. Genug, um beschämt zu sein, weil die Frauen so offen und selbstverständlich geil waren, weil sie Tricks und Kniffe drauf hatten, die Vio nicht kannte. Olli würde es bald leid sein, ihr Geziere hinzunehmen. Seine letzte Freundin war genauso alt wie er und hat sich garantiert nicht so dumm angestellt. Am liebsten hätte Vio das Videogerät ausgestellt. Aber sie sagte kein Wort und rührte sich nicht. Später schaffte es Olli bei ihr wieder nicht.

Zu ihrem Entsetzen taucht der Porno seitdem immer wieder in ihren Träumen auf. Sie wirft sich vor, von solch plumpen und abstoßenden Bildern erregt zu werden. Olli weiß natürlich nichts davon. Sie hat ihm gesagt, daß er ihr niemals mehr mit einem solchen Film ankommen soll.

Sie rafft sich auf und geht mit einem feuchten Lappen durchs Bad.

Kurz vor halb zwei kommt ihr Vater nach Hause. Die Mutter steht am Herd und rührt noch an ihrer Mehlschwitze für den Rosenkohl.

«Mahlzeit!» Er betritt die Küche.

Vio ist damit beschäftigt, den Tisch zu decken. An der Lautstärke seiner Begrüßung erkennt sie, daß der Vater ein Pils zuviel getrunken hat.

Er grinst gutgelaunt in die Runde und schlendert zu seiner Frau am Herd. «Komm her, mein Weib. Laß dich umarmen!» Er gluckst und umschlingt sie mit beiden Armen von hinten.

Die Mutter schüttelt ihn mit einer schnellen Schulterbewegung ab. «Hör auf damit, und wasch dir die Hände!»

Er läßt sie los und lächelt Vio auf dem Weg zum Bad lausbübisch an.

Sie setzt sich auf ihren Platz. Gott, wie gräßlich!

Nach dem Essen verschwindet der Vater für ein Mittagsschläfchen im elterlichen Schlafzimmer. Vio und die Mutter räumen den Tisch ab, spülen das Geschirr und bringen die Küche auf Hochglanz.

Zufrieden schaut sich die Mutter um. «Und was machst du heute nachmittag noch? Gehst du weg?»

Vio riecht an einer Strähne ihrer Haare. Rosenkohl! «Ich dusche mich noch, und dann treffe ich mich mit Olli.»

«Hättest du dich nicht heute morgen duschen können!?»

Die Mutter zieht eine Schublade des Küchenschranks auf, wo sie unter anderem ihre Handcreme aufbewahrt. «Na ja, aber wisch hinterher das Bad wieder trocken.» Während sie sich die Hände einreibt, entspannen sich langsam ihre Gesichtszüge. «Ich setze mich jetzt ins Wohnzimmer.»

Gemeinsam verlassen sie die Küche.

Vio zieht sich im Bad aus, stellt das Wasser an und tritt in die Duschkabine. Die Erfrischung tut gut. Sie seift sich ein und schamponiert sich die Haare. Dann nimmt sie den Duschkopf aus der Halterung und spült das Shampoo aus. Das Wasser läuft über ihre Brüste. Der Brausestrahl kitzelt auf der Haut. Ihre Brustwarzen treten deutlich hervor. Sie richtet den Brausestrahl auf ihren Bauch und schaut zu, wie das Wasser sich in ihren Schamhaaren sammelt und an einer hervorstehenden Locke wie aus einem kleinen geringelten Penis abfließt. In irgendeiner Zeitschrift hat sie einmal gelesen, daß manche Frauen es sich mit dem Brausestrahl selber machen. Angeblich würden das sogar viele Mädchen machen. Vio kann sich das nicht vorstellen. Claudia, mit der sie alles beredet, hat jedenfalls noch nie davon erzählt. Sie schläft schon mit Karsten, seit kurzem. Aber die beiden sind auch schon seit über einem Jahr zusammen. Claudia ist vernünftig und nimmt die Pille. Die macht garantiert nicht an sich selbst rum! Vio verstärkt den Wasserstrahl und zögert und schließt dann die Augen.

Krachend versucht jemand, die Tür zum Badezimmer zu öffnen.

«Brauchst du noch lange?» Ihr Vater.

«Zehn Minuten!» Sie öffnet die Augen. Scheiße! «Geh doch vorne aufs Klo!»

«Da sitzt deine Mutter drauf! – Ah, schon gut, sie ist fertig.» Ihr Vater verschwindet wieder.

Sie rubbelt sich mit dem Handtuch trocken. Das Herz pocht ihr bis zum Hals. Lieblos verteilt sie eine Lotion auf ihrer Haut, stellt sich vor den großen Spiegel an der Badezimmertür und schämt sich. Sie mag ihren Körper nicht. Manchmal haßt sie ihn regelrecht. Kurz vor ihrem dreizehnten Geburtstag sind ihre Brustwarzen hart geworden. Bald darauf auch das umliegende Gewebe, das immer wieder schmerzhaft spannte. Anfangs war sie noch stolz, daß ihre Brüste endlich anfingen zu wachsen. Ihre Mutter nahm sie zusammen mit den beiden älteren Schwestern zur Seite und erklärte ihr alles. Kein Jahr später waren aus den Knospen jedoch riesige häßliche Ballons geworden, und Vio fühlte sich wie eine Mogelpackung. Sie hatte noch nicht einmal ihre Tage und sah trotzdem schon aus wie eine Frau. Mehr als einmal dachte sie darüber nach, Geld zu sparen und sich heimlich die Brüste kleiner operieren zu lassen. Ihr Vater machte immer wieder Witze über ihre Oberweite und verglich sie frotzelnd mit der ihrer Mutter, die daraufhin nicht ihm, sondern ihr mahnende Blicke zuwarf und sie fortan mißtrauisch beäugte. Mit dem, was die Mutter bei dem Aufklärungsgespräch in ihrem sachlich-barschen Ton angekündigt hatte, wollte Vio nichts zu tun haben.

«Scheißding!» Leise flucht sie vor sich hin. Nicht nur die Brüste, auch ihren Bauch findet sie zu dick, besonders nach dem Essen. Mit ihren 169 Zentimeter Körpergröße schwankt ihr Gewicht zwischen 51 und 54 Kilo, je nachdem, wie eisern sie das Hungern durchhält. Aber dieser verdammte Bauch will einfach nicht so werden, wie sie ihn gern haben möchte, nämlich platt wie eine Flunder. Mit einem patschenden Geräusch schlägt sie sich auf den Bauch. Ein brennender roter Flecken bleibt zurück. Sie schlüpft in die zuvor bereitgelegte Unterhose und huscht halbnackt in ihr Zimmer.

Beim Anziehen stellt sie erfreut fest, daß sie mit Leichtigkeit ihre zwei Daumen zwischen geschlossenen Hosenbund und Bauch stecken kann. Erwartungsvoll läuft sie zurück ins Badezimmer und steigt auf die Waage. 53 Kilo trotz Jeans. Nicht schlecht! Da kann ich mindestens noch ein Pfund abziehen. Sie eilt wieder in ihr Zimmer, schnappt sich ihren BH, fährt sich mit dem Deostift unter die Achseln und zieht eine leichte Bluse an. Beim Kämmen nimmt sie sich vor, an diesem Tag nichts mehr zu essen. Dann macht sie sich beschwingt auf den Weg zu Olli.

Als sie den Kirchplatz überquert, kracht eine brütende Hitze auf sie herab. Sie biegt in die Hauptstraße ein, die Bendorf vom Ortsanfang bis zum Ortsende in zwei Hälften teilt. Auf der Höhe des Stadtparks, der an die Hauptstraße grenzt, kommen ihr Max und sein neuer Freund Micha entgegen. Sie wollen im Wald spazierengehen und anschließend im *Meisenhof* etwas trinken. In seinem muskelbetonenden T-Shirt zappelt Max unentwegt vor ihr hin und her. Micha steht lächelnd daneben. Vio hat den Eindruck, daß er sich nicht traut, sie richtig anzuschauen. Sie stellt in Aussicht, daß sie und Olli, falls der Lust dazu habe, vielleicht nachkommen werden.

Sie schlendert weiter durch den schattigen Park. Abgesehen davon, daß Max schon alle Mädchen in Bendorf angegraben hat und sich gelegentlich damit brüstet, weil er genau weiß, daß er nicht schlecht aussieht mit seinen dunkelblonden Locken und seinem knackigen Körper, kann Vio ihn gut leiden. Er ist fast immer gut gelaunt und ein verläßlicher Freund – wenn man die fehlende Treue gegenüber den Mädchen nicht in Rechnung stellt. Ihre Mutter hat ihr einmal erzählt, daß sein Vater früher der beste und begehrteste Tänzer der Stadt gewesen sei. Vio findet, daß Max nette Eltern hat. Sie sind zu jedem, der ihn besucht, offen und herzlich. Sie scheinen zufrieden mit sich und ihrem Sohn zu sein.

In der Sayner Straße gelangt sie zu dem Haus, in dem Olli sich vor ein paar Monaten eine Wohnung gemietet hat. Ihr geht durch den Kopf, daß Micha sie letzte Woche bei *Tante Mathilde* ständig angeglotzt hat, was auch Olli aufgefallen ist. Hübscher Kerl! Ein Stückchen kleiner als Max und schmaler, glatte Haare, eher schüchtern, irgendwie süß! Sie drückt auf die Klingel und wartet. Nach einer halben Minute klingelt sie erneut. Nichts regt sich. Eine eigene Wohnung! Nicht schlecht! Zwei Jahre nach dem Tod seines Vaters ist Olli mit Hauptschulabschluß vom Gymnasium abgegangen und hat sich anschließend ein paar Jahre mit Gelegenheitsjobs in der Koblenzer Kifferszene herumgetrieben. Da ist sie noch ein kleines Mädchen gewesen. Seit einiger Zeit hat er das Kiffen drastisch eingeschränkt und arbeitet regelmäßig in einem Computerladen in der Koblenzer Innenstadt.

Mit dem nächsten Klingeln wird die Tür endlich geöffnet.

Vio steigt die Treppe hinauf und erblickt Olli im Schlafanzug. Kraftlos hält er sich an der Wohnungstür fest. «Was hast du denn!?»

«Vierzig Fieber.» Olli krächzt. Er läßt Vio in die Wohnung und schließt die Tür. Mit schlurfenden Schritten bewegt er sich ins Schlafzimmer.

Vio folgt ihm. Mann, ist hier eine schlechte Luft! Erleichtert geht sie davon aus, daß ihr tägliches Ritual heute sicher ausfällt. «Och, du Armer!» Sie legt eine Hand auf seine Stirn. «Richtig heiß. Sag mal, vierzig Fieber, das ist aber schon ziemlich gefährlich!»

«Na ja.» Er streicht sich über sein kratziges Kinn und schlüpft vorsichtig unter sein Bettzeug. «Es sind knapp über 39, aber mir reicht's. Vorhin war meine Mutter da und hat dieses Grippezeug gebracht.» Er deutet auf eine Batterie von Medikamenten auf dem kleinen Tisch neben seinem Bett. «In zwei Stunden kommt sie noch mal und bringt mir was zu essen.»

«Du hättest mich doch anrufen können! Ich hätte dir doch auch was mitbringen können!»

Er winkt ab. «Eine Grippe im Hochsommer. So ein Scheiß!» Dann schaut er Vio grinsend an und streckt die Hand nach ihr aus. «Gut siehst du aus. Und duften tust du auch gut. Das rieche ich trotz meiner verstopften Nase. Frisch geduscht, was!?»

Sie nimmt seine Hand und setzt sich auf die Bettkante. Er zieht an ihr. Sie sperrt sich.

«Komm doch her. Ich stecke dich nicht an. Das Fieber geht schon zurück, alles bestens.»

«Ich finde, du solltest dich schonen!» Sie läßt sich ins Bett ziehen. Von Olli strömt eine feuchte Hitze aus. «Wann kommt denn deine Mutter?»

«In zwei Stunden.» Er tätschelt ihren Hintern und fährt ihr mit der Hand den Rücken hinauf.

«Und wenn sie früher wiederkommt? Immerhin hat sie einen Schlüssel.»

«Nein, die kommt nicht. Sie muß noch zum Friedhof.»

Vio befreit sich aus seinen Armen und setzt sich gerade hin. «Weshalb hat sie den eigentlich noch immer?»

Er grinst. «Willst etwa du meine Wohnung saubermachen!?» Er fährt sich mit der Hand in die Schlafanzughose. «Außerdem kriegt meine Mutter einen Anfall, wenn ich ihr den Schlüssel wegnehme. Und: Was willst du denn! Ist doch ganz praktisch so. Ich habe Besseres zu tun, als die Wohnung zu putzen.» Er zieht sie wieder an sich.

Nichts zu machen! Männer brauchen das wohl, denkt sie betrübt, und daß ihre Mutter wohl doch recht hat: Männer sind rückenmarkgesteuert.

Er nimmt ihre Hand und führt sie an seinen Penis, der glühend heiß pocht.

Großer Gott! Wie kann man nur bei fast 40 Fieber einen Steifen haben!?

Er knöpft ihre Bluse auf und zieht ein BH-Körbchen nach unten. «Komm!» Er flüstert.

Sie beginnt, ihre Hand auf und ab zu bewegen. Er küßt ihre Brust. Sie überlegt, daß aus dem Spaziergang zum *Meisenhof* leider nichts wird. Vielleicht können sie sich nachher einen Videofilm angucken. Plötzlich hört sie Olli aufstöhnen. Warm und klebrig kommt er auf ihre Hand.

Er läßt von ihrer Brust ab und fällt mit einem tiefen Seufzer in sein Kissen. Dann streckt er eine Faust in die Höhe. «Das war» – Kunstpause – «Spitzeeee!»

Sie lächelt und bringt ihren BH und die Bluse wieder in Ordnung. Mit einem Papiertaschentuch, das sie unter seinem Kopfkissen findet, wischt sie sich die Hand ab. «Sollen wir ein Video angucken?»

Er gibt keine Antwort, scheint über etwas nachzudenken. «Ich habe bald Geburtstag.»

«Das weiß ich doch.» Sie denkt an den roten Vorhang, den sie ihm für sein Schlafzimmer gekauft hat. Sie muß den Vorhang nur noch ein wenig kürzen. «Ich habe sogar schon ein Geschenk für dich gekauft.»

Er schmunzelt und legt eine Hand mit sanftem Druck auf ihr Brustbein. «Ehrlich?»

Langsam sinkt Vio auf den Rücken. «Ja, wieso?»

Er schiebt sich auf sie, drückt beide Arme durch und stützt sich auf. «Was auch immer du gekauft hast, ich wüßte noch ein anderes Geschenk für mich.»

«Was denn?» Am ängstlichen Unterton ihrer Stimme merkt sie, daß sie bereits ahnt, worauf er hinaus will.

«Schlaf mit mir!»

«Was, jetzt!?»

«Nein, nicht jetzt.» Er lächelt, beugt die Ellenbogen und küßt sie auf den Mund. «Aber bald, irgendwann?»

«Ich vertrage die Pille nicht, und Kondome finde ich fies.»

«Ich könnte aufpassen.» Er küßt sie auf die Nasenspitze.

«Ich weiß nicht.» Sie dreht den Kopf weg. «Du weißt genau, daß das nicht sicher ist.» Sie spürt seinen heißen Atem an ihrer Schläfe. «Ist das denn so wichtig? Es ist doch auch so ganz schön, oder? Ich finde es klasse so, wirklich!»

Er rutscht zur Seite und schaut sie liebevoll an. «Ich liebe dich.» Er legt eine Hand auf ihren Bauch. «Du bist doch mein liebes, kleines Mädchen!» Dann grinst er. «Ich habe *Casablanca* mit Humphrey Bogart und Ingrid Bergman für dich besorgt.» Er deutet mit seinem Kinn zum Regal am Fußende des Bettes, wo sich etliche elektronische Geräte auftürmen. «Da, liegt schon auf dem Recorder.»

Das ist mein lieber Olli! Sie steht auf und legt die Videokassette ein, drückt auf Start und springt mit einem Satz zurück ins Bett.

Aneinandergekuschelt schauen sie sich den Film an. Nach ein paar Minuten schläft Olli ein. Vio läßt ihn schlafen und weckt ihn auch nicht, als der Film zu Ende ist. Sie will schleunigst verschwinden, denn sie verspürt nicht die geringste Lust, Ollis Mutter zu begegnen.

Leise schließt sie von außen die Wohnungstür und geht die Treppe hinunter. Draußen auf der Straße herrscht Totenstille. Die Menschen haben sich in ihre Häuser verkrochen oder sind ins Schwimmbad geflohen. Max und Micha sitzen wahrscheinlich noch im *Meisenhof*, aber dieser Weg ist Vio jetzt zu weit. Vielleicht haben es sich die beiden anders überlegt, und sie läuft die ganze Strecke umsonst. Claudia wird bei Karsten sein. Wahrscheinlich lernen sie für die Schule, denn in nächster Zeit stehen ein paar Klassenarbeiten an. Aber dazu hat Vio erst recht keine Lust. Die beiden sitzen mit ihr zusammen in einer Klasse und wollen nach der Realschule noch die Fachhochschulreife machen. Vio hat keine ähnlichen Ambitionen. Sie will möglichst bald Geld verdienen.

Mit der trüben Aussicht, den Rest des Sonntags allein verbringen zu müssen, beschließt sie, sich mit einem Eis in den Park zu setzen. Nur ein kleines Eis! Als sie losgeht, spürt sie, daß die Kleidung an ihrem Körper klebt.

Plötzlich ist sie etwas traurig.

3 Der Kirschmond

Tante Mathilde kommt im obligatorisch graublau geblümten Küchenkittel an den Tisch geschlurft. Sie stellt zwei Pils ab, zieht ihren Kugelschreiber hinterm Ohr hervor und kritzelt jedem einen dritten Strich auf den Deckel. Max beobachtet sie dabei genau.

Micha schaut sich in der kleinen gemütlichen Kneipe um. Sie ist wie an jedem Mittwochabend gut gefüllt. Wo die zahlreichen monströsen goldstuckgerahmten Landschaftsbilder und zwei Spielautomaten Platz lassen, sind die Wände übersät mit bunten Kritzeleien. Er sitzt Max gegenüber an einem Sechsertisch unter einem riesigen Gemälde, von dem er annimmt, daß es ein Waldstück aus der Region abbildet. Die restlichen Plätze an ihrem Tisch sind noch frei.

«Tante Mathilde, bringst du mir eine Frikadelle mit viel Senf?» Max spricht lauter, als es die Musikanlage und die Besuchermenge erforderlich machen.

Die alte Frau stützt sich mit ihren dicken Armen an der Tischkante ab und beugt ihren Oberkörper näher zu Max, der seine Bestellung noch einmal und lauter wiederholt. Sie schaut Micha an. «Willst du auch eine?»

Er schüttelt den Kopf.

Tante Mathilde nimmt wieder ihren Stift und malt krakelige Zahlen auf Max' Deckel. Dann dreht sie sich langsam um und schlurft hinter ihren Tresen.

«Wohlsein!» Max hebt sein Glas.

«Prost!» Micha nimmt einen großen Schluck.

Donnergrollen in der Ferne. Die Tür zur Hauptstraße steht zwar offen, aber solange es nicht anfängt zu regnen, wird die von allen erhoffte Abkühlung ausbleiben. Die drückende Schwüle macht durstig. Wieder donnert es. Lange kann es nicht mehr dauern.

Micha stöhnt. «Daß du bei dem Wetter fettige Frikadellen essen kannst!»

«Sag nichts gegen Tante Mathildes Frikadellen. Diese Minipizzas aus der Mikrowelle, die sie sich angeschafft hat, schmecken dagegen wie schon dreimal gegessen. Ihre Frikadellen sind die besten. Kannst du mir glauben!» Max schaut zum Tresen rüber. Tante Mathilde spült Gläser ab, während Gabi, ihre Aushilfe, emsig zapft. «Hab ich's mir doch gedacht!» Er steht auf und geht zum Tresen. Tante Mathilde faßt sich an den Kopf und verschwindet nach hinten in die Küche.

Max setzt sich wieder an den Tisch. «Sie ist ziemlich schwerhörig und verkalkt. Die Frikadelle hatte sie natürlich schon vergessen.» Er beugt einen Arm und streichelt seinen Bizeps. «Aber wenn's ums Geld geht, mußt du bei ihr aufpassen. Sie macht einem schon mal ein paar Striche mehr auf den Deckel, und wenn du dich beschwerst, tut sie ganz unschuldig.»

«Ist das wahr!?» Micha schaut Tante Mathilde entgegen, die mit einem weißen Pappteller in der Hand auf ihren Tisch zusteuert. «Die sieht gar nicht danach aus.»

«Ahh!» Max empfängt sie mit einer theatralischen Geste. «Die besten mit einer Extraportion Senf. Die schwimmen sogar in Milch!»

Tante Mathilde schmunzelt. «Was redest du denn für einen Unsinn, Max!» Ganz die freundliche alte Oma. Dann greift sie nach seinem Deckel und zückt ihren Kugelschreiber.

«He, die Frikadelle hast du vorhin schon aufgeschrieben!» Max grinst Micha an und zeigt auf den Deckel. «Guck, da steht's schon!»

«Nein, das stimmt nicht!» Sie ist entrüstet. «Das war die Nußschokolade, die du vorhin bestellt hast.»

«Quatsch. Meinst du, ich eß erst Schokolade und dann eine Frikadelle?» Er zeigt auf Micha. «Frag ihn.»

Micha macht einen geraden Rücken. «Ja, das stimmt, Tante Mathilde. Die Frikadelle haben Sie vorhin schon aufgeschrieben. Die Schokolade müssen Sie an einen anderen Tisch gebracht haben.»

Sie schaut Max ärgerlich an. «Dein Freund da hat wenigstens gute Manieren!» Sie schlurft in die Richtung, aus der ihr gerade jemand etwas zugerufen hat.

Die Frikadelle sieht wirklich lecker aus. Micha spürt, daß er Hunger kriegt.

Max taucht eine Ecke in den Senf und verschlingt den halben Fleischkloß mit einem Bissen. «Siehste, was hab ich gesagt? Sie versucht's immer wieder.» Er reckt sein Kinn, kaut ein paarmal und schluckt wie eine Riesenschlange an einem Kaninchen. «Aber du brauchst sie nicht zu siezen. Das macht hier keiner.»

Micha trinkt sein Glas leer. «Ich kenne sie ja noch nicht so lange.» Auf seiner Stirn sammelt sich der Schweiß. «Ich glaube, ich bin schon besoffen.» Als Tante Mathilde wieder an ihrem Tisch vorbeikommt, bestellt er ein weiteres Pils. Nach kurzem Überlegen geht er zur Toilette.

In dem kleinen Raum steht ein Mann – Ende Zwanzig – am linken der drei Pinkelbecken. Micha stellt sich vor das rechte und hofft, daß der Mann bald fertig ist. Er kann nicht pinkeln, wenn jemand danebensteht. Mit seinem Penis in der Hand starrt er die Wand vor seiner Nase an. Dort steht: *Fickt alle Nazis!* Drum herum haben andere Leute ihren Kommentar dazu abgegeben: *Nein danke, nachher ist mein Schwanz braun!* Oder: *Fick dich doch selbst, du Rassist!* Als Kommentar dazu: *Du meinst wohl Sexist.* An anderer Stelle: *Wenn das so ist, bin ich gerne ein Nazi!* (plus Telefonnummer). Den Rest der Wand zieren nebst anderen Sprüchen eiförmige Peace- und Anarchistenzeichen, ejakulierende Riesenpenisse und Monstervaginas. Micha denkt: Wenn der Kerl nicht bald verschwindet, platzt mir die Blase. Der Mann tut ihm den Gefallen. Micha atmet durch und konzentriert sich. Schmerzhaft löst sich die Blockade. Auf dem Gitterdraht im Pinkelbecken liegen zwei Zigarettenkippen und ein ausgebleichter Desinfektionsstein. Micha zielt und versucht die Kippen links und rechts von dem Stein zu plazieren. Auf dem Rückweg in den Schankraum hofft er, daß er Vio am Abend noch zu Gesicht bekommt.

Max faßt sich an den Bauch, verzieht das Gesicht, dreht den Kopf zur Seite und bemüht sich, halbwegs unauffällig zu rülpsen. «Da fällt mir ein: Hast du noch mal was von Nannette gehört?»

«Seit dem Besuch bei ihr nichts mehr.» Micha ergreift sein Tabakpäckchen. «Ich habe ihr gesagt, daß ich mich bei ihr melde. Aber ich glaube, ich warte erst mal ab.»

«Was willst du denn abwarten?»

Gute Frage!

Max grinst. «Wie war's eigentlich bei ihr?»

Micha zuckt mit den Schultern. «Ganz nett.»

Max schaut ihm fest in die Augen, sagt zwar nichts, kann sich das Grinsen aber kaum verkneifen.

Micha verschränkt die Arme. «Also gut: Es war wie immer. Wir haben ein bißchen rumgeknutscht, und dann habe ich mich mal wieder verpißt. Zufrieden!?»

Max schüttelt den Kopf. «He, Mann, wo soll das mit dir noch enden? Nannette ist doch super. Aber du wartest ja auf die große Liebe!»

«Hör auf!»

«O.k. Schon gut. Tut mir leid.» Max nimmt sein Glas in die Hand und schüttelt sich gemächlich etwas mehr Schaum auf sein Bier. «Stimmt's? Du hast dich nicht verknallt.»

Micha zuckt mit den Schultern.

«Was hast du denn an Nannette auszusetzen?»

Micha fühlt sich elend. «Ich weiß es doch nicht.» Er fängt an, eine Zigarette zu drehen. «Du hast ja recht. Nannette ist

in Ordnung, aber bei mir rührt sich nichts, ich meine da.»
Er deutet auf seine Brust.

«Und anderswo?»

Micha schreckt zusammen. Heftig schnaufend kommen
Vio und Olli an den Tisch, bringen eine kühlende Brise mit.
«Glück gehabt!» Vio strahlt. «Es hat gerade angefangen zu
regnen.» Sie setzt sich neben Micha an die Wand, Olli
nimmt ihr gegenüber neben Max Platz.

Micha lächelt verlegen und hofft, daß niemand außer Max
seine Unbeholfenheit bemerkt. An ihrer Stelle hätte er sich
da nicht hingesetzt. Eine Minute später kommen Claudia
und Karsten. Patschnaß. Sie dampfen regelrecht. Karsten
wirkt erschöpft und reibt sich mit einem Stofftaschentuch
die Stirn ab. Micha überlegt, ob Karsten nur naß ist oder
auch schwitzt. Bei diesem Saunawetter wäre das zwar kein
Wunder, aber Karsten hat eindeutig ein paar Pfunde zuviel
auf den Rippen. Claudia gibt Vio einen Begrüßungskuß
und betrachtet anschließend ihr Gesicht in einem kleinen
Handspiegel. Unzufrieden verstaut sie den Spiegel wieder in
ihrer Handtasche. Sie bestellen etwas zu trinken. Olli, Karsten und Micha ordern weitere Frikadellen.

Die Runde kommt über den zu Ende gehenden Sommer und
diverse Kinofilme ins Plaudern. In der Kneipe wird es zunehmend lauter und verqualmter. Nach einer Weile bilden
sich am Tisch Zweiergrüppchen. Max und Olli kriegen sich
über den Fluch und Segen der Computertechnologie in die
Haare. Claudia, von der Micha findet, daß sie so brav und
ordentlich, wie sie auf ihn wirkt, nicht unbedingt in diese
Kneipe paßt, läßt sich über Karstens offensichtlich neue
Stoppelfrisur aus. Karsten hockt derweil wie ein gemüt-
licher Brummbär auf seinem Platz und zuckt gelegentlich
duldsam lächelnd mit den Schultern.

«Das ist neu.» Vio berührt Micha am Arm und dreht sich zur
Wand. Sie deutet auf eine Stelle inmitten der Kritzeleien.
Micha kann einen kurzen zusammenhängenden Text aus-
machen:

DER KIRSCHMOND IST SCHULD
DASS ICH VERRÜCKT BIN NACH DEM TIER
IN DIR UND DEN SAFTIGEN LIPPEN
DEM HEISSEN ATEM AUF MIR

DOCH IN WAHRHEIT HAT ER MIR DAS HERZ
  VERDREHT
DENN IM LICHTSCHEIN DIESER ROTEN FLUT
LÄUFT MEIN TIER NICHT DEIN TIER DIE FESSELN
  SICH WUND
GEHETZTEN ATEMS UND STETS AUF DER HUT

«Der geht aber ran, der Dichter!» Vio lacht.

Micha dreht sich zum Tisch, um nach seinem Tabakpäckchen zu greifen. Für einen kurzen Moment berühren sich ihre Knie. «Wieso bist du dir so sicher, daß es ein Er geschrieben hat?»

Sie schaut ihn überrascht an. «Na, Tier, saftige Lippen, heißer Atem und so weiter. So redet doch keine Sie!»

«Aber die Fesseln, die er oder sie sich wund läuft! Der Begriff paßt doch eher zu einem Mädchen.» Er dreht eine Zigarette.

Vio stutzt. «Na gut, aber –» Sie liest das Gedicht noch einmal und bewegt stumm die Lippen. «Also er oder sie ist ganz wild auf den anderen. Und schuld daran ist der Mond. Aber glaubst du im Ernst, ein Mädchen würde heißen Atem von einem Tier auf sich toll finden?»

Es scheint ihm, daß sie verlegen über ihren letzten Satz nachdenkt. Immerhin sitzen wir keinen halben Meter von Olli entfernt! «Weiß nicht.»

Olli erklärt Max gerade lautstark, daß er von dessen Ausführungen nicht viel hält.

«Na ja.» Sie dreht sich von der Wand weg. «Das Gedicht ist schon ziemlich heftig, findest du nicht?»

Er lächelt unsicher und wendet sich ebenfalls wieder dem Tisch zu. Er zündet sich die Zigarette an und nimmt einen tiefen Zug. «Was ist denn daran heftig?» Bei jedem seiner Worte quillt ihm der Rauch aus dem Mund.

Sie zieht die Augenbrauen nach oben. «Ob sich das einer von hier ausgedacht hat?»

Er schaut sich in der Kneipe um. «Weiß nicht. Traust du das hier irgendeinem zu?»

«Dir vielleicht!» Sie prustet los. «Ach komm, war doch nur ein Scherz!»

«Was habt ihr denn?» Claudia.

Karsten erhebt sich und verschwindet in Richtung Toilette.

«Och, da hat einer so ein wüstes Gedicht an die Wand geschrieben.» Vio stößt Olli unter dem Tisch an und wirft ihm mit einem bezaubernden Lächeln eine Kußhand zu.

Claudia wendet sich an Micha. «Und Micha! Wie gefällt es dir in Bendorf?»

Micha antwortet in knappen Floskeln. Er hat wenig Lust, immer wieder dieselbe Geschichte zu erzählen. Ihn beschäftigt das Gedicht vom Kirschmond. Er hätte zwar nicht die gleichen Worte benutzt, aber bei der Verbindung von Sehnsucht und Angst kennt er sich schließlich bestens aus. Abgesehen davon, sind in seinen Phantasien die Mädchen durchaus wild. Und sie lechzen auch nach saftigen Jungenlippen und werden von heißem Atem ganz kirre. Anderenfalls funktionierte die Mehrzahl seiner Phantasien gar nicht.

Während Karsten wieder Platz nimmt, kommt Liv herein. Sie besorgt sich einen Stuhl und bahnt sich den Weg zu ihnen an den Tisch.

«Ah, die liebe Liv!» Max streckt ihr beide Hände entgegen.

Sie verzieht das Gesicht. «Hallo.» Das rote struppige Haar steht in alle Himmelsrichtungen ab.

Max legt sich eine Hand aufs Herz. «Ich habe die letzte Nacht von dir geträumt, o Liebste! Wieso bist du nicht naß?»

«Hast du schon mal was von einem Regenschirm gehört?» Liv lenkt seinen Blick mit dem Daumen zum Schirmständer neben dem Ausgang.

Micha weiß, daß die beiden sich schon seit langem kabbeln. Vielleicht ist sie verknallt in dich, hat er vor kurzem zu Max gesagt. Max schüttelte nur den Kopf. Sie gefiele ihm, aber er würde nicht schlau aus ihr. Vor zwei Jahren hat sie einmal kurz etwas mit Olli gehabt, und irgendwo in Koblenz spukt noch ein anderer Kerl in Ollis Alter herum, mit dem sie sich hin und wieder trifft. Sie hat in Koblenz viele Bekannte, denn sie ist die einzige von den Leuten aus Bendorf, die dort aufs Gymnasium geht. Max hat den Verdacht, daß sie ihn für zu jung hält, und das kränkt ihn zutiefst.

Vio ist mit ihrem Stuhl etwas weiter von Micha abgerückt und hört besonders aufmerksam zu, wenn Olli etwas sagt. Ihm sitzt ein Kloß im Hals. Verstohlen betrachtet er sie von der Seite und kann nichts dagegen tun, daß er sich regelrecht nach ihr verzehrt. Zwei-, dreimal noch richtet sie ein paar Sätze an ihn, locker und unverfänglich. Er selbst bringt keinen geraden Satz mehr heraus. Darauf, daß sich ihre Knie noch einmal berühren, wartet er vergebens. Sie dreht sich zu Claudia, um ihr etwas ins Ohr zu flüstern. Claudia kichert vergnügt. Micha postiert seine Beine so, daß Vio zwangsläufig dagegen stoßen muß, wenn sie sich von Claudia wieder abwendet. Die beiden unterhalten sich jedoch noch eine ganze Weile. Michas Bein schläft ein, und er setzt sich wieder gerade hin. Wie so oft während der letzten Jahre in München fühlt er sich in einer angeregt schnatternden Runde isoliert. Plötzlich hat er das Gefühl, ungünstig zu sitzen. Vio unterhält sich mit Claudia. Da kann er sich nicht einklinken. Karsten, neben Claudia, sitzt zu weit weg, es sei denn, Micha würde hinter Vios und Claudias Rücken ein Gespräch mit ihm anfangen. Max kabbelt sich mit Liv. Olli schaut dem amüsiert zu. Micha könnte ihm auf die Schulter tippen, aber er weiß nicht, worüber er sich mit ihm unterhalten soll. Er überlegt, wie es wäre, wenn Nannette mit am Tisch säße. Lieber nicht! Gegen halb zwölf leert sich *Tante Mathilde* zusehends. Claudia und Karsten gehen als erste nach Hause. Kurz darauf erhebt sich Liv. Max fragt sie, ob sie ihm einen Kuß gebe, woraufhin Liv so tut, als müsse sie sich erbrechen. Max spielt übertrieben den Getroffenen. Aber Micha erkennt, daß ihn Livs Reaktion tatsächlich verletzt hat. Er fragt sich, weshalb Max ihr durch sein Verhalten immer wieder die Gelegenheit gibt, ihm eins überzubraten.

Dann verabschieden sich Vio und Olli. Micha schaut ihnen hinterher. Er betrachtet Olli, der im Gehen eine Hand auf Vios Rücken legt. Der darf alles! Olli darf ihren wundervollen Hintern streicheln, ihren wundervollen Mund küssen, den Hals und die ohne jeden Zweifel wundervollen Brüste. Und sie wird mit einem strahlenden Lächeln nicht nur alles geben, sondern auch alles bekommen, was sie will. Micha kommt sich vor wie ein kleiner Bub und denkt: Was will ich schon mit so 'ner feurigen Alten?

Vio schlägt den Kragen ihrer Sommerjacke hoch und begrüßt ein schlaksiges Mädchen mit kurzen schwarzen Locken. Sie bleibt am Ausgang stehen, legt ihren Arm um Ollis Hüfte und unterhält sich kurz mit dem spaten Gast.

Max langt über den Tisch und faßt Micha am Arm. «Das ist Laura.» Er rollt mit den Augen. «Die beste Freundin von Nannette, aber ganz anders. Schwierig.»

Laura kommt an den Tisch und stellt eine Papiertüte auf den Fußboden. «Guten Abend.» Sie setzt sich neben Max auf einen Stuhl.

Tante Mathilde räumt die Gläser ab. Als Laura ein Pils bestellt, schaut sie auf die Uhr. «Um zwölf ist Feierabend.» Laura sieht ebenfalls zur Uhr. «Dann habe ich ja noch eine Viertelstunde Zeit.» Sie lächelt Tante Mathilde freundlich an.

Max schwenkt seine Hand hin und her: «Laura, das ist Micha. Micha, das ist Laura. Micha ist neu in der Stadt, und Laura wohnt im schönen Vallendar, wie Nannette.»

«Hallo.» Micha streckt Laura die Hand hin. Im selben Moment wird ihm bewußt, daß er noch nie eine Gleichaltrige auf diese Weise begrüßt hat.

Laura blickt amüsiert auf seine ausgestreckte Hand und drückt sie dann kräftig. «Hallo, ich habe schon vor dir gehört.»

Max rückt ein Stück von Laura weg und schaut Micha grinsend an, der ihm einen mahnenden Blick zuwirft: Mach jetzt bloß keine blöde Bemerkung über mich und Nannette! «Macht man das so in München, mit Händeschütteln und so weiter?»

Micha kann sich diese seltsame Höflichkeitsgeste selbst nicht erklären. Er wartet darauf, daß Laura von ihm wissen will, wie er von München nach Bendorf gekommen ist. Aber das scheint sie nicht zu interessieren. Tante Mathilde bringt Lauras Bier und kassiert die verbliebenen Deckel am Tisch.

Max versucht, einen Blick in Lauras Plastiktüte zu werfen. «Was hast du denn in der Tüte?»

«Bücher.» Mit einem Schluck leert Laura ihr halbes Glas. Micha ist beeindruckt. Selbst in München hat er kein Mädchen mit einem solchen Zug getroffen. In den nächsten Minuten unterhalten sich Max und Laura über jemanden, den Micha nicht kennt. Er läßt Laura nicht aus den Augen. Sie schaut ihn mehrmals kurz an, aber er tut jedesmal so, als hörte er Max gebannt zu. Ihre dichten schwarzen Locken schimmern bläulich. Das Gesicht glänzt olivfarben. Schmale Lippen bilden einen großen Mund. Ihr Körper ist zierlich und ihre Brüste sind klein, aber Laura wirkt nicht zerbrechlich. Ein Typ wie Liv, nur größer und dunkel. Heilandsackzement! Wo kommen hier bloß die vielen tollen Frauen her? Dann wird es Zeit, aufzubrechen. Max geht noch einmal zur Toilette. Schweigend steht Micha neben Laura am Tisch und wartet darauf, daß Max wiederkommt. Ihm fällt nichts zu reden ein. Sie nimmt ihre Tüte in die Hand und tritt an die Wand, beugt sich nach vorn und beginnt, das Gedicht vom Kirschmond zu lesen.

«Wie gefällt dir das Gedicht?» Micha ist gespannt und lächelt so gewinnend er kann.

Sie richtet sich wieder auf und schaut ihn gelangweilt an. «Bescheuert.»

Max kommt von der Toilette zurück, und sie verlassen die Kneipe.

Die Luft draußen riecht frisch und würzig nach warmem, regennassem Asphalt. Micha resümiert geknickt, daß dieser Tag nicht sein Tag ist.

Laura kettet ihr Fahrrad los. «Seid ihr zu Fuß?»

«Klar!» Max zeigt auf Micha. «Micha paßt auf mich auf. Er ist Kickboxer. Da kann nichts passieren.»

Micha schaltet nicht schnell genug, um zu widersprechen. Sein Kopf dröhnt. Zuviel getrunken, zuviel gequalmt.

Laura macht ein verächtliches Gesicht. «Na dann.» Sie setzt sich auf den Sattel.

«Fährst du jetzt noch mit dem Rad nach Vallendar?» Angesichts der weiten Strecke macht Micha sich ernste Sorgen um Lauras Sicherheit.

«Klar!» Sie greift in ihre Jackentasche und zeigt ihnen eine kleine schwarze Sprayflasche Reizgas. «Bevor einer zum Kicken und Boxen kommt, kriegt er es damit zu tun.» Sie fährt los, winkt kurz.

Micha überlegt, ob er ihr hinterherrufen soll, daß Max nur Spaß gemacht habe. Aber Laura ist bereits zu weit weg. Das wäre auch zu albern. Er schaut Max an: «Was sollte denn der Quatsch mit dem Kickboxer?»

Max setzt sich in Bewegung und zieht ihn am Arm. «Wieso? Hast du Angst, daß Laura was gegen Kickboxer hat?»

«Blödmann!» Micha schüttelt Max' Hand ab.

«Bei Laura ist sowieso nichts zu holen. Und außerdem –» Er bleibt stehen. «Tu mir den Gefallen und himmel Vio nicht so auffällig an. Olli wird schon ganz nervös.»

«Wieso, was ist denn mit Laura?»

«Was?» Max geht weiter. «Ich hab gerade von Vio gesprochen. Verbeiß dich nicht wieder in so eine aussichtslose Sache.»

«Jawohl, Herr Klugscheißer!»

Max hebt beschwichtigend die Hand. «Laura ist eine uneheliche Waise. Ihr Vater war Deutscher und hat sich kurz nach ihrer Geburt verdrückt. Kurz darauf ist er bei einem Autounfall ums Leben gekommen. Die Mutter war Italienerin und hat sich nie wieder mit einem anderen Mann eingelassen. Zusammen mit der Oma haben sie die ganze Zeit zu dritt gelebt, bis die Mutter dann vor etwa zehn Jahren beim Fensterputzen ausgerutscht und zwei Stockwerke tief auf die Straße geknallt ist. Peng! Seitdem wohnt Laura allein mit ihrer Oma.»

Micha hat Schwierigkeiten, sich zu konzentrieren. «Woher weißt du das denn alles so genau?»

Max beschleunigt seine Schritte. «Hat mir Nannette alles erzählt. Verrückt, was? Soviel Pech auf einem Haufen!»

«Und einen Freund hat sie nicht?»

«Mir ist nichts davon bekannt, daß sie überhaupt mal einen gehabt hat. Wollen täten ja viele mit ihr, aber lassen tut sie keinen.» Er wedelt mit einer Hand. «Am Ende ist sie lesbisch!?»

Micha erwidert nichts darauf. Er fühlt sich benommen. Schweigend schleppen sie sich durch den Hohlweg zum Streckenpfad hinauf.

«Wir sehen uns.» Max tippt sich an die Nase, als Micha in seine Straße einbiegt.

«Ja, mach's gut.»

Im Bett muß Micha daran denken, daß er Laura die Hand gegeben hat. Er sieht sie vor sich, wie sie mit Max redet, und wundert sich über das Bild, das ihm dazu einfällt: Laura ist eine strenge Schönheit!

4 Die Romantikerin

Eine leichte Brise weht in die Küche und läßt die blauen und grünen Plastikstreifen im Durchgang zum Balkon hin- und herbaumeln. Der altersschwache kleine Radiorecorder auf der Fensterbank scheppert in voller Lautstärke. In der Vallendarer Mittagshitze unterstreicht das nur den italienischen Charme der Stimme Enrico Carusos. Laura betritt die Küche mit einer Stofftasche in der Hand. Wie jeden Samstagmorgen ist sie mit dem Einkaufen drangewesen. Ihre Großmutter steht neben dem Herd und bereitet eine Spaghettisoße aus rohen kleingeschnittenen Tomaten, Zwiebeln und Gurken zu. Ein leichtes Sommergericht.

«Ciao, nonna!» Laura nimmt ein Buch aus der Stofftasche, legt es auf den Tisch und beginnt die Lebensmittel zu verstauen. «Ist das Essen bald fertig?»

«Si, come no?» Mit dem Küchenmesser in der Hand wischt sich die kleine dicke Frau etwas aus den Augenwinkeln. Sie geht zur Fensterbank und stellt ihren Lieblingstenor leiser. «Ha telefonato Nannette, dice che può essere alla piscina verso le quattro.»

«Hat Nannette gesagt, weshalb sie erst um vier im Schwimmbad sein kann?»

Ihre Großmutter schüttelt den Kopf und seufzt. Auf dem Weg zurück zum Herd nimmt sie die Packung Spaghetti vom Küchentisch und schüttet sie in einen großen Topf voll sprudelndem Wasser.

Laura blickt ihre Großmutter an. Normalerweise spricht Laura deutsch mit ihr, die innerhalb ihrer eigenen vier Wände am liebsten nur italienisch redet. Es sei denn, sie will ihrer Enkelin etwas eindringlich klarmachen. In solchen Fällen spricht sie deutsch. Laura versteht Italienisch ohne allzu große Mühe, aber das Italienischsprechen ist ihr meistens doch zu anstrengend. Sie entscheidet, der Großmutter entgegenzukommen. «Che succede, nonna?»

Die Großmutter dreht sich um und kramt in den Taschen ihrer Schürze. «Ah piccola! Stavo ricordando, che oggi è l'anniversario di quando mi sono sposata col nonno, sono passati 43 anni.» Sie findet ein Taschentuch und schneuzt sich mit kurzen Trompetenstößen. «La musica mi ha fatto triste.»

Laura kennt die Geschichte. Die Großmutter hat die Aufnahmen von Enrico Caruso früher immer zusammen mit ihrem Mann angehört. Heute wäre ihr dreiundvierzigster Hochzeitstag gewesen. Laura gibt der Großmutter, die von ihr um Haupteslänge überragt wird, einen Kuß auf die Wange. Zum letzten Geburtstag hat sie ihr ein paar der alten Schellackplatten vom Plattenspieler im Wohnzimmer auf eine Kassette überspielt. Seitdem schmettert Caruso die Opernarien gelegentlich auch in der Küche. Den Großvater hat sie leider nie kennengelernt. Er ist schon lange vor ihrer Geburt gestorben.

«Apparecchia la tavola, per piacere.» Mit einem Holzlöffel schiebt die Großmutter die Spaghetti im Topf hin und her. Laura deckt den Tisch. «Queste canzoni sono veramente belle!» Das sind wirklich schöne Lieder! Anschließend schält sie zwei Pfirsiche, schneidet sie in kleine Stücke und wirft sie in das hohe Glasgefäß der Küchenmaschine. Dann nimmt sie eine halbe Wassermelone aus dem Kühlschrank und trennt eine dicke Scheibe ab. Sie schält das Fruchtfleisch heraus, schneidet es ebenfalls in kleine Stücke und gibt sie zu den Pfirsichen. Die alte Maschine röhrt ein paar Sekunden lang auf. Zusammen mit zerstoßenen Eiswürfeln ist diese Mixtur das erfrischendste Sommergetränk, das Laura kennt.

Während des Essens berichtet die Großmutter von ihrem Hochzeitsfest vor 43 Jahren. «Er war so ein schöner Mann, dein Großvater. Che bello!» Sie schaut Laura verklärt an. Dann macht sie Anstalten, ihr eine weitere Portion Nudeln auf den Teller zu häufen.

«No, nonna, sono già piena!» Laura hält sich den satten Bauch.

«Devi mangiare, amore! Du mußt mehr essen, Kind!» Die Großmutter schlägt einen tadelnden Ton an. «Schau, wie mager du bist! Die Männer mögen keine mageren Frauen, credi a me.» Sie läßt beide Hände auf ihre Schenkel sausen. Ihre mächtigen Brüste wackeln unter der Schürze.

Laura verzieht das Gesicht. Sie steht auf, spült die Teller mit warmem Wasser ab und stellt sie ins Abtropfgestell. «Ich muß jetzt gehen.» Sie nimmt ihr neues Buch vom Küchentisch und läßt die Großmutter allein: Sie will sich keinen Vortrag darüber halten lassen, und schon gar nicht von ihr. In ihrem Zimmer, das von vollgestopften Bücherregalen beherrscht wird, kramt sie ihre Badesachen zusammen. Plötzlich läßt sie sich ärgerlich in ihren Lesesessel fallen.

Seit Monaten schon macht die Großmutter Bemerkungen darüber, daß Laura angeblich zu dünn sei und daß die Männer das nicht mögen würden. Ausgerechnet sie muß davon reden! Die Großmutter war zweiunddreißig, als ihr Mann starb, und hat danach, da ist sich Laura sicher, nie wieder einen Mann auch nur von weitem angesehen. Einmal hat sie gesagt: Eine Frau muß ihrem Mann treu bleiben, komme, was wolle. Genauso war es bei Lauras Mutter gewesen. Nachdem der Vater sie kurz nach Lauras Geburt allein gelassen hatte, war die Mutter nie wieder glücklich geworden. Aus den spärlichen Erzählungen der Großmutter hat Laura sich zusammenreimen können, daß ihre Mutter die Liebe dieses Mannes nach seinem plötzlichen Tod vollkommen idealisiert hatte. Sie soll immer wieder beteuert haben, daß er ganz sicher zu ihr zurückgekehrt wäre, wenn dieser schreckliche Autounfall nicht alle Hoffnung zunichte gemacht hätte. Eine andere Frau scheint nicht im Spiel gewesen zu sein. Er soll immer schon sehr ruhelos gelebt haben, wechselte ständig die Jobs und stritt sich mit seinen Chefs. Manchmal glaubt Laura, daß ihre Mutter damals beim Fensterputzen in gewisser Weise ausrutschen wollte, um endlich wieder bei ihm sein zu können. An jenem Morgen verabschiedete sie sich von ihr und ging zur Schule. Als sie zurückkam, war die Mutter verschwunden. Sie hat sie nie mehr wiedergesehen. Die Großmutter wollte ihr den Anblick der zerschmetterten Leiche ersparen, wie sie ihr später einmal sagte. Lauras Erinnerungen an diesen Tag sind nur schwach. Auch über den folgenden zwei Jahren liegt ein dunstiger Schleier.

Sie steht auf, tritt ans Fenster und wirft einen Blick in den Hof. Manuel, der kleine Nachbarsjunge, auf den sie gelegentlich für ein paar Mark aufpaßt, kommt an der Hand seines Vaters aus der Haustür. Der Vater hebt ihn hoch und gibt ihm einen dicken Kuß auf den Mund. Der Kleine reißt die Arme hoch und strampelt vergnügt mit den Beinen. Lachend geht der Vater zu seinem Wagen, öffnet die hintere Tür und setzt den Jungen in den Kindersitz. Er gibt ihm noch einen Kuß und versucht, ihn festzuschnallen. Manuel wehrt sich. Laura wendet sich ab. Den Anblick von Vätern, die sich liebevoll um ihre Kinder kümmern, kann sie kaum ertragen. In ihrem bisherigen Leben haben Männer nie eine Rolle gespielt. Männer sind ihr fremd. Die Frauen hängen ihr Herz an sie und werden letzten Endes doch verlassen. Irgendwann und irgendwie machen sich die Männer aus dem Staub. Entweder hauen sie einfach ab, oder sie sterben viel zu früh. Auf Lauras Vater trifft leider beides zu, und die Tatsache, daß sie ihn nie erlebt hat, macht es ihr so schwer, ein klares Gefühl für oder gegen ihn zu entwickeln. Sie verachtet alle Männer, die Frauen ein Kind machen und sich dann vor der Verantwortung drücken. Aber es gelingt ihr nicht, ihren Vater zu hassen. Es gibt kein Foto von ihm, keine Briefe, keine Abschiedsbotschaft, nichts. Er soll, wie der Großvater, auch sehr schön gewesen sein. Eine in Italien lebende Tante sagte ihr vor einem Jahr bei einem Ferienbesuch, daß Laura ihm ähnlicher sehe als der Mutter. Die Tante scheint Lauras Vater gemocht zu haben und sie erzählte auch, daß die Mutter vollkommen verrückt nach ihm gewesen sei. Eine Urlaubsbekanntschaft. Er hatte der streng katholisch erzogenen jungen Frau den Kopf verdreht, und sie war ihm nach Deutschland gefolgt, um in Sünde zu leben. Die Tante benutzte das Wort *Sünde*, aber sie tat es mit einem Augenzwinkern. Und dann machte sie eine Andeutung, aus der Laura schloß, daß ihr Vater es offenbar verstanden hatte, eine Frau im Bett glücklich zu machen. Ansonsten aber sei er ein Taugenichts gewesen.

Laura lehnt sich mit dem Rücken gegen die Fensterscheibe. Die Sonne brennt auf ihrem Nacken. In ihrer Vorstellung ist der Vater ein schwacher Mann, und das macht sie oft maßlos wütend. Der Großvater soll dagegen ein Familienvater wie aus dem Bilderbuch gewesen sein, und er wäre der Großmutter sicherlich auch heute noch ein liebevoller Ehemann, wenn er nicht so früh an einem Herzinfarkt gestorben wäre. Einerseits beeindruckt Laura die unverbrüchliche Treue der Großmutter zu ihrem Mann. Ihre Erzählungen haben in ihr früh die Sehnsucht nach einer großen, romantischen und gleichzeitig verläßlichen Liebe genährt. Andererseits aber hat die Großmutter noch nie an einem anderen Mann als ihrem eigenen ein gutes Haar gelassen, natürlich auch nicht an Lauras Vater. Aus einer für sie unerklärlichen, aber deutlich spürbaren Verletztheit heraus zweifelt Laura manchmal daran, ob der Großvater wirklich so ein toller Hecht gewesen ist, und hegt den Verdacht, daß die Großmutter ihn genauso verblendet betrachtet, wie sie es ihrer Tochter stets im Hinblick auf den Schwiegersohn in spe vorgeworfen hat. Um so ärgerlicher findet Laura die Bemerkungen der Großmutter über die angeblichen Vorlieben der Männer. Was weiß die alte Frau schon von den Männern!

Laura fühlt sich innerlich zerrissen. Sie spürt ihre Sehnsucht nach der Liebe eines Jungen und ahnt, wie leicht es dem Richtigen einmal fallen wird, ihr den Kopf zu verdrehen. Gleichzeitig ist es ihr ein Rätsel, wie es gelingen soll, glücklicher zu werden als ihre Mutter und auch ihre Großmutter, die nach mehr als dreißig Jahren Witwenschaft vergessen haben muß, wie es ist, einen Mann zu küssen.

Sie nimmt ihren Bikini in die Hand und entscheidet sich dann doch für ihren Badeanzug. Im Bikini kommt sie sich oft zu nackt vor. Außerdem betont das Oberteil zu sehr die Kleinheit ihrer Brüste. Der erste und bislang einzige BH, den sie sich mit fünfzehn stolz von ihrem Taschengeld gekauft hat, paßt ihr immer noch: Größe XS – Supermini. Sie kann sich noch gut daran erinnern, wie jemand das erste Mal eine Bemerkung über ihre Brüste und den BH gemacht hat. Eine Tussie aus ihrer Klasse meinte, daß es bei ihr auch Toffifee-Schälchen tun würden. Die anderen Mädchen lachten sich halb kaputt. Es war eine scheußliche Zeit. Laura war fast sechzehn, als sie ihre Tage kriegte, und diese Schnepfen wußten das. Wegen ihres knabenhaften Aussehens hatten sie in den Monaten zuvor sogar öffentlich darüber debattiert, ob Laura vielleicht ein Zwitter sein könnte. Nur Nannette hielt immer zu ihr und nahm sie vor diesen Giftspritzen in Schutz.

Sie steckt ihr neues Buch in ihren schwarzen Lederrucksack und macht sich auf den Weg.

«Ciao, nonna!»

Die Großmutter hat den Kassettenrecorder wieder lauter gedreht und steht im Durchgang zum Balkon. Die bunten Plastikstreifen des Fliegenvorhangs umrahmen ihre kleine, füllige Gestalt. «Ciao, amore, quando ritorni?»

«Ich weiß es noch nicht. Ich denke, es wird spät!» Laura verläßt die Wohnung und steigt unten im Hof auf ihr Fahrrad.

Die steile Straße zum Vallendarer Berg, auf dem sich das Freibad befindet, stellt wie jedesmal eine Herausforderung dar. Laura schafft es im ersten Gang fast bis oben hin. Doch dann muß sie absteigen und schieben. Erhitzt erreicht sie das Schwimmbad. Sie zwängt ihr Rad in die dichte Reihe abgestellter Drahtesel und bemerkt am Lenker des Fahrrads neben ihr eine große kugelrunde Ging-gong-Klingel. Ihr Rücken spannt sich. Mit finsterer Miene stellt sie sich ans Ende der Schlange vor dem Eintrittsschalter.

Nachdem sie sich vor drei Tagen nachts von Max und Micha verabschiedet hatte, fuhr sie am Ende der Bendorfer Hauptstraße an zwei jungen Männern vorbei, die mit Rennrädern auf dem Bürgersteig standen und sich unterhielten. Einer brüllte: Ey, schönes Kind, fahr schneller, sonst holen wir dich! Plötzlich waren sie dicht hinter ihr und lärmten wie verrückt mit einer dieser Ging-gong-Klingeln. Im nächsten Moment schien ihr Blut zu kochen. Panisch legte sie einen höheren Gang ein und trat in die Pedale, strampelte sich die Lunge aus dem Hals, nahm die Kurve zum Rhein hinunter, legte Tempo zu, drehte sich um: Weg waren sie.

Laura nimmt ihr Wechselgeld entgegen. Scheißkerle! Während der letzten zwei Kilometer hatte sie sich ständig ängstlich umsehen müssen.

Die Plastikmatte auf dem Fußboden der Umkleidekabine riecht nach Desinfektionsmitteln und Schweißfüßen. Laura schält sich aus ihren verschwitzten Klamotten und schaut an ihrem Körper herab. Ich bin gar nicht so mager! Trotzig streicht sie mit beiden Händen über ihre kleinen schneeweißen Brüste zu den Hüften. Unter ihrem flachen Bauch erhebt sich ein dichter Busch schwarzer Haare. Vielleicht sollte ich doch mal meine Beine rasieren? Sie zieht ihren Badeanzug an. Genervt stellt sie fest, daß ihr im Schritt Haare aus dem Badeanzug lugen. Sie mag das nicht. Die herausschauenden Haare wirken auf sie wie ein überdeutlich sichtbarer Wegweiser zu ihrem Geschlecht.

Sie sucht sich einen Platz auf der Liegewiese und hat das Gefühl, daß alle Welt ihren Unterkörper anstarrt. Schnell breitet sie ihr Badetuch aus, schiebt ihren Rucksack unter ein Ende und läuft zum Wasserbecken. Nachdem sie sich kalt abgebraust hat, steigt sie auf einen der Startblöcke und springt. Prustend taucht sie wieder auf und schwimmt in weiten Zügen zum anderen Beckenrand. Die Welt ist wieder frisch.

Drei Uhr. In einer Stunde wird Nannette kommen. Nannette ist schon seit Jahren ihre beste Freundin. Bis zu diesem Sommer haben beide den Nonnenbunker, das katholische Mädchengymnasium von Vallendar, besucht. Im Gegensatz zu Nannette will Laura versuchen, das Abitur zu schaffen. Nannette nutzt jede Gelegenheit, ein bißchen Spaß mit Jungs zu haben, wie sie das nennt. Allerdings hat Laura den Eindruck, daß sie nicht allzu glücklich dabei wird. Einen festen Freund hat sie jedenfalls noch nicht gehabt. Laura empfindet sich in dieser Hinsicht als das genaue Gegenteil. Es gibt zwar eine Menge Jungen, die sich um sie bemühen. Aber sobald sie versuchen, ihr unter den Pullover zu fassen, gehen bei ihr die Rolläden runter. Diese Knutsch-und-Grabbelfeten, die früher fast jedes Wochenende stattfanden, hat Laura immer gehaßt, anders als Nannette, die sich jedesmal ins Getümmel stürzte. Es sind durchaus nette Jungs dabeigewesen, und Laura träumte damals schon von einem zarten, einem stillen und sanften Jungen, mit dem sie endlos lange Spaziergänge machen würde. Aber wenn sie sich dann auf eine Knutscherei einließ, überkam sie das Gefühl, daß ihr Auserwählter nur eine Rolle abspulte und sie gar nicht wirklich meinte. Sie fühlte sich austauschbar, wie ein beliebiges Objekt einer Begierde, die ihr fremd war.

Umzingelt von tobenden Teenies, liegt sie bäuchlings auf ihrem Badetuch und schlägt ihr Buch auf: *Victoria*, von einem norwegischen Schriftsteller namens Knut Hamsun. Die Geschichte ist 1898 geschrieben worden und handelt laut Klappentext von *einer Liebesgeschichte voll zitternder,*

unerfüllter Sehnsucht, in atemberaubender Zartheit er-
zählt... Es geht um den armen Müllerssohn Johannes und
um Victoria, die Tochter eines reichen Herrenhofs. Erwartungsvoll liest Laura die ersten Zeilen. *Er war ein kräftiger*
vierzehnjähriger Bursche, braungebrannt von Sonne und
Wind und voll der verschiedensten Gedanken. Na wunderbar! Ein Wassertropfen fällt auf die Buchseite. *Wenn er*
erwachsen war, wollte er Zündholzmacher werden. Das
war so wunderbar gefährlich, keiner würde dann wagen,
ihm die Hand zu geben, weil er Schwefel an den Fingern
haben würde. Und um dieses unheimlichen Handwerks
willen würde er ein großes Ansehen unter seinen Kamera-
den genießen... Obwohl es sich um einen Jungen handelt,
zumal um einen erst vierzehnjährigen, fühlt Laura sich ihm
augenblicklich verwandt. Was für ein seltsamer Gedanke,
das mit dem Schwefel an den Händen, die sich niemand
anzufassen traut!
Ein Wasserspritzer trifft sie an der Schulter. Ein etwa vierzehnjähriger Junge rennt schreiend mit einer riesigen Kol-
benspritzpistole hinter einem gleichaltrigen Mädchen her.
Plötzlich stoppt das Mädchen und dreht sich um. Auch der
Junge hält an, lacht mit heiserer Stimmbruchstimme, zieht die
Pistole hoch und spritzt dem Mädchen genau zwischen die
Beine. Laura beobachtet das Mädchen. Wie wird sie reagie-
ren? Läuft sie weg? Schreit sie laut? Tritt sie dem Burschen in
die Eier? Mit einem schrillen Kiekser zieht das Mädchen das
Becken nach hinten, reißt die Augen weit auf und fängt an zu
lachen. Der Junge steht vor ihr und scheint im Augenblick
nicht so recht zu wissen, wie er sich verhalten soll.
«Weißt du, wo du mir hingespritzt hast, du Sau!?» Das
Mädchen wirkt angriffslustig und dennoch amüsiert. Sie
geht auf den Jungen zu. «Genau auf die Möse!» Sie zeigt auf
ihre Bikinihose.
Der Junge grinst unsicher, läßt die Pistole sinken und läuft
im Gesicht rot an. «Willst du auch mal?» Er hält ihr die
Pistole hin.

«Und ob!» Mit einer schnellen Bewegung reißt sie ihm das Gerät aus den Händen.

Der Junge rennt los, das Mädchen hinterher. Laura ist beeindruckt. Während sie sich mit Sonnenmilch einreibt, denkt sie daran, daß sie an der Stelle des Mädchens nichts als beschämt gewesen wäre.

Sie liest weiter. Der arme Johannes und die reiche Victoria, die zehn Jahre alt ist, treffen sich in einer dunklen Höhle. Johannes erzählt ihr die kühnsten Märchengeschichten. Er würde bald weggehen und ein halbes Königreich erhalten – und die Prinzessin natürlich dazu. Das macht Victoria traurig. Sie sagt, daß sie sicher sei, die Prinzessin würde ihn nicht so liebhaben, wie sie ihn liebhabe. Daraufhin durchbebt eine warme Freude das junge Herz von Johannes. *Am liebsten wäre er vor Freude und Beschämung über ihre Worte in die Erde gesunken.* Laura legt das Buch zur Seite. Freude und Beschämung! Das kenne ich. Sie döst ein.

«Hier bist du!» Nannette wirft ihre Badetasche auf die Wiese und steigt aus ihren Sandalen.

Laura fährt hoch. «Ach, hallo!» Sie reibt sich die Augen. «Ich bin wohl eingeschlafen.»

«Gehst du mit ins Wasser?» In ihrem Badeanzug wirkt Nannette drall und weiblich. Sie neigt ihren Kopf zur Schulter und lächelt Laura auffordernd zu.

Während sie zum Schwimmbecken laufen, versucht Nannette ihre Haare mit einem Gummiband zu bändigen. Gemeinsam springen sie kreischend ins Wasser und tauchen erst in der Mitte des Beckens wieder auf. Mit rudernden Armbewegungen schwimmen sie auf der Stelle.

«Ich hab gestern in Koblenz in der *Fabrik* einen total netten Typen kennengelernt. Kommst du heute abend mit? Der ist bestimmt wieder da.» Nannette läßt sich unter Wasser sinken.

Laura muß warten, bis Nannette wieder auftaucht. «Ich weiß noch nicht. Mal sehen.» Sie legt sich auf den Rücken und streckt die Zehen aus dem Wasser. «Was ist denn mit

Micha? Ich habe ihn übrigens letzten Mittwoch bei *Tante Mathilde* kurz getroffen.»

«Und? Wie findest du ihn?» Nannette wirkt uninteressiert.

«Ganz nett, glaube ich.» Laura schwimmt zum Beckenrand, dreht sich zum Wasser und hält sich mit beiden Händen an der Abflußkante fest.

Nannette folgt ihr. «Ja, er ist ja ganz nett, aber eben auch ein bißchen lahm, wenn nicht sogar verklemmt, finde ich.»

Laura zieht die Schultern hoch. «Ich geh wieder raus.» Sie dreht sich um und stemmt sich in einem Schwung aus dem Wasser.

«Ich komm auch bald!» Nannette stößt sich wieder vom Beckenrand ab und läßt sich auf dem Rücken treiben. «Bis gleich!»

Laura setzt sich auf ihr Badetuch. Sie kann Nannette nicht verstehen. Nannette hat ihr von dem Samstagnachmittag mit Micha erzählt, wie schön es zunächst gewesen sei, aber auch, wie sehr er sie dann mit seinem zögerlichen Verhalten verunsichert habe. Soll sie doch froh sein, daß er ihr nicht gleich an die Wäsche gegangen ist! Sie legt sich auf den Rücken und schließt die Augen. Wenn einer für mich in Frage kommt, dann nur einer, der seine Finger bei sich behalten kann.

Ein paar Minuten später läßt Nannette sich neben ihr nieder. «Hast du Sonnenmilch dabei?»

Laura reicht ihr die Flasche aus ihrem Rucksack. «Was ist das denn für einer aus der *Fabrik*? So ein Superdraufgänger?»

Nannette bedenkt ihre Arme reichlich mit Sonnenmilch. «Was du immer hast!» Dann widmet sie sich ihren Beinen.

«Kann schon sein. Hoffentlich! Wieso?»

«Ich verstehe dich nicht. Jetzt triffst du mal einen wie den Micha, der nicht gleich zur Sache geht, und was machst du?»

«Und? Was mache ich?» Nannette gibt Laura die Flasche zurück. Ihre Augen blitzen wütend.

«Nichts.» Laura hält es für besser, das Thema fallenzulassen. Sie schaut in den Himmel.

Nannette legt sich auf die Seite. «Du hast ja recht. Aber der Typ aus der *Fabrik* ist wirklich zu süß. Ein Auto hat er auch, ist etwa zwanzig und fängt im September an, in Bonn Maschinenbau zu studieren.»

«Und wie heißt er?»

«Marc.»

Eine Weile lang liegen sie schweigend nebeneinander. Plötzlich schlägt Nannette mit der flachen Hand auf die Wiese. «Verdammt noch mal! Ich will was erleben! Und ich will endlich einen richtigen Freund haben!»

Laura dreht sich zur Seite und streckt eine Hand nach ihr aus. «Tut mir leid.»

Nannette läßt die Berührung nicht zu, zieht ihren Arm weg. «Es geht doch gar nicht darum, ob Micha mir an die Wäsche gegangen ist oder nicht. Ich habe doch gespürt, daß er gar nichts von mir will. Was soll ich ihm denn lange hinterherweinen?»

Laura denkt darüber nach, daß sie nicht weiß, wie es ist, wenn ein Junge nichts von ihr will. «Du hast ja noch Zeit.»

Nannette schaut sie verständnislos an. «Wozu habe ich noch Zeit?»

Laura weiß selbst nicht, weshalb sie das gesagt hat.

Nannette setzt sich auf und steckt ihren Kopf zwischen die Knie. «Du bist komisch.»

Eine Minute vergeht.

«Das hast du noch nie zu mir gesagt.» Laura flüstert fast.

«Es gibt ein paar Dinge, die ich dir nie erzählt habe.» Nannette klingt traurig.

Laura fürchtet sich vor einem Geständnis, das sie verletzen könnte.

Nannette legt den Kopf in den Nacken. «Vor zwei Jahren habe ich zusammen mit Liv diese zwei Typen auf der Kirmes kennengelernt. Weißt du noch? Ich habe mal kurz davon erzählt.»

«Ja, ich erinnere mich.»

«Liv und ich waren hinterher ziemlich betrunken und sind mit den beiden Jungs in einem alten Ford Combi rauf in den Wald gefahren. Ich wußte, was da oben laufen sollte, und ich wollte es auch. Mit fünfzehn wollte ich endlich wissen, wie es ist, mit einem zu schlafen. Liv und der eine Typ blieben im Wagen, und ich stand mit dem anderen ein paar Meter entfernt an einem Baum und rauchte. Plötzlich wippte der Combi auf und ab. Die Stoßdämpfer quietschten richtig.» Nannette massiert sich die Nasenspitze. «Da ist mir richtig mulmig geworden. Aber an Abhauen war jetzt nicht mehr zu denken. Ich wäre mir auch total blöd vorgekommen. Wer will schon prüde sein?» Sie kramt aus ihrer Tasche eine Sonnenbrille hervor und setzt sie sich auf die Nase. «Irgendwann stieg Liv aus dem Wagen und hatte rote Flecken im Gesicht. Dann bin ich mit meinem Typen ins Auto gestiegen. Er hat dann an meinen Brüsten gerubbelt. Das tat richtig weh. Und dann hat er meine Hose aufgeknöpft und runtergezogen, wollte mir auch den Slip runterziehen, aber ich hab seine Hand festgehalten. Er hat aber nicht aufgehört, und dann habe ich ihn machen lassen. Als er in mich reingekommen ist, hat es komischerweise gar nicht so weh getan, wie ich das befürchtet hatte. Und dann war's schnell vorbei.»

«Ohne Verhütung!?»

«Ja. Aber es ist ja nichts passiert.» Nannette bläht kurz die Backen. «Wahrscheinlich denkst du jetzt: Aber sie muß doch auch an Aids denken!» Sie schüttelt den Kopf. «Habe ich aber nicht. Sicher wäre es besser gewesen, Pariser zu benutzen, schon wegen dieser ganzen anderen Geschlechtskrankheiten. Ich kannte den Typ ja kaum. O.k. Aber erstens hatten weder er noch ich Pariser dabei. Und zweitens war ich viel zu aufgeregt, um an so was zu denken. Ich war damals unheimlich happy, endlich keine Jungfrau mehr zu sein, auch wenn die Sache nicht besonders toll gewesen war. Im Vergleich zu dem, was ich später erlebt hab, war das, ehrlich gesagt, sogar eine Riesenpleite. Der Typ war hinterher fix und fertig, hat sich hundertmal entschuldigt, weil er so schnell gekommen ist. Und dann hat er mich noch gefragt, ob er mich mal zum Eis einladen dürfe und so weiter. Aber ich bin zu dem Treffen nicht hingegangen.»

Laura zieht sich ein T-Shirt an. «Die Sonne geht weg.»

«Ich spring noch mal ins Wasser!» Nannette kommt auf die Beine. «Kommst du mit?»

«Nein. Keine Lust.»

Nannette läuft zum Wasserbecken.

Laura sieht ihr nach. Wie sie ihre Hüften schwingt!

Nach ein paar Minuten kommt Nannette zurück. Sie trocknet sich ab und legt sich wieder hin. «Kommst du jetzt heute abend mit oder nicht?»

Laura kann es nicht fassen. «Ich komme mir völlig blöd vor. Ich habe wirklich gedacht, daß du auch noch Jungfrau bist.»

Nannette signalisiert mit einem Nicken, daß sie Lauras Verwunderung versteht. Sie setzt wieder ihre Sonnenbrille auf, obwohl die Badetücher inzwischen im Schatten der Bäume liegen. «Das erste Mal da im Combi war's ja ziemlicher Murks. Aber später dann –» Sie grinst. «Einmal war's total schön. Du kennst ihn sogar.»

«Wen!?»

«Max.»

«Max!?»

«Ja, verrückt, was!? Es ist einfach so passiert. Er war total süß an dem Tag, meine Eltern waren weg, und da sind wir bei mir gelandet. Ich war so scharf, und ich wollte ihn unbedingt in mir drin haben.»

Eine Bremse setzt sich auf Lauras Arm. Bevor sie zustechen kann, schlägt Laura zu.

«Ich war richtig naß. Max hatte Pariser dabei. Der Bursche kennt sich aus. Ich habe sogar einen Orgasmus gehabt. Ich dachte, ich werde gleich verrückt.» Nannette macht eine kurze Pause. «Das war aber das einzige Mal bisher. Mit den anderen hat es nicht mehr geklappt.»

«Mein Gott! Mit wie vielen hast du denn schon geschlafen?»

Nannette nimmt die Sonnenbrille in die Hand und schaut Laura an. «Ich dachte immer, du willst davon nichts wissen.» Sie fängt an, Grashalme zu zupfen. «Ich hätte gern mal mit jemandem darüber geredet. Aber ich kann mit dir über alles reden, nur nicht über Jungs. Es macht keinen Spaß mit dir. Alles ist immer so schwer und so supervernünftig bei dir. Ich meine, ich habe immer das Gefühl, du verstehst mich sowieso nicht in dieser Beziehung.»

Laura schweigt.

Nannette blickt sich um. «Es wird Zeit. Kommst du jetzt mit?»

Ohne zu überlegen, schüttelt Laura den Kopf. «Geh mal lieber allein hin.» Zu ihrer weiteren Enttäuschung versucht Nannette nicht, sie doch noch zu überreden.

Sie packen ihre Sachen zusammen und gehen sich umziehen. Als sie sich vor den Umkleidekabinen wieder treffen, sieht Nannette aus wie das blühende Leben. Eine helle Hose, eine weiße Bluse und wunderschöne braune Haut. Sonnengebleichte Strähnen durchziehen ihre wilde Haarpracht. Laura kommt sich in ihren zerbeulten Jeans und dem schlapprigen chlorfarbenen T-Shirt vor wie ein Sack voller Hirschgeweihe.

Es ist noch hell, als sie vor *Tante Mathilde* ihr Fahrrad abstellt. Sie hat zu Hause mit ihrer Großmutter noch eine Kleinigkeit gegessen und sich umgezogen. Das enganliegende T-Shirt betont ihre Brüste auf eine Weise, die sie im stillen fasziniert. Sie wirken runder und voller als sonst. Hoffentlich glotzen jetzt nicht alle! Sie beugt sich nach unten und wischt sich eine Fluse von der hellen Baumwollhose. Ein Satz aus dem Buch *Victoria* geht ihr durch den Kopf. *Am liebsten wäre er vor Freude und Beschämung in die Erde gesunken.*

Max sitzt mit ein paar Bekannten an einem Tisch. Kein Micha! Laura begrüßt die anderen und setzt sich neben Max. Sie muß daran denken, was Nannette ihr vorhin von ihm erzählt hat. Verrückt! Tante Mathilde kommt an den Tisch. Laura bestellt ein Pils.

Max schaut sie lächelnd an und lehnt sich an ihre Schulter. «Was hast du denn heute abend vor? Du siehst ja richtig zum Anbeißen aus.»

Laura errötet. Max prostet ihr mit seinem freundlichen und offenen Gesicht zu. Sie weiß, daß das kein Annäherungsversuch gewesen ist, aber sie hat sich, solange sie Max auch schon kennt, immer noch nicht an seine direkte Art gewöhnt. «Wo ist denn dein Freund Micha?» Ihre plötzliche Unverblümtheit überrascht sie.

Max zieht schmunzelnd die Augenbrauen hoch. «Der ist übers Wochenende nach München zu seiner Mutter gefahren. Kommt erst morgen abend wieder.» Er scheint Mühe zu haben, ein Grinsen zu unterdrücken.

Laura nimmt einen großen Schluck aus ihrem Glas. Sosehr sie sich auch dagegen wehrt, sie kommt sich in ihren Kleidern auf einmal albern vor.

Sie bleibt zwei Stunden und verabschiedet sich dann von Max und den anderen.

«Ach übrigens!» Max faßt nach ihrer Hand.

Laura steht vor ihm und schaut auf ihn herab.

«Olli hat nächste Woche Geburtstag und macht eine kleine Grillparty oben am See in Breitenau. Er wird vierundzwanzig. Ich soll dir sagen, daß du eingeladen bist. Wenn du Lust hast, sei nächsten Samstagabend um sechs am Parkdenkmal. Dann fahren wir los. Olli will einen kleinen Bus besorgen.»

Ihr Herz macht einen kleinen Hüpfer. «Mal sehen, wie das Wetter wird.»

«Wenn's regnet, gehen wir halt in Ollis Wohnung. Also komm auf jeden Fall. Und wenn's nicht regnet, bring deine Badesachen mit. O.k.!?»

«Gut.» Laura nickt noch einmal in die Runde und verschwindet.

Zu Hause ist alles still. Ihre Großmutter liegt schon im Bett. Laura geht in ihr Zimmer, öffnet das Fenster, zieht die Vorhänge zu und stellt sich vor den Wandspiegel. Sie sieht abgekämpft aus.

Sie duscht und putzt sich die Zähne. Dann steigt sie nackt ins Bett und deckt sich bis zum Bauch mit ihrem Laken zu. Einige Minuten liegt sie da und starrt an die Zimmerdecke. Ein leiser Lufthauch streicht über ihren Oberkörper und läßt ihre Brustwarzen zu kleinen, spitzen Punkten schrumpfen. Sie schließt die Augen und schiebt ihre Hände unter das Laken. Die Fenstervorhänge bewegen sich und lassen für einen kurzen Augenblick das Laternenlicht von der Straße herein. Ihr Becken wiegt langsam auf und ab. Mit einer Hand sucht und findet sie ihre Klitoris. Das bekannte Kribbeln steigt ihr den Bauch hinauf bis zur Stirn. Mit der freien Hand streichelt sie ihre Brüste. Alle Härchen ihres Körpers richten sich auf. «Ahh!» Sie zieht die Beine an und atmet in schnellen Zügen. Sie ist naß geschwitzt. Dann tritt eine merkwürdige, angenehme Lähmung ein. Langsam rollt sie sich zusammen wie ein Embryo.

5 Badetag

Der neue Vorhang ist zugezogen. Das Zimmer leuchtet rot. Vio angelt sich ein Taschentuch vom kleinen Tisch neben Ollis Bett, wischt sich das Sperma vom Bauch und streift ihren Slip hoch. Eigentlich haben sie gar keine Zeit mehr dafür gehabt. Aber Olli ist schon genug geknickt gewesen. Er meinte, er habe doch darauf gehofft, daß sie zum Anlaß seines Geburtstages endlich mit ihm schlafen würde. In den vergangenen Tagen hat Vio lange mit sich gerungen, aber sie konnte ihm dieses Geschenk nicht machen. Sie ist etwas verwirrt. Das Gedicht vom Kirschmond geht ihr nicht mehr aus dem Kopf.
In einer Ecke türmen sich drei Bierkästen übereinander. Daneben stehen einzelne Literflaschen Cola, Wasser und Saft, mehrere Plastiktüten mit Würstchen und Nackenkoteletts. An der Wand lehnt ein zusammengeklappter Elektrogrill.
Olli liegt auf dem Rücken und hat die Augen geschlossen. Vio stützt sich auf ihre Ellenbogen. Wieder muß sie an diese deftigen Zeilen denken: *Der Kirschmond ist schuld / Daß ich verrückt bin nach dem Tier / In dir und den saftigen Lippen / Dem heißen Atem auf mir...* Die haben etwas angestoßen, von dem niemand etwas wissen darf. In der Nacht nachdem sie das Gedicht bei *Tante Mathilde* an der Wand gelesen hatte, träumte sie, sie läge nackt in einem riesigen, dunklen Raum. Fremde gesichtslose Gestalten kamen herein, Männer und Frauen, und leckten sie überall ab,

bis sie vor Lust zu schreien begann. Plötzlich tauchte Olli in einer entfernten Ecke des Raumes auf. Er hatte einen wütenden Gesichtsausdruck, fuchtelte wild mit den Armen und schrie etwas. Aber es war, als stünde er hinter einer schalldichten Glaswand. Vio verstand nicht, was er schrie. Merkwürdigerweise war es ihr egal. Die Gestalten machten sie ganz verrückt. Und dann erkannte sie Micha unter ihnen, nur für den Bruchteil einer Sekunde. In diesem Moment wachte sie auf.

Sie sieht Olli an. Ich bin verrückt! «Gefallen dir die Vorhänge wirklich?»

Olli schlägt die Augen auf und blinzelt. «Doch.» Er leckt sich die Lippen. «Das Rot ist vielleicht ein bißchen grell, meinst du nicht? Sieht hier aus wie im Puff.» Er lacht.

«Na ja, ich habe nicht gedacht, daß sie ein solches Licht machen.»

«Aber sie sind ein schönes Geburtstagsgeschenk. Ehrlich!»

«Wirklich? Gefallen sie dir?»

«Ja doch!» Er steht auf, steigt in seine Unterhose und zieht den Vorhang zurück.

Sie duschen nacheinander. Anschließend packen sie die Sachen für Ollis Grillfest in den Bus, den er sich von einem Arbeitskollegen geliehen hat. Dann fahren sie zum Park.

Micha nimmt einen Löffel, steckt ihn in den Nudelsalat und läßt Max kosten.

«Schmeckt gut.» Max nickt beifällig. «Hat Marion den gemacht?»

«Nein, ich.» Micha grinst stolz. «Schmeckt er dir?»

«Der ist gut.» Max kaut. «Daß du so was kannst!»

Micha zieht eine kurze Bahn Zellophanfolie aus einer Schachtel. «Wenn meine Mutter in München arbeiten war, habe ich mir hin und wieder selbst was gekocht.» Er bedeckt die Schüssel mit der Folie.

«Übrigens!» Max wischt sich den Mund ab. «Nannette kommt auch. Und Laura.»

«Nannette!?»

«Ja, und sie bringt ihren neuen Freund mit.»

«Hat sie einen?»

«Nehme ich an. Sie hat jedenfalls gesagt, daß sie einen Typen mitbringt. Aber ich habe das Gefühl, daß Laura an dir interessiert ist.»

«Laura? Wie kommst du denn darauf?» Micha setzt sich auf den Küchentisch.

Max haucht in seine hohle Hand und schnuppert. «Ist in dem Salat Knoblauch drin?»

Micha nickt.

«Na ja. Jedenfalls hat Laura neulich, als du bei deiner Mutter in München warst, nach dir gefragt. Das kam mir irgendwie verdächtig vor.»

«Wie?» Micha greift nach seinem Tabakpäckchen, steckt es aber wieder weg. In der Küche ist Rauchen verboten.

«Ist nur so ein Gefühl.»

Marion betritt die Küche. Sie stellt ein Glas in die Spüle und dreht sich zu den beiden Jungs herum. Sie trägt ein kniefreies Sommerkleid und hat sich dezent geschminkt. «Hallo, Max!»

«Halloo! Haben Sie heute abend auch noch was vor?»

Micha schaut ihn verblüfft an.

Marion lächelt, sichtlich geschmeichelt. «Wir gehen auch auf eine Grillparty.» Sie schaut Micha an. «Wie kommt ihr denn heute nacht nach Hause?»

«Zu Fuß. Ich laß das Mofa am Park stehen.»

Sie nickt, wünscht beiden noch viel Spaß und verläßt die Küche.

Max horcht, ob Marion sich noch in der Diele aufhält. Dann sieht er Micha an. «Nicht schlecht, die Frau von deinem Vater, nicht schlecht! Donnerwetter! Meine Mutter ist ja auch noch gut in Schuß, aber Marion! Kommst du da nicht mal auf schmutzige Gedanken?»

Ohne es verhindern zu können, läuft Micha rot an. «Hör auf mit dem Quatsch! Hast du die Dinger für Olli besorgt?»

Max zieht ein Päckchen in Geschenkpapier aus seiner Jak-
kentasche und hält es ihm vor die Nase. «Erdbeer, Banane,
Kirsch, ein schwarzer und einer, der im Dunkeln leuchtet.
Macht sieben fünfzig für dich.»

Micha greift in seine Hosentasche und drückt Max ein
Fünfmarkstück in die Hand. «Den Rest kriegst du später.»

Es ist Max' Idee gewesen, Olli eine Sammlung verschiede-
ner Präservative zu schenken. Micha gefällt der Gedanke an
die Überreichung des Geschenks nicht besonders. Er ist
schon eifersüchtig genug.

Draußen im Garten begegnet ihnen Michas Vater mit einem
zusammengerollten Schlauch über der Schulter.

Micha wundert sich. «Marion ist schon fertig!»

Der Vater geht an ihnen vorbei. «Ja, ich weiß. Das hat sie
mir auch schon dreimal gesagt.»

Vor dem Haus startet Micha das Mofa. «Am besten, du
nimmst die Schüssel und setzt dich hinten drauf.»

«In Ordnung, Boß!» Max nimmt auf dem Gepäckträger
Platz.

Dann tuckern sie los.

Laura stellt ihr Fahrrad gegenüber dem Parkdenkmal an
der Post ab. Max winkt ihr zu. Sie geht zu ihm.

«Wir wollten gerade los.» Er wuchtet einen Kasten Bier ins
Heck des Busses. «Ich dachte schon, du kommst nicht
mehr.»

«Das Wetter ist doch gut.» Sie schaut sich nach dem Geburtstagskind um und entdeckt Olli, der sich in das Fahrerfenster eines PKWs lehnt und mit jemandem spricht.
Einige Leute kennt sie nicht. Das müssen Ollis Kollegen
und deren Freundinnen sein. Liv steigt gerade in den Bus.
Claudia und Karsten lehnen an der seitlichen Schiebetür.
Beide halten eine Plastikschüssel in der Hand.

Laura steigt als letzte ein und setzt sich neben Max. Hinten
im Bus sitzen Micha und Vio und unterhalten sich. Sie
nehmen keine Notiz von ihr. Nannette und Marc sitzen vor

ihnen und halten Händchen. Nannette wirft ihr eine Kußhand zu.

Max neigt seinen Kopf zu Lauras Schulter. «Was schenkst
du ihm denn?»

Sie zeigt auf ihren Rucksack. «Ein Buch.»

«Und welches?»

Laura sieht, daß Olli auf den Bus zukommt. «*Siddhartha*
von Hermann Hesse.»

Max zuckt mit den Schultern. «Kenne ich nicht.»

«Und du?»

Olli setzt sich auf den Fahrersitz und startet den Motor.

Max kommt dicht an ihr Ohr. «Überraschung!»

Sie fahren dem PKW hinterher und erreichen nach einer
halben Stunde den See in Breitenau. Micha steigt als letzter
aus und grüßt Laura mit einem freundlichen Lächeln. Sie
nickt ihm zu. Dann hilft sie mit steifen Gliedern den anderen beim Aufstellen der Klapptische an der alten Feuerstelle, um die herum drei große Baumstämme Sitzgelegen-
heit bieten.

Musik dröhnt aus dem Bus. Die Sonne verschwindet allmählich hinter den Bäumen, aber der Abend ist mild. Die
ersten Würstchen und Koteletts brutzeln auf dem Grill.
Micha spielt mit Karsten Federball. Einige Leute schwimmen im See. Andere werfen sich eine Frisbee-Scheibe zu.
Die Getränke stehen im kühlenden Seewasser. Es wird vor
allem Bier getrunken. Laura sitzt auf einem der Baumstämme und betrachtet Vio, die sich gemeinsam mit Olli um den
Grill kümmert. Sie sieht toll aus! Nannette scheint es ebenfalls gutzugehen. Sie ist mit Marc spazierengegangen, hat
keine Zeit für Laura. Liv, die Micha gerade am Federball-
schläger ablöst, erscheint ihr als das reinste Energiebündel.
Die Frisbee-Scheibe fliegt dicht an ihrem Kopf vorbei und
schlägt gegen den Baumstamm, auf dem Laura sitzt.
Schwerfällig bückt sie sich nach der Scheibe und wirft sie
ungelenk zurück in die Richtung, aus der sie gekommen ist.
Micha setzt sich neben sie.

Max versucht, ein Feuer anzumachen. Liv kniet neben ihm und frotzelt über seine mangelhaften Pfadfinderkünste.

Micha wirft ein kleines Stück Baumrinde nach ihr. «He, mach meinen Kumpel nicht an!»

Liv grinst ihn mit einem Augenzwinkern an.

«Ihr könntet noch etwas Holz suchen!» Max bläst in die kleine Flamme. Sie geht aus. Fluchend wedelt er die Asche vor seinem Gesicht weg.

Laura fragt sich, wen er gemeint haben könnte, bemerkt dann aber, daß Max sie und Micha anschaut.

Micha steht auf und blickt Laura an. «Jawohl, Boß!» Er setzt sich in Bewegung.

Laura trottet hinterher. Verwundert stellt sie fest, daß sie auf seinen Po starrt. Sie schließt zu ihm auf. Wortlos sammeln sie Holz im angrenzenden Wald und bringen es Max, der inzwischen doch ein ansehnliches Feuer zustande gebracht hat. Liv beschwert sich, daß das Feuer zu sehr qualme. Laura setzt sich wieder auf ihren Baumstamm.

«Soll ich dir ein Bier mitbringen?» Micha blickt sie fragend an.

Laura schaut zu ihm auf. «Ja, danke.»

Nannette und Marc kommen Hand in Hand aus dem Wald und setzen sich auf die andere Seite der Feuerstelle.

«Hier.» Micha hält ihr eine Bierflasche hin und setzt sich neben sie.

Schweigend sitzen sie da.

«Prost!» Micha hebt seine Bierflasche hoch.

Laura schaut sich um. Ihre Flasche ist noch verschlossen. «Gibt es hier einen Öffner?»

«Ich mach's für dich.» Micha zeigt ihr sein Feuerzeug.

Laura nimmt es ihm aus der Hand. «Danke, das kann ich selbst.» Mit einer gekonnten Handbewegung schnippt sie den Kronkorken von der Flasche. Das habe ich schließlich lange genug geübt!

«He!» Micha sieht ehrlich erstaunt aus. «Ich glaube, du bist das einzige Mädchen, das das kann.»

«Hältst du Mädchen für so ungeschickt?»

Micha sagt nichts. Er nimmt einen großen Schluck aus seiner Flasche.

«Wer möchte noch ein Würstchen? Es sind noch jede Menge da.» Vio lächelt Micha an.

Er schluckt. «Nein danke, ich hab schon.» Er prostet ihr zu.

Vios Lächeln irritiert Laura. Nannette gibt Marc einen Kuß auf die Wange, schmiegt sich an ihn und zwinkert Laura verschwörerisch zu. Laura schaut weg. Sie weiß, was Nannette jetzt denkt. Es ist ihr ausgesprochen unangenehm.

Max schiebt ein paar große Äste ins Feuer und steht auf. «Und jetzt kommen die Geschenke!»

Olli horcht auf. Erwartungsvoll legt er die Grillzange auf die Erde, stellt sich neben Vio und schlingt einen Arm um ihre Hüfte. Die Leute kommen herbei. Die Männer schütteln Olli die Hand, die Frauen drücken ihm einen Kuß auf die Wange. Das Geburtstagskind packt die Geschenke aus. Eine Sektflasche, eine Whiskyflasche, eine Wärmflasche und weitere nette Dinge. Als Olli *Siddhartha* auspackt, scheint es Laura, als wollte Vio sagen, daß er das Buch bereits habe. Aber sie stoppt mitten im Satz.

Max tritt zu Olli, drückt ihn freundschaftlich und überreicht ihm ein Päckchen. «Von Micha und mir!»

Micha prostet Olli zu.

Kondome! Alle außer Laura lachen schrill und aufgedreht. Sogar Vio scheint das für eine gelungene Überraschung zu halten. Laura schaut Micha von der Seite an. Er lächelt verkniffen und nimmt einen letzten Schluck aus seiner Flasche. Dann geht er zum Wasser und kommt mit einer neuen Flasche zurück. Laura steht auf und sieht nach den Salaten. Mit einem Pappteller voll Salat aus türkischen Nudeln setzt sie sich wieder und läßt etwas mehr Platz neben sich und Micha.

«Ah!» Seine Stimme klingt betrunken. «Diesen Salat habe ich gemacht!»

«Der schmeckt jedenfalls bestimmt besser als eure Kondome!»

Micha verschluckt sich an seinem Bier. Er lacht laut auf und rückt ein wenig näher an sie heran. «Aha, du weißt also, wie diese Dinger schmecken!»

Ruckartig stellt sie den Teller vor ihren Füßen ab.

Er zieht an seiner Zigarette und sagt nichts mehr.

Allmählich wird es dunkler. Zur Schonung der Autobatterie ist der Kassettenrecorder ausgeschaltet worden. Die Leute stehen oder sitzen in Grüppchen beieinander und unterhalten sich. Die Atmosphäre ist friedlich. Nur Claudia zischt Karsten hörbar an, er solle nicht zuviel essen. Dabei pikst sie ihm mit dem stumpfen Ende ihrer Gabel leicht in den Bauch. Laura ärgert sich über Karsten. Der läßt sich auch alles gefallen!

«Wer geht mit schwimmen!?» Max.

Micha steht sofort auf. «Ich!» Er schaut Laura an. «Hast du auch Lust?»

«Nein.»

«Schade.» Er scheint unschlüssig auf etwas zu warten. Max legt ihm einen Arm um die Schultern. Zu zweit laufen sie zum Wasser. Ohne Appetit stochert Laura in ihrem Nudelsalat herum.

Vio hat die beiden auf dem Baumstamm beobachtet und mit wachsendem Unbehagen festgestellt, daß sie eifersüchtig auf Laura ist. Laura ist einfach verdammt hübsch, müßte nur mehr aus sich machen! Hand in Hand geht sie mit Olli zum Wasser. Ihre Eifersucht hält sie für ausgemachten Blödsinn. Am Ufer löst sie sich von seiner Hand. Während sie aus ihrer Hose steigt, ruft sie sich selbst zur Ordnung. Olli ist der Beste! Ihren Badeanzug hat sie schon in der Wohnung angezogen. Verblüfft und geschockt zugleich sieht sie, daß Max sich nackt auszieht. Micha tut es ihm nach. Nach einigem Zögern entscheiden sich Liv und ein paar andere ebenfalls dazu. Nannette und Marc sind dabei. Der Rest der Gruppe läßt sich davon nicht beeindrucken und behält die Badesachen an. Wie eine gierige Möwe späht

Vio nach Max und Micha. So völlig nackt wie in diesem Augenblick die beiden, hat sie Olli noch nie betrachtet. Er behält ohnehin meistens seine Unterhose an. Max hat lange Beine, einen süßen kleinen Po und einen Penis ohne Vorhaut. So sieht das also aus, wenn einer beschnitten ist! Micha ist dagegen zartgliedriger, vielleicht etwas dünn, aber auch schön. Beider Hintern leuchten schneeweiß in der Abenddämmerung. Michas Penis erscheint ihr seltsam klein.

Olli legt seine Hand auf ihren Hintern und schiebt sie ins Wasser. Sie schaut sich um. Laura legt Holz nach.

Max schaufelt allen, die in seine Nähe kommen, mit beiden Händen Wasser ins Gesicht. Micha schwimmt in sicherem Abstand draußen im See. Liv spuckt Wasser und keift Max an, er solle endlich mit dem Scheiß aufhören. Das scheint ihn jedoch nur mehr anzuheizen.

Vio schwimmt mit Olli zu Claudia und Karsten. Plötzlich platscht ein Plastikball neben ihrem Kopf ins Wasser. Sie dreht sich um und sieht, daß Micha ihr winkt. Dann kommt er auf sie zugekrault.

Claudia rudert mit den Armen in alle Richtungen. «Verteilen wir uns im Kreis!»

Sie werfen sich den Ball zu und versuchen ihn zu fangen, was bei der hereinbrechenden Dunkelheit nicht einfach ist. Karsten reckt seinen Arm aus dem Wasser und wirft den Ball genau in die Mitte zwischen Vio und Micha. Beide schwimmen los. Sie erreicht den Ball zuerst. Beim Kampf um das glitschige Ding stößt Micha ihr sein Knie in eine Hinterbacke. Vio schreit auf und lacht. Er hebt entschuldigend eine Hand und gibt dem Ball einen Schubs in ihre Richtung. Dann schwimmt er wieder zurück zu seiner Position.

Vio wirft den Ball zu Olli. Er war völlig nackt, als er mich berührt hat! «Ich geh wieder raus!» Olli nickt. Völlig nackt! Ich hätte seinen Penis berühren können!

Max kommt ihr entgegengeschwommen. Er grinst und taucht unter.

«Hör auf!» Vio versucht zu erkennen, wo Max sind befindet. Einen Meter vor ihr taucht er wieder auf. «Hör auf!»

«Ist ja gut, ich mach ja nix!» Grinsend schwimmt er an ihr vorbei.

Idiot! Micha auch! So ein bescheuertes Geschenk! Als Olli das Päckchen auspackte, hätte sie sich am liebsten in Luft aufgelöst, aber sie hat gute Miene zum bösen Spiel gemacht. Das war garantiert Max' Idee! Nun denken alle, daß sie mit Olli schläft. Sie steigt ans Ufer und reibt sich die lädierte Hinterbacke.

Laura legt ihren Rucksack auf einen Stein am Ufer und geht in einem schwarzen Badeanzug an ihr vorbei. Sie watet bis zum Bauch ins Wasser und läßt sich dann langsam nach vorn fallen. In ruhigen Zügen schwimmt sie auf Max zu. Vio sieht, daß er einen Moment lang dazu ansetzt, auch Laura zu necken. Aber er läßt sie in Ruhe. Sie schwimmt an ihm vorbei, weit hinaus zur Mitte des Sees, wo sie allein ein paar Runden dreht.

Nannette sieht nackt genau so aus, wie Micha sie sich vorgestellt hat. Eine Nummer zu mächtig für ihn. Er steuert mit Max aufs Ufer zu und sieht sie dort mit ihrem Freund stehen. Sie trocknen sich gerade ab. Nannettes Körper ist unglaublich üppig. Micha schaut weg. Er will keine Erektion riskieren, wenn er aus dem Wasser steigt. Der Sommer ist ohnehin eine gefährliche Zeit. Sobald es die Temperaturen halbwegs zulassen, laufen sämtliche Frauen halbnackt durch die Gegend. An manchen Tagen fühlt Micha sich regelrecht umzingelt von strammen Schenkeln und wippenden Brüsten – überhaupt von dampfenden Leibern. Und an solchen Tagen ist es zum Verrücktwerden. Selbst wenn er es nicht darauf anlegt, schaut er ständig in irgendwelche Dekolletés oder durch weit ausgeschnittene Blusenärmel. In enganliegenden T-Shirts bildet sich alles ab, was er begehrt und nicht bekommt.

Max schüttelt sich wie ein regennasser Hund. «Das Wasser ist erstaunlich kalt, was!?»

Micha lacht und zeigt auf Max' Penis. «Ja, so kalt!» Zwischen Daumen und Zeigefinger läßt er einen Abstand von drei Zentimetern.

Max klatscht ihm auf den weißen Hintern. «He, warst du am FKK-Strand!?»

Micha stutzt. Dann kapiert er den Witz. Lachend ziehen sie sich an und gehen zur Feuerstelle.

Laura hat sich einen verschämten Blick auf Micha erlaubt. Obwohl es ihr vorkam, als schaute sie durch das verkehrte Ende eines Fernrohrs, haben ihn ihre Augen dennoch für einen kurzen Moment fixiert. Sein Körper wirkte auf sie weniger erwachsen als die der anderen. Sie entschließt sich, wieder an Land zu schwimmen, und überlegt, hinter welchem Busch sie sich am besten ihres nassen Badeanzugs entledigen kann.

Am Ufer angekommen, schnappt sie sich den Rucksack mit ihrer Kleidung und blickt zu den Leuten an der Feuerstelle. Micha und Vio stehen nebeneinander. Micha lacht. So unbeschwert wie Vio vorhin im Wasser könnte ich mich ihm nie nähern!

Die Nacht ist stockdunkel. Max versorgt das Feuer. Die anderen sitzen im Kreis auf den Baumstämmen. Vio schmiegt sich an Olli. Nannette sitzt ihnen gegenüber mit ihrem Freund neben Laura. Zwischen Liv und Micha ist ein Platz frei, für Max. Claudia sitzt bei Karsten, der auf einer Gitarre spielt.

Micha schaut in die Runde. Marc paßt gut zu Nannette! Er linst an den Flammen vorbei zu Vio hinüber. Sie sieht verliebt aus. Das ist Ollis Tag! Liv reicht Micha den Joint, der die Runde macht. Er nimmt einen Zug und gibt ihn an Max weiter, der sich gerade hinsetzt. Vio ist unerreichbar für mich! Und Laura? Die kann offensichtlich keinen besonders leiden. Offensichtlich gelangweilt starrt sie ins Feuer. Er dreht sich eine Zigarette und spürt, wie das Gras seine

Wirkung entwickelt. Wieder kommt der Joint zu ihm. Ohne daran zu ziehen, reicht er ihn weiter. Zuviel Bier getrunken! «Was ist das für Musik?»

Karsten räuspert sich. «Etüden von Francesco Tarrega.» Mit verträumtem Blick spielt er weiter.

«Kenn ich nicht. Ist aber schön!» Er ist die Ruhe selbst!

Max lehnt sich an Michas Schulter. «Na, Alter!» Er lächelt.

«Na, Alter!» Micha tätschelt ihm das Knie. Gut, dich als Freund zu haben!

6 Der blaue Strich

Einundvierzigster Tag. O verdammte Scheiße! Auf Vios Schreibtisch stapeln sich Schulbücher, in die sie eigentlich hineinschauen müßte. Scheiße, Scheiße, Scheiße! Aber sie hat andere Sorgen. Sie legt ihren Taschenkalender zur Seite. Und einen elenden Schnupfen dazu. Sie blickt aus dem Fenster in einen kalten und nassen Oktoberabend.

Sie verträgt die Heizungsluft nicht. Jedes Jahr trocknen ihr in den ersten Tagen nach dem Anlaufen der Zentralheizung die Nasenschleimhäute ein, und das macht sie anfällig. Sie wirft ein durchgeweichtes Papiertaschentuch in den Korb neben ihrem Schreibtisch und nimmt sich ein neues. Ihr Kopf dröhnt, als sie sich schneuzt. Das darf nicht wahr sein! Eine saure Kältewelle steigt ihr vom Magen aus hoch in die Speiseröhre. In den Brüsten kribbelt es. Bitte, lieber Gott, laß mich nicht schwanger sein!

Ihr Zyklus schwankt gewöhnlich zwischen 20 und 35 Tagen. Länger ist er seit ihrer ersten Monatsblutung noch nie gewesen. Mindestens sechs Tage drüber! Der Spruch ihrer Mutter geht ihr durch den Kopf: Sei schlauer... Sie läßt sich aufs Bett fallen. Alle werden mich für ein Flittchen halten und für zu blöd, um aufzupassen! Sie blickt zu dem Bücherberg auf ihrem Schreibtisch. Die Schule kann ich dann auch vergessen. Und das im letzten Jahr. Olli der Arsch! Warum hat er mich auch nicht in Ruhe gelassen!? Seine Mutter wird denken, ich hätte mich absichtlich von ihm schwängern lassen. Vio schlägt die Hände vors Gesicht. Nein, nein, nein-nein-nein! Sie dreht sich zur Wand. Ihre Eingeweide rumoren. Warum ausgerechnet ich!?

Seit Tagen malt sie sich die unterschiedlichsten Horrorszenarien aus. Im Geiste fährt sie nach Holland, um abzutreiben, oder landet allein und verlassen bei einem Engelmacher auf dem Küchentisch oder versteckt sich für ein Jahr im Ausland, gibt das Kind zur Adoption frei und kehrt nach Bendorf zurück, als wäre nichts geschehen. Sie sieht sich in der Stadt umhergehen, wie sie in jeden Kinderwagen schaut und in Tränen ausbricht, weil sie immer denken muß, daß es ihr eigenes Kind sein könnte. Ihr Leben ist praktisch gelaufen.

Der große Mickymaus-Wecker auf ihrem Nachtschränkchen tickt aufdringlich laut. Er gibt einen Knacks von sich. Viertel vor sieben. Um diese Uhrzeit muß sie morgens immer aufstehen. Claudia wird bald kommen. Vio setzt sich auf und betrachtet ihr Zimmer. Augenblicklich legt sich ein eiserner Ring um ihre Brust. Die rotlackierten Möbel, das mit altem Krimskrams vollgestopfte Bücherregal und die fröhlich gemusterte Tapete, das alles wirkt plötzlich so alt und unschuldig. Wehmütig denkt sie an die früheren, unbeschwerten Zeiten, die vor zwei Wochen offensichtlich zu Ende gegangen sind. Claudia und sie verbrachten die Nachmittage in diesem Zimmer und spielten mit Barbiepuppen, obwohl sie schon vierzehn waren. Unentwegt redeten sie über Jungen und Verliebtsein. Einmal zogen sie Barbie und Ken aus, steckten dem feschen Kerl ein abgebrochenes Streichholz zwischen die Beine und spielten Liebemachen. Wieder kribbelt es in ihren Brüsten.

Sie beugt sich vor und zieht die Schublade ihres Nachtschränkchens auf, nimmt ihr Tagebuch heraus und blättert bis zur letzten Eintragung. Vor zwei Wochen hat sie nach fast drei Jahren Pause wieder etwas hineingeschrieben. Sie mußte am Abend dieses verrückten Tages unbedingt jemandem mitteilen, daß sie mit Olli geschlafen hatte. Auf dem

Weg in ihr Zimmer begegnete sie ihrer Mutter, die mit einer Flasche Weißwein in der Hand freundlich lächelnd fragte, weshalb sie an einem Freitagabend schon so früh zu Hause wäre. Sie muß es mir doch ansehen! dachte Vio erschrocken. Sie muß es riechen! Aber ihre Mutter ging gutgelaunt ins Wohnzimmer zum Vater, um sich gemütlich ein Schlückchen zu genehmigen. Sie war beschwipst und Vio sah, wie sie sich auf der Wohnzimmercouch glucksend an den Vater kuschelte. Das gibt es nicht oft.

Am nächsten Tag berichtete sie Claudia von dem großen Ereignis mit Olli. Allerdings nicht in allen Einzelheiten. Claudia hatte ihr von ihrem ersten Mal mit Karsten auch nur die bloßen Fakten mitgeteilt. Vio setzte sie über den groben Ablauf in Kenntnis, und nachdem sich beider Aufregung etwas gelegt hatte, kamen sie – jetzt ganz die erfahrenen Frauen – über die Männer und die Sexualität an und für sich ins Gespräch. Am Ende waren sie sich einig, daß *das* so etwas Besonderes eigentlich nicht war. Hoffentlich ist alles gutgegangen! sagte Claudia noch und schüttelte tadelnd den Kopf. Vio mußte ihr dann auf energische Nachfragen hin zögerlich gestehen, daß Olli nur aufgepaßt hatte. Daß er am Ende doch etwas unaufmerksam gewesen war, erzählte sie allerdings nicht.

Vio zieht die Nase hoch und liest, was sie vor zwei Wochen geschrieben hat.

Ich habe mit meinem Freund geschlafen. Ich bin inzwischen siebzehn. Kinder, wie die Zeit vergeht! Wir sind seit etwas mehr als einem halben Jahr zusammen, und heute nachmittag ist es dann passiert. Meine Mutter und mein Vater sitzen im Wohnzimmer und haben es sich gemütlich gemacht. Ich weiß gar nicht, wie ich das von heute nachmittag beschreiben soll. Im Augenblick geht es mir gut. Es ist schon ein komisches Gefühl, eine Frau zu sein. Ich wollte gar nicht. Ich habe das immer wieder abgebogen in den letzten Wochen. Ich hatte immer Schiß davor, und außerdem war ich mir nie sicher, ob Olli, so heißt er, der Richtige ist.

Der nächste Satz ist fett durchgestrichen, aber Vio weiß noch, was sie geschrieben hat.

Verliebt bin ich schon.

Sie seufzt und liest weiter.

Ich weiß nicht, ob ich richtig verliebt bin. Er ist mehr als sechs Jahre älter als ich. Das ist schon toll. Aber irgendwas ist auch komisch. Vielleicht war ich einfach zu überrascht davon, daß er sich ausgerechnet mich ausgesucht hat. Er sieht toll aus und könnte schönere und ältere Frauen haben als mich. So wie seine letzte Freundin, die schon über zwanzig ist. Mit ihr hat er sich auch am Tag davor getroffen. Und damit hat alles angefangen. Wir haben uns wie immer in seiner Wohnung getroffen, und er hat von dem Treffen mit ihr erzählt. Wie toll das gewesen wäre, wie gut sie ausgesehen hätte und daß ihm ganz komisch geworden wäre und so weiter. Ich bin total eifersüchtig geworden, und er hat dann auch noch Witze darüber gemacht. Ich weiß auch nicht, wie es dann gekommen ist. Jedenfalls haben wir irgendwann in seinem Bett gelegen und angefangen zu knutschen. Das machen wir oft. Aber dieses Mal war es anders. Irgendwie war es mir plötzlich egal. Olli wollte schon die ganze Zeit mit mir schlafen. Und dann habe ich gedacht, daß es ja irgendwann sowieso mal passieren muß. Olli wollte aufpassen, daß er nicht in mir kommt. Ich habe dann gedacht, daß schon nichts passieren wird. Und dann war ich völlig aufgeregt, und auch Olli ist ganz hektisch geworden. Er hat gesagt, er wäre ganz vorsichtig, und es war dann auch ganz gut. Danach bin ich bald nach Hause gegangen. Ich war irgendwie müde. Und jetzt sitze ich hier und fühle mich ganz seltsam. Ich bin jetzt eine Frau. Hoffentlich ist nichts passiert.

Die Schrift verschwimmt vor ihren Augen. Sie wischt sich Tränen von der Backe und schneuzt sich. Es gibt noch einen zweiten Eintrag. Nach dem ersten hat sie versucht einzuschlafen, aber es ging ihr noch soviel durch den Kopf. Schließlich nahm sie sich das Tagebuch wieder vor und schrieb weiter.

Eine Stunde später. Es stimmt nicht. Es war nicht «ganz gut». Es war komisch und hat weh getan.

Der letzte Satz ist wieder durchgestrichen, aber noch gut lesbar.

Weh getan ist nicht ganz richtig. Es war, als wenn er mir einen großen Holzkegel in die Scheide geschoben hätte. Er war mir ja schon vorher mal mit dem Finger drin gewesen, aber das fühlte sich immer ganz anders an. Sein Penis kam mir viel größer vor als sonst. Und als er in mir drin war, fühlte ich mich wie zugestöpselt, und ich spürte unten kaum noch was. Es ist total komisch, aber plötzlich war ich hellwach. Ich habe alles ganz genau verfolgt, und mein Kopf ratterte wie verrückt: Jetzt macht er das, jetzt macht er jenes, das fühlt sich so an, und jetzt lege ich meine Hand dorthin und so weiter. Olli bewegte sich vor und zurück und fing an zu stöhnen. Ich wußte gar nicht, was ich jetzt machen sollte. Komisch, aber ich wußte nicht, worauf das hinauslaufen sollte. Im Roman und in diesen Pornos fangen die Frauen immer ganz schnell an zu kreischen. Das muß da immer total toll sein. Aber in diesem Moment war mir nicht klar, was das damit zu tun hat, daß Olli seinen Penis in mich hineingesteckt hat. Dann war es ganz schnell vorbei. Ich hab mich total erschrocken, als Olli sich plötzlich aufbäumte und seinen Pimmel schnell herauszog. Aber es war zu spät. Hoffentlich ist nichts passiert. Das wäre fürchterlich. Olli ist schuld.

Sie klappt das Buch zu und starrt den Mickymaus-Wecker an. Jetzt, da sie sein Ticken in der Stille ihres Zimmers wieder wahrnimmt, erscheint es ihr noch lauter als vorhin. Nein, Olli ist nicht schuld! Der Kirschmond ist schuld! Sie legt das Buch neben sich aufs Bett, schneuzt sich und klemmt ihre Hände mit dem zusammengeknüllten Taschentuch zwischen die Knie. Nein, ich bin schuld! Sie versucht Luft durch ihre verstopfte Nase einzuziehen.

Etwas Seltsames ist passiert, seit sie mit Olli geschlafen hat. Schon am nächsten Tag drängte er darauf, das Ereignis vom Vortag zu wiederholen, aber sie verweigerte sich, zum erstenmal. Zum erstenmal hat sie nein gesagt und war verblüfft, daß er sofort von ihr abließ. Zuerst sah er verärgert aus, machte dann aber ein freundliches Gesicht und kuschelte sich an sie. Aber auch diese Berührung löste Widerwillen in ihr aus. Wie er so dalag, mit angezogenen Beinen und seinem Kopf auf ihrer Brust, kam er ihr plötzlich vor wie ein kleiner dummer Junge. Sie war überrascht von dieser neuen Perspektive. Erschrocken registrierte sie, wie sich in das Gefühl der eigenen Stärke eine Spur von Verachtung für ihn mischte.

Sie nimmt ihr Tagebuch wieder in die Hand und betrachtet die ersten Seiten, ohne sie zu lesen. In den letzten zwei Wochen hat Olli sie höchstens noch küssen dürfen, und selbst das nur noch eingeschränkt. Vor ein paar Tagen umschlang er sie mit beiden Armen von hinten, und sie schubste ihn mit einer kreisenden Schulterbewegung weg. Es fehlte bloß noch, daß sie ihn zum Händewaschen ins Bad geschickt hätte.

Zusammengekauert hockt sie auf ihrem Bett und atmet schwerfällig durch den Mund. Ihre Nase ist jetzt völlig zu. Plötzlich spürt sie ein Ziehen im Unterleib. Sofort springt sie auf und rennt zur Toilette. Nichts! Kein Blut. Mit der leisen Hoffnung, daß sie vielleicht doch noch ihre Tage bekommt, geht sie zurück in ihr Zimmer. Lieber Gott, mach, daß ich nicht schwanger bin. Ich tu's auch nie wieder!

Sie legt sich auf den Bauch und blättert lustlos in ihrem Tagebuch. Halb amüsiert, halb peinlich berührt überfliegt sie ein paar der vorderen Seiten. Unzählige Jungennamen tauchen dort auf. Einer hat sie dreimal am Ellenbogen berührt. Das Ereignis ist ihr damals fast drei Seiten wert gewesen. Es ging um die Frage, ob das ein Versehen oder Absicht gewesen war. Andere Jungen haben sie entweder leider keines Blickes gewürdigt oder sich ihr törichterweise zu nähern versucht. Dann die ersten vier Schamhaare, von denen ihr eines ausgefallen war. Vio blickt zum Regal. Irgendwo zwischen all dem Krimskrams muß immer noch die Streichholzschachtel versteckt sein, in die sie damals das ausgefallene Haar hineingelegt hat. Dann die ersten Anzeichen dafür, daß sie Brüste bekam. Mit einer seltsamen Ernsthaftigkeit, die ihr nun schrecklich übertrieben vorkommt, hat sie ihrem Tagebuch davon berichtet, wie sie damals die schmerzenden Brustknospen mit einem nassen Waschlappen kühlte. Die erste Monatsregel, das erste Mal Binden kaufen. Wie sie sich im Supermarkt mit der Schachtel in der Hand vor der Kassiererin schämte. Der erste Zungenkuß und die Sorgen darüber, ob sie auch gut genug geküßt hatte, weil sie Angst hatte, daß der Junge andernfalls herumerzählte, sie hätte keine Ahnung davon.

Es klingelt. Vio schlägt das Buch zu und legt es zurück in die Schublade. Das alles scheint ihr Lichtjahre weit weg zu sein und in ihrer augenblicklichen Lage völlig bedeutungslos. Sie horcht und hört, daß die Mutter die Wohnungstür öffnet. Claudia. Vio erkennt ihre Stimme. Eine halbe Minute später klopft es an der Zimmertür.

«Mein Gott, wie siehst du denn aus?!» Claudia steht mit besorgter Miene im Türrahmen. «Ist es so schlimm? Deine Mutter hat gesagt, daß es dich erwischt hat.»

«Komm rein.»

Claudia sieht frisch, gesund und gutgelaunt aus. Sie zieht ihre Regenjacke aus und wirft sie über die Lehne des Schreibtischstuhls. Mit rosigen Backen setzt sie sich neben

Vio aufs Bett und reibt sich die kalten Hände. «Nimmst du was dagegen?»

Vio schnappt sich ein Kissen, läßt sich nach hinten fallen und preßt das Kissen aufs Gesicht. Dann fängt sie an zu weinen.

«Was ist los!?» Claudia legt ihr eine Hand auf die Schulter.

Vio preßt das Kissen fester auf ihr Gesicht. Ihr Körper beginnt zu zittern.

«He, was ist los?» Claudia streichelt ihre Schulter.

«Ich glaube, ich bin schwanger.» Vio legt das Kissen weg und schaut Claudia an.

«Hast du deine Tage noch nicht?» Claudia wirkt erstaunlich ruhig und sachlich.

Vio bewegt den Kopf einmal hin und her.

«Der wievielte Tag?»

«Einundvierzigster.» Vio flüstert.

Claudia rückt von ihr ab und gibt ihrer Stimme einen festen Ton. «Dann mußt du einen Test machen!»

Gute Claudia! Die meisten Leute halten sie für unbedarft und spießig. Jungen wie Max finden sie und den stillen Karsten einfach nur langweilig. Wenn Vio ihre Freundin vor den anderen verteidigt, muß sie manchmal daran denken, daß die Leute mit ihrer Ansicht nicht einmal völlig danebenliegen. Aber sie weiß auch, daß Claudia auf ihre nüchterne Art ohne große Umschweife jederzeit hilfsbereit ist.

«Daran habe ich auch schon gedacht.»

Claudia zieht die Augenbrauen hoch. «Ich dachte, Olli hätte aufgepaßt.»

Vio wischt sich mit beiden Händen die Tränen aus dem Gesicht. Sie steht auf und nimmt sich vom Päckchen auf dem Schreibtisch ein neues Taschentuch. Das Weinen hat die Verstopfung etwas gelöst. Sie spürt, daß Claudia sie beobachtet, nimmt ein weiteres Taschentuch und schneuzt sich so lange, bis ihre Nase nichts mehr hergibt. Dann setzt sie sich auf den Schreibtischstuhl und schaut auf ihre Füße.

Claudia hakt nach. «Hast du doch gesagt, oder?»

«Ja.» Ich habe ein Loch im Strumpf!

«Aber?»

«Es hat nicht geklappt.» Vio ist sich nicht sicher, ob Claudia ihr Gemurmel überhaupt verstehen kann.

Claudia schaut auf die Uhr. «Die Apotheken haben schon geschlossen. Am besten, du holst dir morgen früh einen Test. Dann gehst du nach Hause und weißt in fünf Minuten Bescheid. Wenn wirklich etwas passiert ist, fährst du am besten gleich am Montag zu deiner Ärztin.»

Vio ist froh, daß Claudia ihr wider Erwarten keine Moralpredigt hält. «Kannst du nicht für mich einen Test kaufen?»

«Weil dich hier jeder kennt?»

Vio nickt.

«Mich aber auch.» Claudia steht auf. «Was ist denn mit Olli? Der kann doch einen kaufen.»

Vio nimmt ein neues Taschentuch. «Der weiß von nichts.»

«Na prima!»

Eine Minute vergeht, ohne daß sie etwas sagen. Mit verschränkten Armen lehnt Claudia gegen den Kleiderschrank.

Vio denkt an Olli. «Liebst du Karsten eigentlich?»

Claudia schaut sie überrascht an. «Ja natürlich, sonst wäre ich doch nicht mit ihm zusammen!»

Vio dreht sich auf ihrem Stuhl zum Schreibtisch und schaut zum Fenster. Draußen ist es dunkel geworden. Das Zimmer spiegelt sich in der Scheibe. Sie wird das nicht verstehen!

«Liebst du Olli?»

Vio wirft das Taschentuch in den Korb. «Ich weiß es nicht!»

«O.k.!» Claudia stemmt die Hände in die Hüften. «Ich habe einen Test zu Hause, den ich mir mal in Koblenz besorgt habe. Den kann ich schnell holen. Gib mir 20 Mark. Den Rest lege ich dafür drauf, daß du mich beim Test dabeisein läßt.»

«Wieso sagst du das denn jetzt erst!?» Vio springt zum Bücherregal und greift nach einer Schatulle, in der sie Fünfmarkstücke sammelt. Viele sind es noch nicht. Vielleicht fünfzehn. Sie zögert. In meinem Portemonnaie habe ich noch einen Zehner! Sie nimmt zwei Münzen heraus und reicht sie Claudia zusammen mit dem Zehner aus ihrem Portemonnaie. «Kannst du es so machen, daß Karsten nichts davon mitkriegt?»

Claudia nimmt das Geld. «Apropos! Der wartet wahrscheinlich schon bei *Tante Mathilde* auf uns. Ich gehe da noch schnell vorbei.»

«Aber −»

Claudia winkt ab. «Mir wird schon was einfallen.» Sie zieht sich ihre Regenjacke an. «Ich bin in einer Viertelstunde wieder zurück.» Leise schließt sie die Tür von außen.

Vio hört, daß ihre Mutter ein paar Worte mit Claudia wechselt. Sie fühlt sich hundeelend, abgeschnitten von der Welt, verraten und verstoßen. Alles außerhalb ihres Mädchenzimmers kommt ihr bedrohlich real und gleichzeitig seltsam fern vor: die Mutter, die nichts ahnt und über weiß der Teufel was mit Claudia plaudert. Claudia, die sich in diesem Augenblick Mühe geben muß, normal zu wirken. Die ganze Wohnung, das Haus, die Straße, die Stadt, die Leute, Olli... Solange ich keine Gewißheit darüber habe, daß ich nicht schwanger bin, gehöre ich nicht mehr dazu!

Wie versprochen, ist Claudia schnell zurück.

Vio sitzt auf ihrem Bett. «Was hast du denn zu Karsten gesagt? Hat er sich nicht gewundert?»

Energisch zieht Claudia ihre Regenjacke aus. «Nein. Ich habe ihm gesagt, daß du krank bist und ich dir Gesellschaft leisten muß.»

«Und worüber hast du vorhin mit meiner Mutter geredet?»

«Über das Mistwetter.» Claudia grinst. «Ehrlich. Und dann habe ich ihr gesagt, daß ich zu Hause eine Wundermedizin für dich hätte, die ich holen müßte.»

«Und sie ist nicht mißtrauisch geworden?»

Claudia stellt ein kleines Fläschchen auf den Schreibtisch. «Echtes japanisches Heilpflanzenöl! Das macht jede Nase frei. Wenn du dir zuviel davon unter die Nase reibst, brennt es allerdings wie Feuer.» Sie greift in ihre Handtasche und zieht eine blaue Schachtel hervor. «Hier! Das ist der Test.» Mit klopfendem Herzen steht Vio auf und nimmt die Schachtel. «Und wie funktioniert der? Brauche ich dafür nicht meinen Morgenurin?»

Claudia setzt sich auf den Schreibtischstuhl. «Nein. Nicht unbedingt. Er funktioniert übrigens schon vom ersten Tag an, an dem deine Regel eigentlich hätte kommen sollen. Da ist so ein Teststäbchen aus Plastik drin. Damit gehst du jetzt unauffällig aufs Klo, ziehst vorne die Schutzhülle ab und hältst das Ding mit der Spitze fünf Sekunden lang in deinen Urinstrahl. Kannst du jetzt pinkeln?»

Vio schaut zur Decke und preßt die Schenkel zusammen. Sie nickt.

«In der Mitte von dem Stäbchen sind zwei Sichtfenster. Ein kleines und ein großes. Du mußt aufpassen, daß da kein Urin drankommt. Also, nach fünf Sekunden steckst du die Schutzhülle vorne wieder drauf und hältst das Stäbchen mit der Spitze nach unten. Dann kommst du zurück, und dann sehen wir weiter.»

Vio ist es speiübel. Sie geht zur hinteren Toilette und führt den Test nach Claudias Anweisung durch. Auf Beinen wie aus Pudding kehrt sie zurück in ihr Zimmer.

Seit zwei Minuten liegt das Teststäbchen auf Vios Schreibtisch. Vio muß sich hinsetzen.

Claudia steht neben ihr und zeigt auf die beiden Sichtfenster. «Wenn im kleinen Fenster nach drei Minuten ein blauer Strich erscheint, hast du den Test ordnungsgemäß durchgeführt. Wenn dann aber auch in dem größeren Fensterchen ein blauer Strich kommt, bist du schwanger. Wenn nicht, dann bist du mit ziemlicher Sicherheit nicht schwanger.»

Vio starrt das Teststäbchen an. Im kleinen Sichtfenster erscheint ein dünner blauer Strich. Noch ist alles in Ordnung. Ihr Kopf glüht. Die Nase pocht. Wieder muß sie an die Litanei ihrer Mutter denken: daß sie schlau sein soll, daß die Empfängnisverhütung heute doch kein Problem mehr sei, daß sie sich im Grunde ein ganz anderes Leben gewünscht hätte. Liebe, Lust, Treue und Eifersucht – all das sind abstrakte Begriffe. Nie und nimmer will Vio die Erfahrungen ihrer Mutter machen. Um nichts in der Welt will sie so werden wie sie.

Das größere Sichtfenster bleibt leer, kein blauer Streifen zeigt sich und macht einen Strich durch all ihre Rechnungen. Langsam füllen sich ihre Augen mit Tränen. Claudia legt einen Arm um sie und wiegt sie langsam hin und her. Einige Minuten vergehen.

«Mensch, ich hätte mich umgebracht!» Vio wischt sich die Tränen ab und versucht sich zu schneuzen. Nichts tut sich. «Quatsch!» Claudia zeigt auf das kleine Fläschchen. «Versuche es mal mit dem Heilpflanzenöl.»

Vio schaut zu ihr auf. «Wieso kennst du dich eigentlich so gut mit dem Schwangerschaftstest aus? Und weshalb hast du mir erst so spät gesagt, daß du zu Hause einen herumliegen hast?»

Claudia lehnt sich gegen den Schreibtisch. «Ich habe vor ein paar Monaten mal Angst gehabt, ich könnte schwanger sein. Das war in den Sommerferien, als ich eine Woche lang schlimmen Durchfall hatte. Karsten und ich haben aber trotzdem miteinander geschlafen. Und als ich meine Tage nicht pünktlich bekommen habe, ist es mir so ähnlich wie dir gegangen. Der Test war negativ, aber ich habe mir für alle Fälle noch einen gekauft.» Sie verschränkt ihre Hände im Schoß. «Und das andere.» Sie dreht den Kopf zur Seite. «Manchmal schäme ich mich für Dinge, für die ich mich gar nicht zu schämen brauche. Trotzdem wollte ich erst nicht, daß du erfährst, daß ich auch mal so unvernünftig war.»

«Unvernünftig!» Vio greift nach dem kleinen Fläschchen. «Da gehören immer noch zwei dazu!»

«Das stimmt. – Aber trotzdem bin ich daran beteiligt. Ehrlich gesagt, habe ich», sie zeigt auf sich, «Karsten damals belabert, mit mir zu schlafen. Ich dachte, daß schon nichts passieren würde.»

Vio schaut Claudia mit großen Augen an.

Claudia lächelt. «Deine Wimperntusche ist ganz verschmiert.»

Man lernt seine beste Freundin doch nie wirklich kennen! Vio schraubt das Fläschchen auf und gibt sich einen Tropfen auf den Zeigefinger. Vorsichtig betupft sie die Stelle zwischen Oberlippe und Nase. Innerhalb von zehn Sekunden ist ihre Nase frei.

Micha legt den Hörer auf und wischt mit dem Ärmel seines Hemdes über den feuchten Griff. Sein Vater kommt aus der Küche in die Diele. «Und?»

«Grüße soll ich dir bestellen.»

Der Vater steckt die Hände in die Hosentaschen und zieht sie wieder heraus. Er steht zwei Meter entfernt von Micha mitten in der Diele und läßt die Arme herabhängen. «Wie geht es deiner Mutter?»

Micha lehnt sich an die Wand und sortiert seine Gedanken. «Ganz gut, glaube ich. Onkel Josef hat ihr angeboten, sie in der Verwaltung vom Baumarkt als Sekretärin anzulernen. Dann braucht sie nicht mehr an der Kasse zu sitzen.»

«Das ist gut.» Sein Vater geht an ihm vorbei und berührt ihn mit dem Handrücken am Arm.

Micha kann der Berührung nicht mehr ausweichen. «Ich bin gleich weg. Ich fahre mit Max nach Koblenz auf eine Fete.»

Sein Vater bleibt in der Wohnzimmertür stehen. «Wo ist das denn?»

«Weiß ich auch nicht genau. Max hat die Adresse. Aber ich kann dir die Telefonnummer hierlassen.» Micha greift mit beiden Händen in seine Gesäßtaschen und zieht aus einer einen zusammengefalteten Zettel heraus. «Ich schreib's dir auf und lege den Zettel neben das Telefon.»

Der Vater schaut ihm fest in die Augen.

«Ich mach schon keinen Scheiß, keine Sorge!»

«Wieso geht ihr eigentlich so spät zu dieser Fete? Es ist schon neun Uhr durch. Da seid ihr ja frühestens um halb elf dort.»

Micha schreibt die Telefonnummer auf den Notizblock neben dem Apparat. «Max kann nicht früher.»

«Und wie wollt ihr zurückkommen? In der Nacht fahren doch keine Busse mehr.»

Micha stöhnt auf. «Da werden eine Menge Leute in unsere Richtung zurückfahren. Und wenn nicht, nehmen wir uns ein Taxi.»

Der Vater dreht genervt ab und verschwindet im Wohnzimmer. «Ihr habt offenbar zuviel Geld!»

«Ich arbeite schließlich jeden Freitagnachmittag in deinem Laden!» Micha erhält keine Antwort. Er geht hoch in sein Zimmer, stellt sich ans Waschbecken und betrachtet sein Spiegelbild. Das Gesicht kommt ihm teigig vor. Scheißwetter!

Einmal im Monat telefonieren seine beiden Schwestern mit ihrem Vater. Anschließend wird der Hörer an Micha weitergereicht. Zu guter Letzt übernimmt seine Mutter die Stellung am anderen Ende der Leitung. Micha mußte schon mehrmals feststellen, daß es ihm schwerfällt, mit ihr zu telefonieren. Er hat keine Übung darin. Als er noch in München lebte, hat es kaum Anlässe dazu gegeben. Aber er weiß auch nichts mit ihr zu reden. Er geht zum Fenster und sieht, daß Max die Straße heraufgelaufen kommt. Na endlich! Es regnet.

Nach einigen unangenehmen Schweigesekunden wartete er darauf, daß seine Mutter ihm eine konkrete Frage stellen würde, aber sie erzählte ihm zuerst von ihren neuen beruflichen Plänen, worauf er außer Das ist gut! nichts zu erwidern wußte. Schließlich fragte sie ihn, wie es in der Schule laufe. Seine inzwischen befriedigenden Leistungen nahm sie mit überschwenglichen Kommentaren auf. Aber je mehr sie sich begeisterte, desto unbehaglicher wurde es ihm. Er wickelt sich seinen Schal um den Hals und zieht seine Jacke an. Während er sich eine Zigarette dreht, wird ihm klar, daß er sich schämt, weil er sich über das Lob seiner Mutter gefreut hat. Elender Heuchler! Er zündet sich die Zigarette an, läuft hinunter und fängt Max an der Haustür ab. «Mensch, wo bleibst du denn? Wir haben gleich halb zehn!»

Max zieht die Nase hoch. «Mach mal halblang. Ich habe dir doch gesagt, daß ich meinem Vater mit seinem neuen Weinregal im Keller helfen mußte. Außerdem –» er zieht wieder die Nase hoch – «gehen solche Feten erst später richtig los. Und außerdem mußte ich mir noch die Haare waschen.»

Micha hält eine Hand in den Regen. «Das hättest du dir auch sparen können!»

«Schlechte Laune!»

«Quatsch!»

Auf dem Weg zur Bushaltestelle erzählt ihm Max, daß mit seiner neuen Liebschaft Yvonne wieder Schluß sei.

«Ich dachte, du wärst in sie verknallt!» Micha hat Yvonne nur ein einziges Mal gesehen. Sie ist vierzehn, wirkt aber älter und wohnt drei Kilometer weiter in Heimbach. Max hat sie vor drei Wochen bei einem Bekannten kennengelernt.

Max beschleunigt. «Komm schneller.» Er stolpert, kann sich aber auf den Beinen halten. «Ich und in Yvonne verknallt? Wer hat das gesagt?»

«Niemand.» Schon gut!

Sie erreichen den Bus gerade noch rechtzeitig. Schnaufend nehmen sie in der hintersten Reihe Platz.

«Wo wohnen Marcs Eltern eigentlich?» Micha trocknet sich mit seinem Schal die nassen Haare.

«Genau weiß ich das auch nicht. Irgendwo in so einem feinen Viertel zwischen Bahnhof und Rhein. Sollen stinkreiche Leute sein.» Er zieht den Reißverschluß seiner Jacke auf. «Wir müssen uns durchfragen.»

«Wie kommen denn die anderen dahin?»

«Keine Ahnung. Nannette wird schon dasein.»

«Anzunehmen. Und Vio, Olli, Liv, Claudia, Karsten?»

«Ich weiß es nicht!» Max klingt gereizt. «Ich glaube, ich kriege eine Erkältung. Vio war vor kurzem auch krank.»
Schweigend fahren sie an Vallendar vorbei Richtung Koblenz.

«Laura wird wohl auch dasein.» Max trompetet in ein Taschentuch.

«Meinst du?» Micha weicht ein wenig zur Seite. «Die habe ich bestimmt seit fünf Wochen nicht mehr gesehen.»

«Laura war eigentlich nie so oft in Bendorf.» Max wischt ein Guckloch an der beschlagenen Fensterscheibe. «Sie hat über Nannette Kontakt zu uns, aber ansonsten hängt sie viel bei sich in der Bude herum. Ich denke, wenn Nannettes Freund eine Fete macht, wird Laura wohl auch kommen.» Er zieht die Nase hoch. «Und was ist mit dir? Nannette ist dir durch die Lappen gegangen, und bei Laura hast du dir auch nicht gerade ein Bein ausgerissen.» Er wischt sich mit dem Handrücken über die Stirn.

«Nannette? Mit ihr hatte ich nie was vor. Und Laura», er kneift die Hinterbacken zusammen, «die mag mich nicht. Wir haben uns bei *Tante Mathilde* noch mal kurz unterhalten, wobei unterhalten schon übertrieben ist. Die hat 'ne richtige Mauer um sich rum.»

«Das kannst du laut sagen!»

Micha schaut ihn argwöhnisch an. «Hast du's bei ihr etwa schon mal probiert?»

Max schüttelt den Kopf. «Übrigens!» Er sieht Micha direkt ins Gesicht. «Vio und Olli sind nicht mehr zusammen.»

«Was?»

«Du hast richtig gehört. Vio hat Schluß gemacht.»

«Ist das wahr!?» Micha reckt seinen Hals und lockert seinen Schal. «Wie denn das?»

«Weiß ich nicht. Liv hat's mir erzählt. Sie hat Olli getroffen. Der ist völlig fertig und versteht die Welt nicht mehr. Liv meint, sie hätte ihn noch nie so fertig gesehen.»

«Hm.» Micha beläßt es dabei, doch sein Herz rast. Am liebsten würde er Max fragen, wie er nun die Chancen seines besten Freundes bei Vio einschätze. Aber Max hat ihn schon einmal wegen seines Interesses an Vio gerüffelt.

Am Koblenzer Zentralplatz steigen sie aus und studieren den Stadtplan in einem der für die Touristen aufgestellten großen Schaukästen. Nach zwanzig Minuten Fußweg sind sie vollkommen durchnäßt, aber endlich am Ziel.

«Nicht schlecht, Herr Specht!» Micha betrachtet die kunstvoll verzierte Fassade der großen Villa.

Max stimmt zu. «Gut, Frau Hut!»

Hinter allen Fenstern der beiden Stockwerke brennt Licht. An den vielen sich bewegenden Schatten im unteren Geschoß können sie erkennen, daß sich etliche Leute eingefunden haben. Die Fete ist bereits in vollem Gang.

Max kramt sein Taschentuch aus der Jackentasche und wischt sich die Nase. «Komm rein ins Trockne.» Er öffnet das Tor zu einem kleinen Vorgarten, durch den ein schmaler Weg aus Natursteinplatten zu einem Portal an der Seite der Villa führt. Dumpfe Musikfetzen dröhnen durch den Spalt der nur angelehnten schweren Holztür.

«Wahnsinn!» Micha folgt Max in eine marmorgeflieste Eingangshalle. Die Musik wird lauter. «Die müssen ja wirklich ein Schweinegeld haben. Das sieht man Marc gar nicht an.»

Sie lassen eine Flügeltür aus Glas hinter sich und gelangen in der dahinter liegenden großen Diele ins Getümmel. Nach allen Seiten gehen Räume ab, deren Türen offenstehen. Micha hält sich dicht hinter Max.

«Das muß das Wohnzimmer sein!» Max zeigt in einen etwa sechzig Quadratmeter großen Saal. Auf einer der drei im Raum verteilten Polstergarnituren sitzt Liv. Er stößt Micha an. «Da ist Liv!»

Micha trottet hinter ihm her. Die nassen Jeans kleben an seinen Oberschenkeln. Hier könnte man glatt Fußball spielen!

Nannette kommt ihnen entgegen. «Ah, hallo! Boh, ihr seid ja

ganz naß!» Sie wirkt aufgekratzt und begrüßt beide mit Wangenküßchen. «In der Küche auf der anderen Seite gibt es jede Menge zu essen und zu trinken. Die Jacken könnt ihr oben im Elternschlafzimmer irgendwo zum Trocknen aufhängen.» Sie nippt an einem Glas Sekt. «Wahnsinn hier, was!»

«Haben Marcs Eltern nichts dagegen?» Micha denkt, daß Nannette es mit Marc gut getroffen hat.

Sie schüttelt ihre Mähne, ihre Wangen sind gerötet. «Morgen früh räumen wir auf, und dann kriegen die gar nichts davon mit!»

Micha schaut sich um und sieht einen Fußabdruck auf der Rückwand der freistehenden Couch. Auf der Rückenlehne sitzen fünf Leute und stützen je einen ihrer Füße ab, als lehnten sie sich gegen einen Baumstamm. Zwei Meter neben ihm kracht ein Glas auf den Steinfußboden.

«Also dann!» Nannette sucht einen sicheren Platz für ihr Sektglas. «Ich gehe mal ein Kehrblech suchen!»

Sie begrüßen Liv, die einen Arm um Olli gelegt hat und seine Wange tätschelt. Micha hat ihn vorhin gar nicht erkannt. Olli schaut zu den beiden Neuankömmlingen auf, scheint sie aber nicht zu registrieren.

«Gib mir deine Jacke.» Micha tippt Max auf die Schulter. «Ich bringe die Sachen nach oben.»

Vorsichtig zieht Max seine Jacke aus. «Dann bring mir doch gleich ein Bier mit!»

«In Ordnung, Boß!» Micha macht sich auf den Weg ins Elternschlafzimmer. In der Diele springt ihm eine tropfnasse junge Frau im Bikini über den Weg. Er verfolgt ihre Fußspuren zurück zu einer Treppe, die in den Keller führt. Einen Swimmingpool haben sie also auch! Claudia und Karsten stehen neben der Treppe zur oberen Etage. Sie sehen aus wie bestellt und nicht abgeholt. Schick gekleidet, ohne Knitterfalten, wie immer.

«Ihr seid schon da!?» Micha fragt sich, wo Vio steckt. «Wie seid ihr denn hergekommen?»

Claudia lehnt ihren Kopf an Karstens Schulter. «Seine Mutter hat uns und Vio hergefahren und wird uns auch um ein Uhr wieder abholen. Bist du mit Max gekommen?»

«Nett von deiner Mutter.» Micha lächelt Karsten an, dem es in seinem flauschig aussehenden Rollkragenpullover offensichtlich zu warm ist.

«Und wieso kommt ihr so spät? Wir sind schon seit zwei Stunden hier.» Claudia schaut zu Karsten auf. «Wie spät ist es eigentlich?»

Karsten deutet auf eine große Standuhr. «Gleich elf.»

«Max konnte nicht früher weg.» Micha zeigt ihnen Max' nasse Jacke. «Wo bringt man denn die Klamotten hin?»

Karsten zeigt nach oben. «Hoch, bis zum Ende des Flurs und dann die letzte Tür links.»

«Also, bis gleich.» Ein paar Minuten später kämpft Micha sich in der Küche zu einem der zwei großen Bierfässer vor und zapft gleich vier Gläser, damit er nicht so bald wiederkommen muß. Eins trinkt er gleich an Ort und Stelle. Hunger hat er keinen, aber das kalte Buffet sieht vielversprechend aus. Er verläßt die Küche und schaut in einen dunklen Raum, in dem eine andere Musik als im restlichen Haus läuft. Es wird getanzt. Laura ruft gerade einem großgewachsenen Jungen etwas ins Ohr, der seine Hand auf ihre Schulter gelegt hat. Mit einem leisen Grummeln im Bauch wendet Micha sich ab und bahnt sich mit seinen drei Biergläsern den Weg ins Wohnzimmer.

Max hat sich neben Liv gesetzt. Gemeinsam reden sie auf Olli ein. Ein paar Meter weiter stehen Claudia und Karsten mit Vio zusammen in einem kleinen Pulk von Leuten. Vio scheint gerade etwas Aufregendes zu erzählen.

«Was ist denn mit Olli?» Er reicht Max zwei der Biergläser. Olli schnappt sich eins davon.

Max faßt sich an die Stirn und verzieht das Gesicht. «Der will fahren, weil er's mit Vio hier nicht aushält. Aber er ist sturzbesoffen.» Er klingt erkältet.

Micha schaut Olli an. Plötzlich tut er ihm leid. «Ist es so schlimm für ihn?»

Olli trinkt das Bierglas mit einem Schluck aus, verschüttet allerdings die Hälfte über sein Hemd und die Couch.

«Vielleicht sollten wir ihn irgendwo hinlegen?» Max schaut Liv fragend an.

Sie steht auf und versucht, Olli hochzuzerren.

«Vielleicht ist oben in einem der Schlafzimmer Platz.» Micha deutet mit dem Zeigefinger an die Decke.

Liv schaut Max an. «Hilf mir doch mal!»

Schwerfällig, aber fügsam läßt sich Olli von den beiden aus dem Raum führen. Micha schlendert zu Vio und den anderen. Er zögert – aber Claudia öffnet eine kleine einladende Lücke, in die er sich offenbar hineinstellen soll. Vio erzählt gerade von einer Bekannten, die vor ein paar Wochen Angst gehabt habe, schwanger zu sein. Einen Tag nachdem sie einen Schwangerschaftstest gemacht habe, wäre ihre Regel aber dann doch noch gekommen. Bildhaft schildert sie, wie ihrer Bekannten eine Zentnerlast von der Seele gefallen sei, und schließt ihren Bericht mit der Bemerkung, daß so etwas leider immer nur an den Mädchen hängenbliebe, während die Jungen fein raus wären. Alle, bis auf Micha und Karsten, bezeugen ihre Zustimmung.

Erst jetzt scheint Vio zu bemerken, daß Micha sich zu ihnen gesellt hat. Sie streckt ihre Hand aus und gibt ihm einen leichten Klaps auf den Unterarm. «He, Micha! Wie geht's?» Sie scheint bei bester Laune zu sein.

Micha läuft rot an. Zu unvermittelt hat ihn Vio mit dieser Geste überrascht. Er hebt sein Glas und stellt verblüfft fest, daß es leer ist. «Och, ganz gut! Ich besorge mir noch was zu trinken.» Mit klopfendem Herzen verläßt er den Raum.

In der Diele kommen ihm Laura und ihr hochgewachsener Tanzpartner entgegen. Sie sieht überrascht aus und bleibt unvermittelt stehen. Dann streckt sie ihm die Hand hin. «Hallo, Micha! Wie geht es dir?» Ihr Begleiter, dicht hinter ihr, schaut in eine andere Richtung.

«Och, ganz gut.» Micha schüttelt ihre Hand. «Wir haben uns lange nicht mehr gesehen.»

«Ja.» Laura wirkt verlegen. «Ich habe gar nicht mehr mit dir gerechnet.» Ihr Begleiter schenkt ihm einen mißtrauischen Blick.

Micha wartet darauf, daß sie weiterspricht. Aber sie sagt nichts mehr. Um dem allmählich peinlich werdenden Schweigen ein Ende zu setzen, zeigt er ihr sein leeres Glas. «Ich besorge mir in der Küche noch was zu trinken.» Er geht einen Schritt zur Seite. «Wir sehen uns ja bestimmt noch!»

«Ja.» Laura lächelt steif.

Micha hat das Bierfaß erreicht und hält sein Glas unter den Zapfhahn. Das wird ja wieder mal eine Scheißfete! Jemand klopft ihm auf die Schulter.

«Mach mir auch eins!» Max' Gesichtshaut ist gerötet.

«Dich scheint's ja richtig erwischt zu haben.»

Max zieht die Nase hoch. «Ach was! Bier ist die beste Medizin.»

«Was ist mit Olli?» Micha greift in den Gläserkarton neben dem Faß und füllt Max ein Glas ab.

«Der liegt oben und schläft wie ein Baby.» Max reckt sich.

«Ich finde das ganz schön blöd von Vio, hier aufzukreuzen!»

«Wieso? Sie hat dasselbe Recht hierzusein wie Olli.» Max prostet ihm zu.

Micha zuckt mit den Schultern. Trotzdem! «Schauen wir uns ein bißchen um?»

Sie landen neben dem Tanzzimmer in einem kleinen dunklen Raum, der fast vollständig mit Matratzen ausgelegt ist. Einige sitzen im Kreis und lassen einen zigarrendicken Joint die Runde machen. Eine schwere Haschischwolke weht ihnen entgegen.

«Ich glaube, hier sind wir richtig. Das ist natürlich noch gesünder als Bier!» Max grinst. «Habt ihr noch was für uns?»

«Klar.» Ein Typ mit Dreadlocks hält ihm den Joint hin. «Guter Stoff, direkt aus Marokko. Hab ich selbst mitgebracht. Setzt euch.»

Die Gruppe rückt ein Stück auseinander. Micha und Max lassen sich im Schneidersitz nieder. Im Raum vermischt sich die Hausmusik mit den stampfenden Rhythmen vom Tanzzimmer nebenan. Max inhaliert tief und hält die Luft an. Mit verzerrtem Gesicht gibt er die Tüte an Micha weiter. Schon beim ersten Zug spürt Micha, daß es sich um besonders reinen Stoff handeln muß. Seine Kopfhaut spannt sich. Er atmet aus und sieht, daß Laura und ihr Tanzpartner auf der gegenüberliegenden Seite des Kreises Platz nehmen. Er schaut sie an. Laura sieht wunderbar aus. Der Joint kommt noch einmal zu ihm. Dann folgt eine Pfeife, aus der Micha einen weiteren Zug nimmt.

Aus seinem Mund ist jegliche Spucke verschwunden. Es wird ihm angenehm schwindelig. Die anderen rauchen weiter, und er fragt sich, wie sie das nur schaffen. Er läßt sich nach hinten fallen und stößt eine Rotweinflasche um. In Zeitlupentempo dreht er seinen Oberkörper und faßt nach der Flasche. Er richtet sich wieder auf und nimmt einen Schluck. Es schmeckt nach allem, nur nicht nach Wein. Er kichert.

Max rempelt ihn an. «He, Alter, was ist!?» Er verfällt in albernes Gelächter. «Meine Nase ist vollkommen frei!»

Micha schaut zu Laura, die bewegungslos mit eingezogenen Schultern vor sich hin starrt. Der Kopf ihres Begleiters kommt dicht an ihren. Was will dieser Typ von der schönen Laura? Micha dreht sich zu Max. «Ich habe in München mal eine Freundin gehabt, die hieß Dani. Und immer, wenn ich im Supermarkt an der Theke für» – er rülpst – «Theke für Milchprodukte –» Ein Lachanfall schüttelt seinen Körper. Er muß sich an Max festhalten, der allerdings nicht standhalten kann und zur Seite kippt.

Gackernd richtet Max sich wieder auf. «Dani? Wieso Freundin? Das war doch gar nix!»

Micha macht ein betont ernstes Gesicht. «Arschloch!»

Max gackert weiter und knufft ihn ans Kinn.

Micha will weitererzählen. «Auf jeden Fall, jedesmal, wenn

ich da den Dani-Joghurt von DANONE gesehen habe, hat's mich schier verrissen.»

Max blickt ihn verständnislos an.

«Wirklich!» Micha ist beleidigt. «Verstehst du das denn nicht?» Er nimmt einen weiteren Schluck aus der Rotweinflasche. «Da gab's auch noch eine Norma, die war auch ganz hübsch. Und da unten in der Gegend haben sie eine Supermarktkette, die auch so heißt: NORMA. Das war dasselbe. Zum Verrücktwerden.»

«Ahhh!» Max reißt ihm die Flasche aus der Hand.

Der Typ mit den Dreadlocks schaltet sich ein. «Ich kannte mal einen, der hatte sein Herz an eine Uta verloren. Und immer, wenn er mit seinen Eltern auf der Autobahn an einer Raststätte mit Tankstelle vorbeifuhr, hat's bei ihm gong gemacht.» Er schlägt sich mit der Faust auf den Kopf. «Ist euch das mal aufgefallen? Es gibt Tankstellen, da stehen so Schilder rum, wo UTA draufsteht.»

«Ist das wahr?» Micha erobert sich die Rotweinflasche zurück.

«Ja, das ist wahr.» Der Rastamann bohrt sich in der Nase.

Max meldet sich. «Ja, das habe ich auch schon mal gesehen. Das sind so Hinweisschilder für Fernfahrer, damit die wissen, daß sie an diesen Tankstellen mit so speziellen Schecks bezahlen können.» Er scheint über das, was er gerade gesagt hat, nachzudenken. Dann nimmt er die Rotweinflasche wieder und trinkt sie in einem Schluck leer.

Micha steht auf. Laura und ihr Begleiter haben sich in die hinterste Ecke des Zimmers verzogen. Er torkelt um die Gruppe herum, bis er die beiden sehen kann. Sie liegen still nebeneinander. Der Lange hat einen Arm hinter ihrem Kopf plaziert, berührt sie aber nicht. Laß bloß die Finger von ihr! Michas Beine geben nach. Gott, was für ein Zeug! Er plumpst der Länge nach hin und stößt mit der Schulter irgendwo hart an. Macht nix! Macht nix!

«Max?» Keine Antwort. Er dreht sich auf den Bauch und robbt bis zur Wand. Dort bleibt er liegen. Er versucht sich zu konzentrieren. Ich habe doch nur drei Züge genommen! Seltsame Musik. Ich bin nichts mehr gewöhnt. Dieses Musikstück. Endlos lang. Wumm, wumm, wumm – von nebenan. Das dauert ja ewig. Schon eine halbe Stunde. Wieso ist das denn so lang? Ich kenne das Stück doch. Das ist doch gar nicht so lang. Wumm, wumm, wumm... Vergeblich versucht er sich zu bewegen. Laß bloß die Finger von Laura! «Micha?» Max.

Max! Lebst du noch? Das reicht! Ich will nicht mehr. Hör auf! Kaum hat er das gedacht, verdoppelt sich die Wirkung des Stoffs. Nicht dagegen ankämpfen! Macht alles nur schlimmer! Aber es zieht mich nach unten! Die Matratze kippt. Sie kippt! Panisch krallt er seine Hände in den Matratzenstoff. Gut, gut, ich bin ganz ruhig. In seinem Kopf bewegt sich ein Gedanke in einer endlosen Schleife: Wir sind in Glas gegossen, wir sind in Glas gegossen... Irgendwer stolpert über seine Füße. Die Erschütterung löst Brechreiz in ihm aus. Er verhandelt mit dem Brechreiz. Ich will nicht mehr! Ich bin einsam. Ich bin der einsamste Mensch auf der Welt. Olli ist traurig, so traurig. Der arme Ollibolli. Irgend etwas berührt ihn am Nacken. Es kitzelt. Irgendwer legt eine Hand auf seinen Rücken. Irgendwer legt eine kalte Hand an seine Schläfe. Irgendwer rüttelt an ihm.

«Micha?» Weit weg.

«Micha!?» Lauter.

«Micha? Bist du in Ordnung?»

Was?

«Micha!»

Er wird auf den Rücken gedreht. Er schlägt die Augen auf. Vio!

«Komm raus hier!» Sie versucht ihn anzuheben.

«Was?»

«Du mußt aufstehen!»

Der Rastamann baut gerade einen neuen Joint. Vor ihm sitzt eine Frau und wartet. Außer Micha, Vio und diesen beiden Nimmersatten ist niemand mehr im Raum.

«Wo sind denn die anderen?» Micha hält sich an Vio fest, die sich bemüht, auf der wackeligen Matratze die Balance zu halten. Sein Magen krampft sich zusammen. «Mir ist schlecht!»

Sie zieht ihn aus dem Zimmer. In der Diele scharen sich Leute um ein Mädchen im Badeanzug. Marc hält ihren blutüberströmten Fuß. Nannette steht im Bikini daneben. Vio schiebt Micha weiter. Er hört, wie Nannette aufgeregt herumschreit. Irgendwelche Idioten hätten Biergläser ins Becken geworfen, und Babs hätte sich den Fuß aufgeschlitzt. Macht mir doch nix! Micha spürt Vios Hand auf seinem Beckenknochen. «Wo willst du denn hin?»

«Nach draußen in den Garten.» Sie keucht. «Mach dich doch nicht so schwer!»

Die kalte Abendluft trifft Micha wie ein Schlag mit dem Holzhammer. Unwillkürlich klammert er sich fester an Vio, die ihn mit langsamen Schritten den Steinplattenweg entlangführt. Sie stößt das Tor zur Straße hin auf.

«Mensch, was habt ihr denn geraucht?» Ihre Stimme klingt wie die seiner Mutter, wenn sie ärgerlich ist.

«Ich weiß nicht. Shit halt. Aber das war wohl zu stark für mich.» Er rülpst. «Tschuldigung!»

«Los, eine Runde um den Block!»

Micha läßt sich ziehen.

«Ihr seid bekloppt!»

Plötzlich steht Laura vor ihnen. «Hier bist du!» Ihre Augen bewegen sich langsam von ihm zu Vio und wieder zurück.

«Wer ist hier?» Er überlegt, ob er seine Hand von Vios Hüfte nehmen soll. Aber er befürchtet umzufallen.

Vio faucht Laura an. «Deine Augen sind ja auch total glasig!»

Laura steht wie angewurzelt da. «Was machst du mit ihm?»

«Der Kerl ist halb tot. Max hat es auch umgehauen. Liv hat mit ihm ein paar Runden gedreht und ihn im Wohnzimmer auf der Couch abgelegt.» Sie schüttelt Micha. Sein Kopf wackelt willenlos hin und her.

«Schaffst du es allein?» Laura kommt einen halben Schritt näher.

«Ja.» Vio zieht ihn weiter.

Micha dreht sich, um Laura zu winken. Aber sie ist verschwunden. Nach hundert Metern stülpt sich sein Magen um. Er weicht einen Schritt zur Seite und kotzt in hohem Bogen mitten auf den Bürgersteig. Vio gibt einen angewiderten Kommentar von sich. Sie faßt ihn hinten am Hosenbund und schüttelt ein Taschentuch vor seinem Gesicht auseinander.

«Danke.» Er wischt sich den Mund ab und atmet tief durch. Sein Magen verkrampft sich noch einmal, gibt aber dann Ruhe. Er lehnt sich an eine Mauer.

«Besser?» Sie legt ihm eine Hand auf die Brust.

«Ja, besser. Viel besser!» Er spürt die Wärme ihrer Hand auf seinem Hemd und muß daran denken, daß er sich schon wieder bekiffen und betrinken mußte, um in den Genuß einer solchen Berührung zu kommen. Aber jetzt ist es ihm egal. Warum denn einfach, wenn's auch umständlich geht!?

Claudia und Karsten treten durch das Gartentor der Villa auf die Straße. «Vio, wir müssen los! Es ist gleich ein Uhr!»

Vio nimmt ihre Hand von seiner Brust und überlegt. «Ich bleibe noch! Ich rufe morgen mal an!»

Claudia winkt und hakt sich bei Karsten ein.

Ein kalter Wind bläst Micha unters Hemd. «Ich hätte gedacht, wir haben höchstens zwölf.»

Vio schaut ihn an. «Ihr wart plötzlich verschwunden, und nach einer Weile haben Liv und ich uns Sorgen gemacht und euch gesucht.»

Ich könnte sie vielleicht küssen! Nein, ich schmecke nach Kotze! «Wie geht's denn Olli?»

«Gehen wir wieder zurück?» Sie faßt um seine Taille. «Geht's?»

Micha stößt sich von der Mauer ab.

«Ich nehme an, du hast schon gehört, daß Olli und ich nicht mehr zusammen sind.»

«Ja.»

Sie drückt sich an seine Seite. «Liv und Max hatten Olli oben in einem Schlafzimmer deponiert. Und als wir dich und Max später unter anderem auch dort gesucht haben, war Olli verschwunden. Ein paar Minuten später kam einer und erzählte, daß Olli im Personalraum des Computerladens pennt.»

«Und wo ist Max?»

Sie erreichen das Gartentor.

Vio läßt seine Taille los. «Vorhin lag er jedenfalls im Wohnzimmer.» Sie umschlingt sich selbst mit beiden Armen. «Komm, wir gehen wieder rein. Mir ist saukalt.»

Mit butterweichen Beinen folgt er ihr durch die Eingangshalle in die Diele. An einer Stelle des Steinbodens klebt angetrocknetes Blut.

«Ich muß mal zur Toilette.» Sie läßt ihn stehen.

Er schaut ihr hinterher und schwankt. Wasser! Ich brauche einen Eimer Wasser!

Mit einer Flasche Mineralwasser in der Hand läßt er sich im Wohnzimmer neben Marc auf eine Couch fallen. Von Max ist nichts zu sehen.

Marc schaut ihn lächelnd an. «Na, wieder klar?»

Micha grinst verlegen. «Es geht.» Er schraubt die Flasche auf und stellt sie auf seinem Oberschenkel ab. Plötzlich verschwimmt vor seinen Augen alles, was sich mehr als zwei Meter entfernt von ihm befindet. Bevor er ohnmächtig zu werden droht, setzt er sich gerade auf, atmet tief durch und nimmt einen vorsichtigen Schluck aus der Flasche. Er horcht in sich hinein. Bleib drin! Dann trinkt er die Flasche in einem Zug leer.

«Kiffen macht durstig, was?» Marc scheint von alledem unbeeindruckt.

Behutsam lehnt Micha seinen Kopf gegen die Rückenlehne. «Was war denn vorhin mit dem Mädchen in der Diele? Die hat ja geblutet wie verrückt.» Vio hat ihren Arm um mich gelegt!

Marc wirft einen Schlüssel hoch und fängt ihn wieder auf. «Die haben wir ins Krankenhaus gebracht. Muß wohl genäht werden. Sah aber nicht so schlimm aus. Und den Keller habe ich jetzt abgeschlossen.» Er wippt auf der Couch zum Rhythmus der Musik.

«Nicht! Wackel nicht so. Mir wird schlecht!»

«O.k.» Marc hört auf zu wippen und pfeift statt dessen die Melodie mit.

Micha sieht sich nach einer neuen Wasserflasche um. «Kriegst du nicht totalen Ärger mit deinen Eltern?» Ich spüre jetzt noch ihre Hand auf meinem Hüftknochen!

Marc fängt wieder an zu wippen. «Ach was! Morgen wird alles weggeräumt.»

Von mir aus! Micha stellt die leere Flasche auf den Boden. Wo bleibt denn Vio? «Wo sind denn die anderen?»

Marc wirft wieder den Kellerschlüssel hoch. «Nannette ist mit ins Krankenhaus gefahren. Laura ist mit einem Typen namens Heiner oben in meinem Schlafzimmer verschwunden, und Karsten und seine Freundin sind schon weg. Olli schläft in seinem Computerladen. Und wo die anderen sind, weiß ich nicht.»

In Michas Bauch arbeitet das Mineralwasser. Daß Laura sich mit diesem Heiner in Marcs Schlafzimmer verzogen haben soll, versetzt ihm einen Stich. «Da oben geht jetzt wohl die Post ab, was!?» Es soll amüsiert klingen.

«Keine Ahnung.» Marc scheint es gleichgültig zu sein, wer was in seinem Schlafzimmer treibt. «Ich habe nicht nachgeguckt.»

Max wird von Liv ins Wohnzimmer geführt. Schwerfällig läßt er sich in einem Sessel gegenüber der Couch nieder. Er grinst in die Runde. «Ich hab noch mal brechen müssen.»

Liv stellt sich neben den Sessel und schaut Micha böse an. «Wie kann man nur so bescheuert sein! Wenn ihr das Zeug nicht vertragt, dann laßt die Finger davon!»

«Ja, Mama!» Max faßt nach ihrem Arm. «Komm, sei wieder lieb mit Max!» Er schnurrt.

«Und wegen so einem macht man sich Sorgen!» Sie dreht sich auf dem Absatz und geht hinaus.

«He, Liv!» Mit Mühe schafft es Max aufzustehen. Dann watschelt er ihr hinterher.

Micha schließt die Augen. Augenblicklich fängt die Couch an zu schweben. Er reißt die Augen wieder auf. Vorsicht! Dann rappelt er sich hoch und schleicht zur Küche, um sich eine neue Flasche Wasser zu besorgen. Am Buffet stehen Liv und Vio zusammen und unterhalten sich. Max sitzt am Tischende auf einem Stuhl und setzt eine Flasche Whisky an seinen Mund. Micha stellt sich zwischen Max und die Mädchen. «Hast du immer noch nicht genug?»

Max grinst und prostet ihm zu. «Immer rein mit dem guten Zeug!» Seine Nase ist feuerrot und deutlich hörbar wieder verstopft.

Liv stößt Micha in die Rippen. «Wir haben uns überlegt, ob wir zu viert ein Taxi nach Bendorf nehmen sollen.»

Micha überlegt. Jetzt schon? «Was kostet das denn?»

«Dreißig Mark ungefähr.» Vio steckt sich eine Olive in den Mund.

Wieso ist sie nach dem Pinkeln nicht gleich wieder zu mir gekommen? «Was meinst du, Max?»

Max setzt die Whiskyflasche ab. «Was?» Er rülpst. «Tschuldigung!» Er grinst wie ein Honigkuchenpferd.

«Die beiden wollen sich ein Taxi nach Bendorf bestellen. Wenn wir mitfahren, kostet es sieben, acht Mark für jeden.»

Max greift in seine Hosentasche und bringt einen Zehner zum Vorschein. «Von mir aus!» Er genehmigt sich noch einen ordentlichen Schluck.

Livs Hand schießt an Micha vorbei und schnappt sich die Whiskyflasche. «Mensch, hör auf! Nachher kotzt du uns noch das ganze Taxi voll!»

Max protestiert. «Ich hab noch nie dreimal in einer Nacht brechen müssen.»

«Also, was ist jetzt?» Vio klingt genervt. «Ich will nach Hause, ihr Bubis!»

Mit einem Schlag wird Micha nüchtern. «Komm, Max, wir fahren!» Er greift ihm unter die Arme. «Mach dich nicht so schwer!»

Sie verlassen die Küche.

Während Micha und Liv die Jacken im Obergeschoß zusammensuchen, soll Vio ein Taxi rufen und Max im Auge behalten. Alle Türen bis auf die des Elternschlafzimmers mit dem Klamottenberg sind geschlossen. Micha muß daran denken, daß Laura und der Lange in einem dieser Zimmer liegen. Die Vorstellung behagt ihm ganz und gar nicht. Er ist eifersüchtig. Um so schmerzlicher trifft es ihn noch einmal, daß Vio ihn vorhin einen Bubi genannt hat.

Ein paar Minuten später bugsieren sie Max auf den Rücksitz des Taxis. Vio und Liv nehmen ihn in die Mitte. Micha setzt sich neben den Fahrer. Vio erzählt Liv, daß Claudia ihr vorgeschlagen habe, in den Weihnachtsferien zusammen mit ihren Eltern und einer Cousine nach Teneriffa zu fliegen. Liv ist begeistert und Vio meint, daß sie es sich überlegen werde. Micha hört aufmerksam zu und muß feststellen, daß ihm Vios Pläne nicht gefallen. Dann reden die beiden Mädchen über Ollis Probleme mit der Trennung. Micha bekommt noch längere Ohren. Vio sagt, daß sie sich Sorgen um ihn mache und daß es auch ihr nicht besonders gutgehe. Im Augenblick wisse sie selbst nicht so genau, was sie wolle.

«Olli ist so ein lieber Kerl!» Liv.

«Ja, das stimmt schon.» Vio spricht leise.

Micha verflucht Liv.

Das Taxi wendet auf dem Bendorfer Kirchplatz. Die vier steigen aus und legen das Geld für den Fahrer zusammen. Micha schlägt die Beifahrertür zu und schaut Vio an.

«Also, macht's gut, Jungs!» Vio schaut in die Runde. «Bis die Tage, Liv.»

«Ich gehe noch ein paar Meter mit dir.» Liv stellt sich neben sie.

«Tschüs!» Micha ist verdattert.

Max gibt keinen Ton von sich. Schwer lehnt er an Michas Seite.

«Tschüs, Max!» Liv wartet auf eine Reaktion von ihm.

Er stößt sich von Michas Seite ab und hebt seine Hand wie zum Schwur. «Ade, Feinslieb, dein Scheiden macht mir das Herz so schwer.» Er läßt seine Hand fallen und lehnt sich wieder bei Micha an.

Liv kichert. «Also dann!»

Micha schaut ihnen hinterher, bis sie hinter der nächsten Ecke verschwinden. Weg ist sie! Er legt Max einen Arm um die Schultern. «Komm, Alter. Wir haben noch einen weiten Weg vor uns.»

Nach zwanzig Minuten Schieben, Stolpern, Fallen und Fluchen muß Max sich zum drittenmal in dieser Nacht übergeben. Seine Knie knicken ein wie Streichhölzer. Wie ein nasser Sack geht er zu Boden. Micha kann nicht verhindern, daß Max mit einem Arm in seiner Kotze landet.

«Verdammte, verflixte Hundekacke!» Plötzlich fängt Max an zu weinen.

«He, Max, komm, ist doch nicht so schlimm! Du hättest den Whisky nicht mehr trinken sollen.»

Max schaut ihn mit flatternden Augenlidern an und muß wieder würgen. «Liv!» Er läßt den Kopf hängen.

«Was hast du denn?» Micha spricht mit ruhiger Stimme, als rede er mit einem kleinen Jungen, der in der Nacht aufgewacht ist und Angst vor der Dunkelheit hat.

Max sagt nichts. Er betrachtet seinen verdreckten Jackenärmel und beugt sich schluchzend nach vorn, bis seine Stirn den Asphalt berührt. An einem seiner Nasenlöcher entsteht eine murmelgroße Rotzblase.

«Wir müssen weiter. Hier frieren wir uns nur den Arsch ab.» Micha zieht Max am Kragen. «Komm, steh auf! Du bist nicht der Papst.»

«In Ordnung!» Max kommt schwankend auf die Beine. Er wischt sich mit dem noch sauberen Ärmel seiner Jacke die Nase ab. «Au Mann, ich fühl mich Scheiße!»

«Du siehst auch Scheiße aus.»

Max hält ihm seinen Zeigefinger vor die Nase. «Verrat mir bloß mal, wieso zum Teufel ich nicht an Liv herankomme.»

Wieder verliert er die Balance.

Micha hilft ihm hoch. «Da fragst du den Richtigen.»

«Liv ist mir unheimlich!» Entschlossen stapft Max los.

Ich mir auch! Micha schließt zu ihm auf.

Schon den dritten Tag hintereinander ißt Laura nun von ihrer Minestrone, und der Topf ist immer noch zu gut einem Viertel gefüllt. Mit einem Stück Weißbrot saugt sie die kleine Pfütze auf dem Boden ihres Tellers auf und entscheidet, den Rest der Suppe ins Klo zu schütten.

Vor einer Woche ist ihre Großmutter nach Verona gefahren, um einer ihrer Schwestern beizustehen. Beim gestrigen Anruf ihrer Großmutter hat alles darauf hingedeutet, daß die Schwester in wenigen Tagen sterben wird. Laura steht auf. Und das keine zwei Wochen vor Weihnachten!

Auf halbem Weg zur Toilette hört sie das Telefon klingeln. Sie stellt den Suppentopf auf das Garderobenschränkchen in der Diele, eilt ins Wohnzimmer, nimmt den Hörer ab und meldet sich mit ihrem Nachnamen.

«Hallo, Laura!»

O nein! Beim Klingeln des Telefons hat sie noch befürchtet, Nannette würde für den Nachmittag absagen. Es wäre nicht ihre erste Unzuverlässigkeit, seit sie mit ihrer Lehre angefangen hat und mit Marc zusammen ist. Aber es ist Heiner, ihre Fetenbekanntschaft. Mit ihm hat sie nicht mehr gerechnet. Sie hat gedacht, es wäre alles zwischen ihnen geklärt.

«Hallo?» Heiner klingt irritiert.

«Ja?»

«Ja, hier ist Heiner!»

«Ja, hallo. Wie geht's?» Neutral klingen!

«Ganz gut. Und dir?»

«Es geht so.»

«Oh, bist du krank?»

«Nein, das nicht. Ich bin müde und habe noch viel zu tun.»

«Tja, ich äh —»

Sie hört Geraschel und Geklapper am anderen Ende der Leitung.

«Na, jetzt habe ich mich doch glatt in der elendlangen Schnur verhaspelt.» Er lacht ausgelassen über sein kleines Mißgeschick. «Tja, ich wollte fragen, ob du für heute abend schon was vorhast. Ich meine, ich hätte Lust, dich zu sehen. Wie sieht's aus? Wir könnten uns vielleicht hier in Koblenz treffen und ins Kino gehen oder einfach etwas trinken. Ich könnte auch nach Vallendar kommen. Oder wir könnten irgendwas anderes machen. Was hältst du davon?» Er macht eine kurze Pause, und bevor Laura antworten kann, redet er weiter. «Ich meine, wenn es dir heute abend nicht paßt, können wir uns auch morgen treffen, oder übermorgen, am Sonntag.»

Laura wartet, ob noch etwas kommt. Aber Heiner scheint alle Eventualitäten durchgegangen zu sein, bis auf eine. Sie sucht nach passenden Worten und wechselt den Hörer in die andere Hand.

«Laura?»

«Ja, hier!»

«Ich dachte schon, die Leitung wär tot.» Wieder lacht er ausgelassen.

Laura mag sich selbst nicht, wenn sie auch die kleinste Unsicherheit anderer Leute registriert. «Heiner?»

«Ja?»

An seiner Stimme hört sie, daß in diesem Moment bereits jede Hoffnung aus ihm gefahren ist. «Ich möchte mich nicht mit dir treffen.» Schweigen. Sie hört ihn atmen.

«Warum nicht?» Mutlos.

«Ich kann es dir nicht genau sagen, Heiner. Es ist einfach so.

Ich habe das Gefühl, daß du dabei bist, dich in mich zu verlieben, und das will ich nicht.»

«Ich verstehe dich nicht!» Fast ein wenig gereizt. «Ende November auf der Fete habe ich wirklich gedacht –» Er stockt. «Habe ich etwas falsch gemacht?»

Gott, Heiner, hör auf damit! «Nein.»

«Was ist es dann? Wir haben uns jetzt ein paarmal getroffen. Du warst immer ziemlich distanziert, aber ich habe gedacht, das ist halt so deine Art. Und ich habe doch schon gesagt, daß mir das von der Fete leid tut.»

«Das braucht dir nicht leid zu tun.»

«Dann verstehe ich es nicht!»

«Heiner, laß uns aufhören. Ich muß gleich babysitten. Und danach bin ich schon mit Nannette verabredet.»

Er atmet lange ein und wieder aus. «Mach's gut.» Klick.

Langsam legt Laura den Hörer auf die Gabel. Für ein paar Sekunden ist ihr Kopf vollkommen leer. Sie starrt den Telefonapparat an, der auf einem kleinen Tischchen neben der Couch steht. Darüber hängt in Augenhöhe ein altes Bild ihrer Mutter, aufgenommen von einem richtigen Fotografen in Verona, ein paar Wochen vor ihrem Tod. Lauras Blick gleitet nach oben und verweilt auf dem Gesicht. Vom Vater soll sie die kräftigen schwarzen Haare, die dunklen Augen und die Nase geerbt haben, von der Mutter die schmalen Lippen und auch die Figur. Sie reißt sich von der Fotografie los, schnappt sich aus der Diele den Suppentopf und schüttet den Inhalt in die Toilette. Wenigstens habe ich nicht lügen müssen! Als sie ein paar Minuten später mit ihren Schularbeiten beginnt, beschließt sie, bald etwas zu ändern. So kann es nicht mehr weitergehen!

Am Nachmittag bringt ihr die Nachbarin den kleinen Manuel. Sie kennt den Zweieinhalbjährigen seit seiner Geburt und ist fasziniert davon, daß er trotz seiner Wildheit noch sehr zart ist. Diese Mischung macht das Babysitten zwar oft recht anstrengend, aber Laura kann das Geld gebrauchen. Bücher sind teuer.

Manuels Mutter legt eine Papierwindel, eine Flasche Baby-öl und eine Schachtel Papiertücher auf das Garderoben-schränkchen. «Ich habe dir für alle Fälle eine Pampers mitgebracht. Meistens sagt er schon, wenn er aufs Klo muß. Aber man kann ja nie wissen.»

Laura lächelt Manuel an. In der linken Hand hält er Lilli, seine kleine schwarze Stoffpuppe. Unter dem rechten Arm klemmt ein Traktor mit Anhänger.

«Traktor!» Er stellt das Plastikgefährt auf den Fußboden. Lilli setzt er mit dem Rücken zur Fahrtrichtung in den An-hänger. Erwartungsvoll schaut er die beiden Frauen an.

«Toll!» Laura klatscht in die Hände.

Manuel rennt in die Küche.

Seine Mutter wendet sich zum Gehen. «Also, ich denke, ich bin spätestens um fünf wieder zurück. Kommst du klar?»

«Ja, keine Sorge.» Laura hört ein Scheppern. Sie schließt die Tür und geht in die Küche.

Manuel hat bereits ganze Arbeit geleistet. Keine Minute hat er gebraucht, um sämtliche Kochtöpfe aus dem Schrank zu räumen. Mit beiden Händen umklammert er ein großes Einmachglas mit Kichererbsen.

«Manuel!» Sie nimmt ihm das Glas aus den Händen.

Er verzieht das Gesicht. Bevor er losplärren kann, öffnet Laura das Glas und läßt ihn eine Handvoll Erbsen heraus-nehmen, die er in seinem Anhänger ablädt. «Mehr!» Er nimmt sich noch eine Handvoll.

«Aber die Töpfe stellen wir jetzt wieder schön in den Schrank, ja?»

«Topf haben!» Manuel zeigt auf einen besonders großen.

«Nein, den kriegst du nicht!» Laura bückt sich und beginnt, die Kochtöpfe wieder einzuräumen.

Manuel hält sich an ihrer Schulter fest und greift nach ei-nem Plastikmeßbecher. «Topf!» Er hält ihn hoch.

«Na gut, den kannst du haben.» Laura schließt die Schrank-tür. «Was hast du denn vor?»

Die nächste halbe Stunde verbringt Manuel damit, die Kichererbsen mit seinem Anhänger durch die Wohnung zu transportieren und einige davon an sich und Lilli zu verfüttern. Der Meßbecher steht neben dem Türpfosten in der Küche und dient als Zwischenlager. Wenn Manuel mit seinem Traktor zurückkehrt, kippt er den größten Teil seiner Ladung in den Becher, steckt sich eine Kichererbse in den Mund und kaut krachend darauf herum. Dann schüttet er den Inhalt des Meßbechers zurück in den Anhänger und macht sich wieder auf den Weg ins Wohnzimmer.

Laura hat sich mit einem Buch ins Wohnzimmer auf die Couch gelegt. Sie liest *Dshamilja* von Tschingis Aitmatov. Die Geschichte ähnelt ein wenig der von *Victoria*. Wieder haben es zwei schwer zusammenzukommen. Während des Zweiten Weltkrieges lebt in einem kleinen kirgisischen Dorf die junge Dshamilja, deren Mann an der Front ist. In der islamischen Dorfgemeinschaft herrschen für alle strenge Verhaltensvorschriften, doch Dshamilja ist anders als die anderen jungen Frauen.

In ihrer Art lag etwas Männliches, Schroffes, ja zuweilen sogar Grobes. Auch bei der Arbeit packte Dshamilja zu wie ein Mann. Mit den Nachbarinnen vertrug sie sich gut, doch wenn man sie ungerecht behandelte, dann konnte sie besser schimpfen als jede andere; es kam sogar vor, daß sie jemand bei den Haaren zog.

Laura lächelt. Dshamilja glaubt, daß ihr Mann sie nicht wirklich liebt. In seinen wenigen Briefen von der Front ist sie immer die letzte, der er Grüße ausrichtet. Sie leidet sehr unter ihrer Einsamkeit. Eines Tages kommt Danijar, ein verwundeter Soldat, in das Dorf. Ein stiller, verschlossener junger Mann ohne Familie.

Er sprach wenig, und wenn er schon einmal redete, dann hatte man das Gefühl, als denke er gleichzeitig an etwas ganz anderes, Fernliegendes, als hänge er seinen eigenen Gedanken nach, und man wußte nie, ob er einen überhaupt ansah, selbst wenn er einem mit seinen nachdenklichen, verträumten Augen offen ins Gesicht blickte.

Sie seufzt. Natürlich verlieben sich die beiden ineinander! Eine plötzliche Stille läßt sie von ihrer Lektüre aufblicken. «Manuel?» Mißtrauisch geworden, legt sie das Buch auf den Wohnzimmertisch.

«Huahrrrr!!» Manuel wirft sich mit ausgebreiteten Armen auf ihren Bauch. Er hat den Mund weit aufgerissen, und seine großen Augen leuchten.

Laura stößt einen kurzen schrillen Schrei aus. Dann packt sie Manuel und kitzelt ihn durch. «Hast du dich von hinten angeschlichen!?» Sie lacht. «Hast du dich ganz heimlich angeschlichen, um die Laura zu erschrecken!?»

Manuel gackert und gurgelt und strampelt wild mit Armen und Beinen. «Huahrrrr! Huahrrrr! Huahrrrr!»

Völlig außer Puste, hält Laura plötzlich inne. Sie beugt sich über seinen Hosenboden und schnüffelt. «Manuel! Mußt du aufs Klo?»

Er schaut versonnen an die Zimmerdecke. «Ja.»

Sie nimmt ihn an die Hand und führt ihn zur Toilette. Als sie ihm die Hose aufknöpfen will, geht er in die Knie und hält sich die Hosenträger fest. «Nein!»

«Nein?»

Mit ernster Miene schüttelt er den Kopf. Dann springt er auf und rennt in die Küche. Laura folgt ihm. Er steht vor dem Küchenschrank und breitet die Arme aus. «Huahrrrr«!»

«Komm her! Manuel!» Sie versucht ihn einzufangen, aber er entwischt ihr ins Wohnzimmer. Auf dem Weg dorthin nimmt sie die Windel vom Garderobenschränkchen und findet den Burschen versteckt hinter dem Fußende der Couch.

«Huahrrrr!» Er versucht wieder auszubüchsen, aber Laura erwischt ihn hinten am Hosenbund.

«Hierbleiben!» Sie zeigt ihm die Windel. Er nickt und setzt sich auf den Teppich. Sie legt ihn auf den Rücken und zieht ihm Hose und Windel aus. Angestrengt hebt er den Kopf, um sein Werk begutachten zu können. Laura zieht seinen

Hintern an den Beinen in die Höhe und zeigt ihm die volle Windel.

«Hast du gekackt?» Sie lächelt aufmunternd.

«Ja.» Er strahlt. «Gekackt!»

«Bleib schön liegen!» Sie schiebt die Windel wieder unter seinen Hintern. «Ich muß schnell etwas zum Abputzen holen.» Sie steht auf und rennt in die Diele zum Garderobenschränkchen. Als sie sich wieder zu Manuel kniet, stellt sie verblüfft fest, daß er tatsächlich ruhig liegengeblieben ist und keine Sauerei angerichtet hat. «Manuel ist ein Lieber!» Sie rollt die volle Windel zusammen.

«Ja.» Während sie ihn saubermacht, schaut er sie an.

Sein Hodensack ist erstaunlich dick! Aber der Penis ist unheimlich klein. Kleiner als mein kleiner Finger! Manuels Penis ist der erste gewesen, den Laura in natura gesehen hat. Der von Heiner war der zweite. Kaum zu glauben, denkt sie, daß aus so einem kleinen Schniepel einmal ein Männerpenis wird. Der Gedanke an Heiner betrübt sie.

Manuel greift mit beiden Händen nach seinem Penis und zieht an der Vorhaut. Dabei schaut er Laura lächelnd an. Er bekommt eine Erektion.

Laura hat ein «Finger da weg!» auf der Zunge, entscheidet sich aber dagegen. Statt dessen nimmt sie die neue Windel und packt Manuel fest ein. Er ist steif geworden, aber kaum größer! Während sie die Träger am Bund seiner Hose befestigt, lehnt er sich mit seinem Kopf gegen ihren Oberschenkel und umklammert mit beiden Armen ihre Beine. Sie richtet sich auf.

Manuel schaut zu ihr hoch. «Arm.» Er streckt seine Arme aus. Laura nimmt ihn hoch. Er kuschelt sich an sie. Eine Welle von Zärtlichkeit überspült sie. «Bist du müde?»

Er schüttelt den Kopf.

Während der nächsten Stunde vergnügen sie sich damit, einen kleinen eirunden Blechhasen aufzuziehen und auf dem Fußboden hüpfen zu lassen. Laura hat einen diebischen Spaß daran, daß Manuel angesichts dieses immer wieder plötzlich zum Leben erweckten Dings zwischen Angst und fasziniertem Staunen schwankt. Bald hat er den Dreh heraus, wie er den Blechhasen mit dem seitlich angebrachten Schlüssel aufziehen muß. Doch jedesmal, wenn er ihn auf dem Fußboden abstellt und loshoppeln läßt, packt er Lilli, rennt zu Laura und versteckt sich hinter ihren Beinen, um aus der sicheren Deckung heraus dieses seltsame Wesen zu beobachten. Die Berührung seiner Hände an ihren Schenkeln nimmt Laura von Mal zu Mal deutlicher und irritierender wahr. Wirst du später auch mal eine unglücklich machen?

Kurz nach fünf holt Manuels Mutter ihren Sohn ab. Sie fragt, ob er auch brav gewesen sei, drückt Laura einen Zehnmarkschein in die Hand und hebt Manuel auf den Arm.

Laura hält Lilli und den Traktor in der Hand und fragt ihn, ob er ihr zum Abschied einen Kuß geben wolle. Sie deutet mit dem Zeigefinger auf ihre Wange und beugt sich zu ihm.

«Huahrrrr!»

Erschrocken weicht Laura zurück und faßt sich ans Ohr. Er grinst verschmitzt.

«Manuel!» Die Mutter schüttelt ihn. «Das tut ein lieber Junge aber nicht!»

Übermütig zieht er seine Mutter an den Haaren.

Laura reicht ihm seine Sachen und zwickt ihm sanft in die Nasenspitze. «Tschüs, mein Kleiner!»

Eine halbe Stunde später trifft sie Nannette, die in der Vorhalle des *Wellamare*, des Vallendarer Wellenbads, auf sie wartet. Sie zahlen den Eintritt und gehen zu den Umkleidekabinen.

«Sollen wir eine zusammen benutzen?» Nannette verstaut ihr Portemonnaie in ihrem Rucksack.

Laura zögert einen Augenblick und läßt Nannette dann den Vortritt.

Früher haben sie sich immer gemeinsam umgezogen und sich gegenseitig die neuesten Veränderungen ihrer Körper vorgeführt. Nannette ist der einzige Mensch, dem Laura sich ohne allzu heftige Gefühle der Scham nackt zeigen kann. Auf der Fete mit Heiner in Marcs Schlafzimmer ist das neben der Tatsache, daß sie viel lieber bei Micha gewesen wäre, ihr größtes Problem gewesen.

Sie ziehen sich aus und kramen ihre Badeanzüge aus den Rucksäcken. Laura wirft einen verstohlenen Blick auf Nannettes Brüste, die voll und rosig hin- und herwackeln. Sie fragt sich, weshalb sie vorhin gezögert hat, eine gemeinsame Kabine zu benutzen. Daß sie neben Nannette ausgesprochen mager wirkt, weiß sie schließlich schon lange.

Nannette schlüpft in ihren Badeanzug, richtet sich auf und läßt ihre Augen über Lauras Körper huschen. «Gut siehst du aus!» Freundlich lächelnd richtet sie einen verdrehten Träger an Lauras Schulter. «Hast du ein bißchen zugenommen?»

Laura faßt an ihre Schenkel und sieht an sich herab. «Nicht, daß ich wüßte.»

«Du könntest ruhig ein paar Pfund zulegen.» Nannette packt ihren Rucksack und öffnet die Kabinentür.

Ja, Oma, ich weiß! Die Männer mögen keine mageren Frauen! Auf dem Weg in die Schwimmhalle geht Laura einen Schritt hinter Nannette, die ihre Hüften schwingen läßt. Plötzlich weiß sie, weshalb ihr vorhin der Gedanke, sich Nannette nackt zu zeigen, mit einemmal unangenehm gewesen ist. Ihre Freundin hat sich endlich glücklich verliebt, und Laura bleibt allein zurück. Trotz Nannettes Jungengeschichten sind sie in gewisser Weise doch immer Leidensgenossinnen gewesen. Jetzt sind sie es nicht mehr.

Im *Wellamare* wird alle halbe Stunde für fünf Minuten die Wellenmaschine angeworfen. Und jedesmal stürzen sich sämtliche Besucher in die Fluten des Hauptbeckens, nur um mit den Köpfen zusammenzustoßen und Wasser zu schlukken. Laura mag das nicht. Sie muß stets an die engen Fischbecken in manchen Restaurants denken, in denen sich viel zu viele Fische gegenseitig den Platz wegnehmen und darauf warten, durch einen Hieb auf den Kopf erlöst zu werden. Gerade ist es wieder soweit. Nannette schlägt einen Saunagang vor.

«Warst du schon einmal in der gemischten Abteilung?» Laura schultert ihr Handtuch.

«Ja, einmal. Vor ein paar Wochen mit Marc.» Nannette kichert. «Ist schon lustig, sich die verschiedenen Männerpimmel anzugucken. Aber das Blöde ist, daß die Männer einen immer so angaffen.»

«War das nicht komisch?» Lauras Handtuch fällt auf den Kachelboden.

«Eigentlich nicht.» Nannette bückt sich nach dem Handtuch. «Aber wie es der Zufall will, habe ich da doch tatsächlich einen unserer Patienten getroffen, was ihm vermutlich peinlicher war als mir.»

«Wie geht es dir denn jetzt in der Zahnarztpraxis? Kommst du mit deiner Kollegin besser zurecht?» Sie betreten den Umkleideraum der Frauensauna.

«Es geht. Auf jeden Fall bin ich total froh, daß ich nicht mehr jeden Tag in den Nonnenbunker muß.» Nannette steigt aus ihrem Badeanzug und hängt ihn an einen freien Haken. «Und du? Wie sieht es in der Schule aus?»

«Ganz gut.» Laura kommt sich vor wie ein kleines, braves Schulmädchen.

In der Sauna schwitzt eine Handvoll älterer Frauen. Mit ihrem Erscheinen senken Laura und Nannette den Altersschnitt der Belegschaft beträchtlich. Laura läßt ihren Blick über die tropfenden Fleischberge schweifen. Vielleicht ist es gar nicht so schlecht, noch eine Weile wie ein kleines Mädchen auszusehen! Zu ihrer Überraschung wirkt die etwa Sechzigjährige, die ihr gegenüber auf der Bank hockt, jünger und straffer als die beiden unförmigen Vierzigjährigen, die neben Nannette sitzen. Die schweren Brüste hängen tief herab. Speck wölbt sich wie ein Schwimmreifen um ihren Bauch. Zellulitis macht das Gewebe der Oberschenkel klumpig. Und diese schrumpligen Füße! An den Zehen blättert der rote Lack ab. Meine Güte, so will ich nie mal aussehen!

Die Sechzigjährige erhebt sich und klettert von ihrer Bank. Laura sieht, daß die helle schweißglänzende Haut der Frau entgegen ihrer Annahme doch an einigen Stellen schlaff herabhängt. Aber irgendwie strahlt sie Würde aus! Laura findet, daß die kleinen Brüste und der Hintern der Frau noch gut in Form sind.

Nachdem Laura und Nannette kreischend ins Eiswasserbecken gesprungen sind, dösen sie noch eine Weile im Ruheraum vor sich hin.

«Ach, es ist richtig schön, mal wieder mit dir in Ruhe zusammenzusein!» Nannette streckt sich und streichelt dabei Lauras Arm.

«Ja, das finde ich auch.» Laura bekommt eine Gänsehaut. «Gehen wir heute abend zu dir? Ich habe keine Lust, in eine Kneipe zu gehen.»

Nannette überlegt. «Ich habe noch eine viertel Flasche *Bailys* da. Die können wir leer machen.» Sie klatscht sich auf die Schenkel und richtet sich auf. «Apropos! Laß uns nach oben in die Cafeteria gehen. Ich brauche was zu trinken.»

«O.k.!» Laura hievt sich aus der Liege.

Sie gehen zum Umkleideraum der Sauna und ziehen sich ihre Badeanzüge wieder an. In der Cafeteria besorgen sie sich zwei Mineralwasser und entdecken Micha und Max, die in Badehosen an einem Tisch sitzen. Max gestikuliert wild, Micha raucht und lacht. Nannette nimmt sofort Kurs auf die beiden. Laura folgt ihr zögernd. Augenblicklich kommt sie sich nackt vor. Sie begrüßen die beiden Jungen, die hoch erfreut über die unerwartete Begegnung zu sein scheinen. Laura bemerkt, daß Michas Hand zuckt. Sie setzt sich schnell hin, verschränkt die Arme und stützt sich auf die Tischplatte.

Nannette und Max fangen ein Gespräch miteinander an. Micha drückt seine Zigarette aus und beginnt sofort, sich eine neue zu drehen.

«Du rauchst wohl viel.» Laura wundert sich über den tadelnden Unterton ihrer Stimme.

«Micha lächelt wie so oft etwas verkniffen. «Ach, es geht. Willst du auch eine?»

«Nein danke.»

«Lange nicht mehr gesehen!» Micha befeuchtet mit seiner Zunge die Gummierung des Zigarettenpapierchens. «Zuletzt auf der Fete von Marc.»

Sie nimmt einen Schluck von ihrem Wasser und schaut Micha dabei an. Warum bist du damals nicht eine Stunde früher gekommen!?

«Was machst du denn so? Ich meine –» Micha zündet die Zigarette an. Während er den Rauch abläßt, redet er weiter. «Ich meine, so abends.»

Laura faßt unter den Tisch und streichelt ihr Schienbein. Sie fühlt die vielen kleinen stoppeligen Härchen, die nach der Rasur wieder angefangen haben nachzuwachsen. «Ich bin oft zu Hause und lese viel, oder ich treffe mich mit Nannette, wie heute zum Beispiel.»

Micha zieht kräftig an seiner Zigarette. Die Glut klimmt nur schwach. Prüfend betrachtet er die Spitze. «Ich habe sie wohl zu fest gedreht. Von dem Wasser hier kriegt man immer so rutschige Fingerkuppen.» Er versucht es erneut mit seiner Zigarette. «Was liest du denn so?»

«Alles mögliche. Hauptsächlich Romane. Am liebsten alte, die in vergangenen Zeiten spielen.»

«Auch Liebesromane?»

«Ja, auch. Und du?»

Nannette lacht über irgend etwas.

«Ich?» Micha klopft seine Zigarette am Aschenbecher ab. Die Asche löst sich nicht. «Ich lese viel von Stephen King. Kennst du den?»

Ausgerechnet!

«Nannette hat mal *Friedhof der Kuscheltiere* gelesen. Der muß ziemlich scheußliche Sachen schreiben. Nichts für mich.»

Micha grinst. «Klar, da sind zum Teil harte Sachen dabei. Aber *Es* zum Beispiel finde ich richtig gut.»

«Das kenne ich nicht, und ich werde das wohl auch nie lesen.»

Micha schaut sich um. Ein Schweißtropfen läuft ihm von der Achselhöhle aus an der Seite herab. «Kennst du François Villon?»

Laura schüttelt den Kopf.

«Der hat im Mittelalter in Paris gelebt und tolle Gedichte geschrieben. Ähnlich wie das vom Kirschmond bei *Tante Mathilde* an der Wand.»

Laura sagt nichts.

«Oder Knut Hamsun?»

Sie horcht auf.

«Ich habe mal *Victoria* von ihm gelesen.» Er greift sich an die Seite und verwischt den Schweißtropfen.

«Wirklich!»

Max lacht laut auf.

«Du bist der erste Junge, den ich treffe, der *Victoria* gelesen hat.» Laura lehnt sich zurück und wird sich im selben Augenblick bewußt, daß er auf ihre Brüste schaut.

«Ich fand das Buch ein bißchen langweilig.»

Max steht auf. «Micha und ich wollen noch nach Koblenz, Kneipenbummel machen. Habt ihr Lust mitzugehen?»

Nannette schaut Laura an. «Was meinst du?»

Laura spürt, daß Micha gespannt auf ihre Antwort wartet. In ihrem Kopf arbeitet es angestrengt. «Nannette und ich wollen uns einen gemütlichen Abend machen.» Aus!

«Also dann!» Max klopft auf die Tischplatte. «Schönen Abend noch.»

Micha nickt Laura freundlich zu. Dann verläßt er mit Max die Cafeteria.

«Knackige Hintern haben die Jungs, was!» Nannette schaut ihnen hinterher.

Verdrossen nimmt Laura einen Schluck aus ihrem Wasserglas. «Wie geht's Marc?»

Nannette erzählt eine ganze Weile, und Laura glaubt ihr, daß sie glücklich ist.

Plötzlich wechselt Nannette das Thema. «Gefällt dir Micha eigentlich?»

«Ich finde ihn ganz nett.»

Nannette rückt ihren Stuhl ein paar Zentimeter vor. «Irgendwas geht in letzter Zeit in dir vor, aber ich werde nicht schlau aus dir. Meistens springst du Micha ja schon wegen irgendeinem Pups fast ins Gesicht. Und dann unterhältst du dich mit ihm plötzlich ganz angeregt, so wie vorhin.»

Laura schweigt betreten.

«Warum hast du denn keine Lust gehabt, mit nach Koblenz zu fahren?»

«Lust hätte ich vielleicht schon gehabt. Aber ich wußte nicht, ob du Lust hattest. Schließlich wollten wir uns einen schönen Abend bei dir machen.» Weil ich ein Rindvieh bin! Nannette macht eine wegwerfende Handbewegung. «Das hätten wir doch immer noch irgendwann nachholen können.» Sie schüttelt den Kopf.

Laura macht einen Katzenbuckel. «Und außerdem glaube ich, daß Micha an Vio interessiert ist, und sie an ihm.»

Nannette schüttelt immer noch den Kopf. «Davon weiß ich nichts. Wenn es so wäre, hätte Max mir das bestimmt schon erzählt.»

Laura zuckt mit den Schultern.

Nannette legt ihr eine Hand auf den Arm und senkt die Stimme. «Ich will dich die ganze Zeit schon was fragen, aber ich traue mich nicht so recht.»

«Was?» Laura geht innerlich in Deckung.

«Warst du eigentlich auf der Fete mit Heiner in Marcs Schlafzimmer? Marc hat das erzählt, aber ich wollte das gar nicht glauben. Ich habe gesagt, daß er dich mit irgendeiner anderen verwechselt haben muß.»

Laura braucht ein paar Sekunden, um von Micha auf Heiner umzuschalten, aber sie ist froh, daß Nannette sie nach Heiner gefragt hat. Irgendwann muß sie die Geschichte endlich loswerden. «Das erzähle ich dir lieber, wenn wir zu Hause sind.»

Nannette reißt die Augen auf. «He, das klingt ja spannend!» Sie steht auf. «Dann laß uns gehen.»

Eine halbe Stunde später gießt sie beiden ein Likörgläschen mit *Bailys* ein. «Und? Was war mit Heiner?»

Laura sitzt auf der Bettcouch und lehnt mit dem Rücken an der Wand. «Ich weiß es auch nicht genau. Es ist komisch.» Sie nippt an ihrem Glas. «Hm, schmeckt gut! Aber mehr als den hier schaffe ich nicht.»

«Was ist komisch?» Nannette wirkt ungeduldig. «Hat es dir nicht gefallen?»

Laura dreht ihr Glas zwischen den Fingern. Ihr Gesicht ist heiß.

«Habt ihr miteinander geschlafen?»

«Ja.» Laura kann ihre eigene Stimme kaum hören. Sie hebt die Hände und verschüttet etwas von dem *Bailys*.

«Und wie war's?»

Laura hebt die Schultern. Ihr Vorsatz, Nannette alles zu erzählen, bröckelt. Wie soll sie es ihr erklären? Sie versteht sich selbst nicht. Jahrelang läuft bei ihr gar nichts. Sie ist als harte Nuß bekannt. Keiner kann sie knacken. Und dann taucht Micha auf. Er bemüht sich ein wenig um sie, aber nicht richtig, nicht so, daß sie sich sicher sein kann. Sie hat keine Übung darin, einen Jungen auf sich aufmerksam zu machen, von dem sie will, daß er ihr den Hof macht. Micha ist der erste, von dem sie das je gewollt hat. Aber sie, sie zögert nur. Wochen vergehen, und sie hängt nur in ihrem Zimmer herum, frißt einen Liebesroman nach dem anderen, wie sie es immer gemacht hat, sitzt wie in einer tiefen Grube und ist davon überzeugt, daß Micha sie im Falle des Falles doch nur enttäuschen würde. Sie kann nichts dagegen tun, daß sich in ihrem Kopf die Tragödie schon im voraus vollzieht. Sie schließt mit dem Kapitel MICHA ab, ohne daß irgend etwas passiert ist. Dann trifft sie Heiner. Er ist nett und erinnert sie sogar ein wenig an Micha. Und es sieht so aus, als würde Micha nicht zur Fete kommen. Es ist ja schon elf Uhr, als er doch plötzlich aufkreuzt. Sie hätte Heiner am liebsten auf der Stelle abgeschüttelt, aber so einfach ist das auch wieder nicht. Später sieht sie, daß Micha mit Max im Matratzenzimmer verschwindet. Sie schlägt Heiner vor, etwas zu rauchen. Das tun sie dann auch, und plötzlich wird ihr schlecht. Sie geht zur Toilette, und als sie zurückkommt, sind alle verschwunden. Sie macht sich auf die Suche nach Micha, findet ihn nirgends, sucht draußen und entdeckt ihn mit Vio. Wie betäubt geht sie wieder ins Haus. Heiner faßt sie am Arm. Er hat sie überall gesucht. Und dann geht sie mit ihm in Marcs Schlafzimmer, schläft mit ihm. Einfach so. Sie, die Unberührbare, kennt Heiner seit drei Stunden und steigt mit ihm ins Bett. Es tut nicht weh, sie spürt ja nichts. Und das war's dann! Romantik pur. So, wie sie sich das immer vorgestellt hat...

Nannette schaut Laura nachdenklich an. Plötzlich steht sie auf und nimmt ihre Freundin in die Arme.

Der Abend wird lang.

Der Barkeeper spült seinen Mixbecher aus und grinst zum wiederholten Male zu den Mädchen herüber. Vio, Claudia und Elfie sitzen in kurzen Sommerkleidern nebeneinander an einem Tresen der vielen Bars des großen Hotelkomplexes. Auf hohen Kunstlederhockern nippen sie an sündhaft teuren Cocktails. Für diesen Abend haben sie sich besonders in Schale geworfen. Allein das Schminken hat unter Anleitung von Elfie, Claudias fünf Jahre älterer Cousine aus Köln, über eine Stunde gedauert. Claudias und Elfies Eltern haben sich am Nachmittag nach Santa Cruz de Tenerife aufgemacht und werden nicht vor Mitternacht zurückerwartet. Drei Tage nach Heiligabend kann der eigentliche Urlaub also endlich beginnen.

Claudia fächelt sich mit der Hand Luft zu. «Mein Vater hat heute morgen in der Zeitung gelesen, daß es in Deutschland über Weihnachten fast zehn Grad hatte.»

«Schade.» Vio macht es Claudia nach. «Ich fände es schöner, wenn sie sich zu Hause den Hintern abfrieren würden.»

Claudia schmunzelt zustimmend und berührt vorsichtig ihre Lippen mit zwei Fingern. «Ist mein Lippenstift schon verschmiert?»

Elfie beugt sich vor. «Nein, alles perfekt. Aber fünfundzwanzig Grad sind um diese Jahreszeit auch für Teneriffa nicht unbedingt normal.» Sie zündet sich eine Zigarette an und betrachtet den Barkeeper. «Sieht schon schmuck aus, unser Joaquín, was?»

«Ein bißchen zu macho!» Claudia hält ihren Zeigefinger quer unter ihre Nase und kichert. «Ich spüre den Apricot Fizz schon.»

Vio neigt den Kopf und bläst sich in den Ausschnitt. «Den gigantischen Schnurrbart finde ich auch albern. Und außerdem bräuchte er seine schwarze Wolle nicht so aus dem offenen Hemdkragen gucken zu lassen. Schaut euch mal seine Arme an. Wie bei einem Orang-Utan.»

Elfie bleibt beeindruckt. «Ich finde ihn süß!»

Joaquín scheint bemerkt zu haben, daß er beobachtet wird. Er wirft sich ein weißes Handtuch über die Schulter und schlendert zu ihnen herüber. «Die Señoritas wünschen noch etwas?» Er lächelt freundlich.

Elfie schnappt sich die Karte und fährt mit dem Zeigefinger die Spalte mit den Cocktails hinunter. «Äh» – sie leckt sich die grellroten Lippen –, «un otro White Lady por favor.» Sie spricht langsam und beendet ihren Satz mit einem nachdrücklichen Klaps auf den Tresen. Dann schaut sie die anderen an. «Wollt ihr auch noch einen?»

Vio nickt und saugt geräuschvoll mit dem Strohhalm den letzten Rest ihres Bacardi-Flips auf.

Claudia überlegt. «Ich weiß nicht. Wir haben heute noch nichts Anständiges gegessen.»

Vio gibt ihr einen Klaps gegen den Oberschenkel. «Komm, einen noch!»

Claudia ist einverstanden. Elfie wendet sich wieder Joaquín zu.

«Kommt sofort!» Er salutiert mit aneinandergelegtem Zeige- und Mittelfinger und geht zurück zu seinem Platz, wo er damit beginnt, die gewünschten Cocktails zuzubereiten.

Elfie schmollt. «Da will man mal ein paar Brocken Spanisch anbringen, und der gibt einem keine Chance!» Plötzlich hellt sich ihr Gesicht wieder auf. «Mädels!» Sie trommelt mit ihren Fingern auf die Theke, als wäre sie ungeduldig.

«Ich könnte heute nacht mal wieder einen richtigen Mann vertragen!»

Joaquín schmunzelt vor sich hin, schaut aber nicht von seiner Arbeit auf. Claudia scheint schockiert von ihrer Cousine zu sein. Sie bekommt rote Flecken im Gesicht.

Vio kann sich im ersten Moment nicht entscheiden, ob sie Elfies Benehmen ordinär finden soll oder einfach nur beeindruckend. Sie hat die Zweiundzwanzigjährige erst vor ein paar Tagen am Frankfurter Flughafen kennengelernt. Elfie schäkerte mit allen männlichen Wesen um sie herum, allerdings nicht platt oder kokett, sondern keß und kontaktfreudig. Vio verblüfft die Unbeschwertheit, mit der sich Elfie bewegt. «Aber doch wohl nicht den da.» Sie flüstert und zeigt auf Joaquín, der gerade Claudias Apricot Fizz aus dem Mixbecher in ein Glas seiht. «Der hat doch das ganze Jahr nichts anderes zu tun, als Touristinnen zu vögeln!»

«Vio!» Claudia.

«Warum nicht!?» Elfie kommt mit ihrem Kopf wie eine Schildkröte an Vios Gesicht. Ihre Nasenspitzen berühren sich fast. Vio weicht ein paar Zentimeter zurück. «Ach, Quatsch!» Sie schlägt sich auf die nackten Oberschenkel. «Wir trinken jetzt noch die Runde, und dann gehen wir tanzen, einverstanden?»

Claudias Gesichtszüge entspannen sich wieder. «Au ja, Tanzen ist gut.» Sie schaut Vio an. «Ob die in Bendorf das mit der Silvesterfete noch geregelt gekriegt haben?»

Vios Nase kräuselt sich. «Keine Ahnung. Bei Marc steigt mal mit Sicherheit nichts. Seine Eltern reden immer noch nicht wieder mit ihm.»

«Vielleicht hat Olli sich ja breitschlagen lassen.»

«Vielleicht.» Vio hüpft von ihrem Barhocker. «Um so besser, hier auf Teneriffa zu sein. Da hätte ich sowieso nicht hingehen können.»

«Und außerdem weilt der liebe Michael nicht in Bendorf, sondern in München bei seiner Mutter, nicht wahr!?» Claudia blinzelt auf alberne Art verschwörerisch.

«Genau, du Nase!» Vio zwickt sie in den Oberschenkel. «Ich geh mal pissen!»

Claudia schaut sie überrascht an. «Mensch, wie drückst du dich denn aus!»

Auf dem Weg zur Toilette schüttelt Vio über sich selbst den Kopf. Ich geh mal pissen! Muß wohl an den Flips liegen! Plötzlich findet sie es merkwürdig, daß ihr das Wort so unanständig vorkommt. Pissen wie 'ne rossige Stute... Yeah!

Nachdem sie ihr Geschäft verrichtet hat, glättet sie ihr Sommerkleid. Meine Beine haben schon ganz schön Farbe bekommen! Beschwingt geht sie zurück zum Tresen und fühlt einen leichten Lufthauch durch ihren Schritt wehen. Einige Männer an den Tischen werfen ihr begehrliche Blikke zu. Das Kleid hat sie sich im Sommer gekauft, aber noch kein einziges Mal getragen. Zu kurz und zu gewagt. Sie konnte nicht widerstehen, obwohl sie schon beim Kauf wußte, daß sie sich nie trauen würde, damit in Bendorf herumzulaufen. Fern ab von der Heimat ist das jedoch etwas anderes.

Joaquín bringt gerade die Getränke. «Señoritas!» Mit einer schwungvollen Armbewegung stellt er Elfie den White Lady hin und schaut ihr blinzelnd in die Augen.

«Muy bien, gracias!» Sie schenkt ihm ein strahlendes Lächeln.

Vio bekommt ihren Bacardi-Flip, Claudia ihren Apricot Fizz. «Bitte sehr, die Damen!» Der Barkeeper macht auf dem Absatz eine elegante Kehrtwende.

«Auf unser Wohl!» Elfie erhebt ihr Glas.

Claudia kichert wieder. «Das ist aber wirklich der letzte.» Sie prosten sich zu, und Elfie erzählt von den Kölner Diskotheken und ihrer Arbeit in einem Reisebüro. Nach einer halben Stunde zückt sie ihr Portemonnaie und übernimmt unter Vios und Claudias halbherzigem Protest die Rechnung.

In der Disko der Hotelanlage ist nicht viel los. Ein paar

junge Spanier lungern um die Tanzfläche herum und beobachten die drei jungen Damen, die aufgedreht wirbelnd und lachend das gesamte Parkett für sich beanspruchen. Claudia hat einige Probleme mit dem Gleichgewicht, und wenn Vio oder Elfie sie auffangen, kreischen alle drei ein ums andere Mal um so heftiger los. Niemand traut sich ihnen zu nähern.

Durchgeschwitzt verlassen sie nach einer Weile den Schuppen und wanken eingehakt zurück zum Hotel.

«Ich habe in meinem Zimmer noch eine Flasche Sekt!» Elfie flüstert, als sie die Treppe zu den Zimmern hochsteigen. «Die köpfen wir jetzt noch.»

Claudia stöhnt auf. «Nein, ich kann nicht mehr!»

Vio zieht sie mit.

Die Sektflasche steht im mit Wasser gefüllten Waschbecken. Elfie läßt sich auf ihr Bett fallen und streckt alle viere von sich. «Ich glaube, ich brauche jetzt eine Dusche.» Sie springt wieder auf und zieht sich das Kleid über den Kopf, schlüpft aus der Unterhose und verschwindet in der Duschkabine. «Bis gleich! Macht schon mal den Sekt auf!»

Vio setzt sich in den einzigen Sessel des Zimmers und schaut Claudia an, die unschlüssig herumsteht.

«Ich gehe nach nebenan duschen.» Claudia verläßt das Zimmer.

«Aber komm wieder!» Vio geht zum Nachtschränkchen neben Elfies Bett und liest die Beschriftungen auf den Kassetten, die sich vor einem kleinen Recorder stapeln. «Was ist denn Salsa?»

Elfie streckt ihren Kopf aus der Duschkabine. «Das ist so ein brasilianischer Tanz, eine Mischung aus Jazz und Samba. Steck's mal rein.»

Vio nickt anerkennend und schiebt die Kassette in den Recorder.

«Willst du auch duschen?» Elfie tritt aus der Kabine und wickelt sich ein großes weißes Handtuch um die Hüften. Wassertropfen glänzen auf ihren Brüsten. «Du kannst ein

Handtuch von mir haben.» Sie öffnet einen Schrank. «Wo ist denn Claudia?»

«Ihr war das nicht mehr ganz geheuer hier bei dir! Sie duscht nebenan in unserem Zimmer.» Vio lächelt. Elfies Unbefangenheit ist umwerfend.

«Hier! Schnapp!»

Vio fängt das Handtuch auf und gibt sich einen Ruck. Sie tritt vor die Kabine, zieht sich aus und steigt hinein. Das Wasser ist herrlich. Der Duschstrahl prasselt auf ihr Gesicht. Sie hört, daß Elfie den Sektkorken knallen läßt. So läßt's sich leben! In den ersten Wochen nach der Trennung von Olli war sie noch davon überzeugt, sich nie mehr in einen anderen verlieben zu können. Abgesehen von ein paar kleinen Zwischenhochs war es ihr wirklich schlechtgegangen. Und dann stellte sie plötzlich fest, daß Micha ihr gefiel. Claudia weiß Bescheid, sonst niemand. Wenn er doch bloß ein wenig älter wäre...! Sie dreht das Wasser ab, steigt aus der Kabine und wickelt sich wie Elfie das Handtuch um die Hüften. Die Balkontür steht offen. Ein frischer Lufthauch läßt ihre Brustwarzen plötzlich deutlich hervortreten. Merkwürdigerweise ist es ihr nicht peinlich.

Elfie hockt auf dem Bett. Gutgelaunt wippt sie mit einem gläsernen Zahnputzbecher voll Sekt in der Hand zu den Salsarhythmen auf und ab. «Hier.» Sie hält ihr das Glas hin. «Ist leider nur ein Glas da.»

Vio nimmt einen Schluck. So ist es gut!

Claudia huscht im Nachthemd ins Zimmer. «Hat jemand von euch Tampons dabei? Ich habe meine vergessen.»

Vio schüttelt den Kopf. «Ich habe meine Tage erst letzte Woche gehabt.»

Elfie drückt Claudia das Sektglas in die Hand und steht auf. «Ich habe noch ein paar Binden und Slipeinlagen. Bis morgen könntest du dir vielleicht damit behelfen.»

«Binden!» Claudia stöhnt, nimmt die beiden Packungen aber dankbar entgegen. «Ich komme gleich wieder!» Sie gibt Elfie das Glas zurück und verschwindet wieder.

«Ich mag sie auch nicht besonders.» Elfie nimmt einen Schluck.

«Was meinst du?»

«Binden. Als ich das erste Mal meine Tage hatte, hat mir meine Mutter Binden gegeben. Am nächsten Tag bin ich noch extra breitbeinig in die Schule gegangen, damit meine Freundinnen sofort wußten, daß ich jetzt dazugehörte.»

Vio lächelt. «Ja, das kenne ich!»

«Aber später kam ich mir manchmal vor wie in eine Windel eingepackt.» Sie schenkt neuen Sekt ein. «Und einmal, stell dir vor.» Sie hustet kurz und klopft sich mit der flachen Hand ein paarmal aufs Brustbein. «Ich saß in der Klasse, am zweiten Tag der Regel, und mußte heftig niesen. Ich spürte gleich, wie mir ein Schwall Blut in die Hose schoß. Da saß ich nun in meiner eigenen Suppe und wurde prompt an die Tafel gerufen.» Sie schnaubt. «Ich stehe also auf, gehe nach vorn, und die Weiber fangen an zu kichern. Natürlich hatte ich hinten einen Blutfleck an der Hose. Ich hätte ihnen den Hals umdrehen können!»

Vio lacht laut auf und hält sich die Hand vor den Mund. Elfie grient mit.

Claudia schließt die Tür hinter sich und setzt sich aufs Bett. «Worüber lacht ihr denn?»

Vio erzählt ihr Elfies Geschichte.

Claudia nickt nachdenklich. «Mir sind solche Sachen auch schon passiert. Und ich war heilfroh, daß ich nach einer Weile endlich mit diesen Tampons klargekommen bin.»

«Weißt du noch!» Vio faßt Claudia am Arm.

«Ja!!» Claudia verfällt in schallendes Gelächter und hält sich an Vios Schulter fest. «Gib mir auch noch einen Schluck!»

Elfie versteht nichts, schaut aber belustigt in die Runde und reicht Claudia das Glas.

«Claudia hat vor mir ihre Tage gekriegt. Und als ich dann soweit war, hat sie mich mit den Tampons vertraut gemacht. Wie sich dann herausstellte, hatte ich die gleichen

Schwierigkeiten damit wie sie. Ich habe die Dinger einfach nicht reingekriegt.»

«Also!» Claudia rückt sich zurecht. «Vio ging mit der Packungsanleitung in die Toilette, ich wartete draußen und gab mehr oder weniger hilfreiche Tips durch die Tür.»

Vio übernimmt wieder. «Ich saß da, probierte es mit einem Bein hoch, dann das andere hoch, im Stehen und halb im Liegen, soweit das in dem kleinen Kabuff möglich war. Aber das Ding war so furztrocken und ging einfach nicht rein.»

Wieherndes Gelächter.

Claudia beruhigt sich als erste. «Ich habe ihr dann geraten, daß sie mal mit einem Finger vorfühlen sollte.»

«Das war schon verrückt!» Vio hält sich den Bauch. «Es war das erste Mal, daß ich mit meinem Finger in meiner Scheide war. Ich hatte immer gedacht, daß sie wie ein glatter Gartenschlauch wäre, aber da war es dann so fleischig drin, ganz warm und glitschig. Irgendwie habe ich das Ding dann doch reingekriegt, und von Mal zu Mal ging es auch immer besser.»

Elfie schnippt mit den Fingern und bewegt ihre Schultern zum Takt der Musik. «Ich benutze Binden nur noch, wenn ich mal Nachblutungen oder so was habe, oder nachts, wenn die Tage nicht mehr so stark sind.» Sie trinkt das Glas leer. «Kommt, wir tanzen noch ein bißchen!» Etwas schwankend kommt sie auf die Beine. Dann dreht sie die Musik lauter und tippelt hinaus auf den Balkon.

«He, du hast obenrum nichts an!» Claudia ist entsetzt.

«Kommt raus! Ist schön hier!» Elfie ruckt mit den Schultern und läßt ihre Hüften kreisen. «Außerdem kann man von unten gar nichts sehen!»

Vio springt auf und tänzelt mit einem schrillen Juchzer auf den Balkon. «Wie Bauchtänzerinnen!» Sie muß ihr Handtuch festhalten, das sich fast gelöst hätte. Und so herrlich versaut! Ihre Brüste hüpfen bei jeder ihrer Bewegungen mit. Vio kann sich nicht erinnern, sie jemals so offen und unbeschwert zur Schau getragen zu haben. Plötzlich kommen sie ihr nicht mehr so groß und plump vor.

Claudia erscheint in der Balkontür. Mit mißmutigem Blick verfolgt sie das Geschehen.

«Was ist mit dir!?» Elfie zieht an ihrem Nachthemd.

Claudia wehrt ab. «Kommt endlich rein! Ihr seid ja verrückt.»

Elfie tanzt ein paar Schritte zurück, umkreist Vio mit erhobenen Armen und schiebt ihren Unterkörper dicht an sie heran. Vio spürt, daß sie erregt ist. Wenn uns jetzt die Jungs aus Bendorf sehen würden, die würden uns glatt für lesbisch halten!

Ein paar Minuten später lassen sie sich wieder auf dem Bett nieder. Elfie füllt den letzten Rest Sekt in das Zahnbürstenglas. Nachdenklich lehnt sie sich an die Wand. «Sagt mal.» Sie dreht die Musik leiser. «War das bei euch früher auch so? Ich mußte gerade daran denken, weil du», sie schaut Vio an, «das vorhin mit dem Gartenschlauch erzählt hast. Ich hatte damals am Anfang auch Probleme, die Tampons reinzukriegen. Die kamen mir so riesig vor, und ich konnte mir überhaupt nicht vorstellen, wie da», sie zeigt auf das Handtuch zwischen ihren Beinen, «mal ein Pimmel reinpassen sollte. Es war ja klar, daß so ein Schwanz noch viel größer sein würde.»

Vio und Claudia nicken verständig.

«Aber dann habe ich mir überlegt, daß da irgendwann auch mal Kinder rauskommen würden. Zumindest theoretisch. Das konnte ich mir zwar noch viel weniger vorstellen, aber ich dachte immer, daß meine Möse mit der Zeit größer werden würde.» Sie streichelt sich versonnen den Bauch. «Das war schon eine komische Zeit! Mit vierzehn war ich das erste Mal beim Frauenarzt, und wenn er mir dann bei der Untersuchung dieses Chromding da, wie heißt es noch? Spekulum, genau! Also wenn er mir das Ding da unten reingeschoben hat, mußte ich immer daran denken, daß das Teil die Form von einem Penis hat. Ich mochte den Arzt nicht besonders. Der war immer so ruppig, und jedesmal, wenn ich mich auf den Untersuchungsstuhl gesetzt und die Beine breit gemacht habe, hatte ich das Gefühl, daß er sich vor mir ekelt.» Plötzlich macht sie ein ernstes Gesicht und schaut zur Balkontür. «Ich habe auch immer Schiß gehabt, er könnte an meiner Möse erkennen, daß ich abends im Bett so oft herumgejuckelt habe. Ich habe damals nämlich noch gedacht, daß davon meine Schamlippen größer werden würden.» Sie schaut Vio an. «Kennt ihr das auch?»

Vio hört, daß Claudia schluckt. «Ist noch Sekt da?»

Elfie schüttelt den Kopf.

«Was meinst du denn mit Rumjuckeln?»

«Na ja, du weißt schon.» Elfie setzt das leere Glas an ihre Lippen. «Bei den Jungs heißt's Wichsen.» Ihr Atem beschlägt das Glas von innen. «Komisch, für uns gibt's gar kein Wort dafür.»

Vio spürt ein Grummeln in ihrem Bauch. Sie zupft an einem Zipfel ihres Handtuchs und betrachtet ihre Hände.

Claudia gähnt gekünstelt. «Ich glaube, ich bin müde.» Sie will sich erheben.

«He, komm!» Elfie hält sie am Arm fest. «Das ist blöd. Komm, bleib hier!» Mit einem Arm verdeckt sie ihre Brüste. «Bist du sauer?»

Claudia zögert. Dann setzt sie eine säuerliche Miene auf. «Ich habe keine Lust, über so was zu reden.» Sie befreit ihren Arm aus Elfies Griff. «Ich mache so was auch nicht, und außerdem finde ich es schrecklich, daß du immer Möse sagst. Das ist so ein fieses Wort.»

Vio weiß nicht so recht, was sie von dem Ganzen halten soll. Das Wort Möse ist ihr vorhin auch schon unangenehm aufgestoßen. Und daß Claudias Cousine offenbar jetzt auch noch über Selbstbefriedigung reden will, geht auch ihr entschieden zu weit. Aber sie sagt nichts.

Elfie faßt Claudia ans Knie. «Ich verstehe dich nicht. Du kannst ganz normal über Tampons und Binden reden, hast Vio sogar den Tip gegeben, daß sie mal mit dem Finger in

ihrer Möse –» sie rollt mit den Augen –, «pardon: Scheide vorfühlen sollte. Aber bei dem Thema hier machst du plötzlich dicht.» Sie lehnt sich wieder zurück und verschränkt die Arme vor der Brust. «Wie nennst du denn das?»
Claudia errötet: «Jedenfalls nicht Möse.»
«Und du?» Elfie schaut Vio an.
Vio erschrickt. Sie hat nicht damit gerechnet, daß Elfie sie das so unvermittelt fragen würde. «Ich?» Sie atmet tief durch. «Ich weiß nicht. Scheide, glaube ich.»
«Komisch, nicht?» Elfie klingt, als wolle sie einlenken.
Vio fällt auf, daß sie es in der Regel möglichst umgeht, ihrem Geschlecht einen Namen zu geben. Vagina klingt zu medizinisch, Muschi findet sie albern, und Fotze oder Vergleichbares kommt ohnehin nicht in Frage. «Was ist komisch?»
Elfie wackelt mit ihrem großen Zeh und betrachtet ihn eine Weile. «Ich gebe ja zu, daß Möse gemein klingen kann. Aber es kommt eben drauf an, in welchem Ton es gesagt wird. Komisch finde ich, daß wir überhaupt kein schönes Wort dafür haben, ich meine, ein Wort, das weder steril noch abwertend klingt. Die Scheide ist ja schließlich nur ein Teil von dem Ganzen.»
Schweigen.
Elfie räuspert sich. «Und was das andere betrifft –» Sie wendet sich an Claudia. «Hast du das wirklich noch nie gemacht, dich mal zwischen den Beinen gestreichelt?»
«Nein!»
Wieder Schweigen. Eine halbe Minute vergeht.
«Doch.» Claudia zieht den Stoff ihres Nachthemdes glatt.
Vio fällt aus allen Wolken.
Elfie grinst. «Und? Bist du mal dabei gekommen?»
Claudia strafft ihren Rücken, setzt an zu protestieren, läßt die Schultern aber wieder sinken. «Weiß ich nicht.»
«Das weißt du nicht!» Elfie ist sichtlich erstaunt. «Das mußt du doch wissen! Hat Karsten dich denn noch nie mit der Hand zum Orgasmus gebracht?»

«Jetzt hör aber auf!» Claudias Gesicht ist puterrot angelaufen.

Elfie grinst Vio an. «Und wie ist es bei dir?»

Am liebsten würde sie sich unter Elfies Zudecke verkriechen. Diese Frage mußte ja jetzt kommen. Das alles ist ihr unendlich peinlich. Sie betrachtet ihre Fingernägel und spürt, daß Elfies und Claudias Augen auf ihr ruhen. «Ich hab's noch nie gemacht.» Ängstlich erwartet sie einen niederschmetternden Kommentar von Elfie.

«Ich mach's mir oft unter der Dusche.» Elfie deutet mit dem Kopf in Richtung Duschkabine.

Plötzlich lacht Vio übermütig auf. «Ehrlich!?» Mein Gott!

«Wie das denn?» Auch Claudia muß lachen.

Elfie kratzt sich am Knie. «Du nimmst einfach den Brausekopf, hältst dir den Strahl zwischen die Beine und guckst, wie stark du das Wasser aufdrehst, daß es gut kommt. Du kannst auch 'n bißchen mit der Hand nachhelfen.» Sie winkelt das Knie an, um besser kratzen zu können. «Das Komische ist, ich habe mit acht, neun Jahren damit angefangen, das aber nie mit Sex in Verbindung gebracht, selbst als ich schon was mit Jungen hatte.»

Vio versteht nicht, was Elfie meint.

«Das waren immer zwei verschiedene Paar Schuh. Ich dachte immer, Sex wäre etwas, das man nur mit Jungen macht. Und wenn ich es mir hab kommen lassen, dann war das eher so eine Art heimliches Freizeitvergnügen, aber kein Sex. Ich weiß nicht, wie ich's beschreiben soll.»

Vio denkt an die Abende mit Olli, an das ermüdende Ritual.

«Und wie ist es heute?»

«Mit meinem letzten Freund war es ganz schön. Drei Jahre war ich mit dem zusammen. Meistens hat er's mir noch mit der Hand gemacht, nachdem er schon gekommen war, und ein paarmal hat es auch beim Miteinanderschlafen geklappt.»

Vio hat den Eindruck, daß es in Claudias Kopf ebenso rattert wie in ihrem.

146

Elfie steht auf und zieht sich ein Nachthemd an. «Es wird langsam etwas frisch hier.»

«Gibst du mir mein Kleid?» Vio rutscht zum Bettrand.

Elfie wirft ihr das Kleid zu und nimmt wieder ihren Platz ein. «Mein Gott, manchmal war ich so scharf, daß es nicht mehr zum Aushalten war. Ich hatte Phasen, da saß ich in der Schule und brauchte bloß ein paarmal die Oberschenkel in meiner engen Jeans zusammenzudrücken, schon kam's mir.» Sie lacht etwas verlegen. «Oder ich habe mich dreimal am Tag geduscht und abends im Bett noch mal an mir rumgerubbelt. Dann auch mal wieder zwei, drei Wochen lang gar nicht.»

Vio stellt fest, daß sie Elfies Offenheit bewundert. Zum zweitenmal an diesem Abend gibt sie sich einen Ruck. «Denkst du dir dabei manchmal Geschichten aus?»

Elfie schaut Claudia an, die sich darauf zu beschränken scheint, die Ohren zu spitzen. Dann wendet sie sich wieder an Vio. «Inzwischen ja. Früher habe ich mich einfach nur so körperlich erregt, ich meine so ohne Phantasien. Später hab ich dann Szenen aus Romanen weitergesponnen oder mir einfach selber welche mit Jungs ausgedacht.»

Vio muß an ihre seltsamen Sexträume denken. Plötzlich fragt sie sich, ob sie in dem einen Traum, in dem sie von diesen gesichtslosen Männern und Frauen abgeleckt wurde, eigentlich einen Orgasmus gehabt hat. Sie kann sich nicht daran erinnern. Sie würde gern davon erzählen. Wann, wenn nicht hier und jetzt!? Aber sie weiß nicht, wie sie es anfangen soll.

«Vio! Aufwachen!» Elfie wischt vor Vios Gesicht wie an einer imaginären Fensterscheibe.

Vio schreckt hoch. Dann lächelt sie verlegen. Die Musik bricht ab. Der Kassettenrecorder stellt sich aus. Plötzlich ist es still im Zimmer.

«Ich gehe jetzt schlafen.» Claudia schwankt zur Tür, wo sie sich noch einmal umdreht. «Schöner Abend mit euch.» Krachend fällt die Tür hinter ihr ins Schloß.

«Ich gehe auch gleich.» Vio steht auf und zieht sich die Unterhose an. Der Mut, von ihrem Traum zu berichten, hat sie verlassen. Sie tritt in die Balkontür und schaut hinaus in die Nacht. Weshalb fällt es mir bloß so schwer, darüber zu reden? Alle Welt erlaubt es einem doch! Zumindest steht in jedem Aufklärungsheft, daß sich auch Mädchen selbst befriedigen! Sie denkt an das, was Elfie von ihren scharfen Phasen erzählt hat. Viermal am Tag! So was hört man immer nur von den Jungs. Wieso war ich nie wirklich scharf auf Olli? Sie weiß keine Antwort.

«Wie geht es dir jetzt eigentlich? Ich meine, Claudia hat mir erzählt, daß du dich von deinem Freund getrennt hast.»
Vio dreht sich langsam um. «Es geht inzwischen. Hast du mal eine Zigarette für mich?»
Elfie lehnt sich aus dem Bett, um an ihre Zigarettenschachtel heranzukommen. «Ich wußte gar nicht, daß du rauchst.»
«Ich paffe auch nur manchmal.» Vio setzt sich auf die Bettkante und nimmt sich eine Zigarette aus dem Päckchen.
Elfie gibt ihr Feuer und reißt eine leere Zigarettenschachtel auf. «Hier, die können wir als Aschenbecher benutzen.» Sie balanciert die Schachtel auf ihrem Knie aus. «Und wer ist dieser Michael, von dem vorhin in der Bar kurz die Rede war? Dein Neuer?»
«Ach nein!» Energisch schüttelt Vio den Kopf. «Er ist ganz nett, aber ich glaube, er ist zu jung für mich. Ich weiß auch nicht. Er gefällt mir. Mal sehen.»
«Wie alt ist er denn?»
«Siebzehn.»
«Und wie alt bist du?»
«Auch siebzehn.» Vio bläst Rauch aus. «Wie wohnst du eigentlich in Köln?»
Elfie zündet sich selbst eine Zigarette an. «Ich wohne mit einer Freundin zusammen in einer Dreizimmerwohnung in Nippes. Katrin arbeitet in einer Buchhandlung. Ist ganz schön so zu zweit.»
«In Nippes?»

«Das ist ein Stadtteil von Köln. Es gibt noch mehr solche Stadtteile mit ulkigen Namen: Porz, Sülz, Poll und so weiter.»

Vom Flur her hören sie Stimmen und Geräusche von Türen, die geöffnet und geschlossen werden. Die Eltern sind zurückgekommen. Der Wecker auf Elfies Nachttisch zeigt auf halb drei.

Vio drückt ihre Zigarette aus. «Das war wirklich ein schöner Abend.»

Elfie lächelt. «Ja, finde ich auch.»

«Soll ich das Licht ausmachen?» Vio geht zur Tür.

Elfie nickt. Auch sie sieht müde aus.

«Gute Nacht!» Vio schließt die Tür und huscht über den Flur.

Claudia schläft schon. Vio putzt sich im Dunkeln die Zähne und legt sich in ihr Bett. Mit einem ärgerlich klingenden Grummeln dreht Claudia ihr den Rücken zu. Keine dreißig Sekunden später fängt sie an zu schnarchen. Du hast immerhin deinen Karsten! Vio schließt die Augen. Und ich? Ich bin betrunken.

In der Nacht träumt sie von Micha.

Dicke Flocken segeln dicht an dicht herab und breiten in aller Stille eine makellos weiße Schneedecke über die Landschaft. Kein Motorengeräusch, nicht einmal Kirchengeläut klingt an diesem Sonntagnachmittag zu den Vallendarer Feldern hinauf. Nur die Hochspannungsleitungen summen leise. Laura stapft durch den knöcheltiefen Schnee, der knirschend unter ihren neuen fellgefütterten Halbstiefeln nachgibt. Ein verspätetes Weihnachtsgeschenk ihrer Großmutter. Das Herz der Schwester hat allen Erwartungen zum Trotz erst eine Woche nach Silvester aufgehört zu schlagen. Mitte Januar kam die Großmutter nach Deutschland zurück. Zuerst hatte sie die Enkelin nicht über die Weihnachtstage allein lassen wollen, aber Laura hatte sie davon überzeugen können, daß sie sich keine Sorgen zu machen brauchte.

Heiligabend verbrachte Laura bei Nannette und ihren Eltern, was sie als Glücksfall betrachtet. Anderenfalls wäre sie in der Nacht nie mit zur Burg Wied gefahren. Sie war zum erstenmal bei dem traditionellen Treffen am Heiligabend dabei. Seit ein paar Jahren schon kommen nach dem offiziellen Familienteil des Festes Olli und sein Freundeskreis zusammen, um in irgendwelchen Gemäuern der Gegend Räuber und Gendarm zu spielen.

Laura bleibt stehen und reibt ihre Zehen aneinander. Die neuen Stiefel sind noch ein wenig eng. Dann geht sie weiter und biegt an der nächsten Gabelung zum *Wüstenhof* ab. Ihr

Schneespaziergang ist länger geworden als ursprünglich geplant. Sie hofft, sich im *Wüstenhof* bei einem Glas Glühwein aufwärmen zu können.

Inzwischen ist es Ende Januar, und sie weiß beim besten Willen nicht, was sie noch alles anstellen soll, damit Micha ihr endlich näherkommt. Noch nie hat sie sich einem Jungen derart eindeutig offeriert. Wie aktiv darf ein Mädchen sein, ohne sich lächerlich zu machen? Sie bückt sich und kostet zwei Fingerspitzen Schnee. Schmeckt doch immer wieder eigenartig gut!

Eine Woche vor Weihnachten saß sie mit Micha und Karsten bei *Tante Mathilde* beim Skat, stand auf, ging zur Theke und brachte für sich und Micha ein Bier mit. Sie stellte ihm das Glas hin, und er sah sie überrascht an. Zwei Sekunden später erkannte sie den Grund für seine Reaktion. Sie hatte übersehen, daß nicht nur er, sondern auch Karsten sein Glas schon leer getrunken hatte.

Seit Heiligabend ist ihr endgültig klar, daß sie sich in Micha verliebt hat. Im Innenhof der Burg Wied, auf die man sich bei der Suche nach einem geeigneten Ort geeinigt hatte, wurde sie zu den Gendarmen gelost, Micha zu den Räubern. Vio war Gott sei Dank nicht mit von der Partie, sondern weit weg auf Teneriffa. Von Anfang an hatte Laura nichts anderes vor, als sich auf die Suche nach Micha zu machen. Und sie fand ihn auch. Er hatte sich hinter der äußeren Burgmauer versteckt, hockte auf einem großen Stein und stopfte eine Marzipankartoffel nach der anderen in sich hinein. Wie ein gefräßiger kleiner Junge. Sie beobachtete ihn eine Weile und wäre am liebsten zu ihm hingeschlichen, hätte sich an ihn geschmiegt und sich mit ihm verschworen. Er fing an, sich eine Zigarette zu drehen, und sie beschloß in dem Moment zuzuschlagen, da er sein Feuerzeug betätigen würde.

Laura lächelt still in sich hinein. Sie erinnert sich gern an das, was folgte. Mit einem Satz war sie bei ihm. Huahrrr! Ihm entfuhr ein jäher Schrei, und seine Zigarette samt

Feuerzeug sauste durch die Luft. Er sprang auf und versuchte loszurennen. Halt! Stopp! Aus! Sie klammerte sich an ihn. Er drehte sich in ihrer Umarmung, versuchte sich herauszuwinden. Plötzlich entspannte er sich. Er machte eine Halbdrehung und drückte seinen Hintern gegen ihren Schoß. Mit dem nächsten Ruck befreite er sich. Mich kriegst du nicht! Sie sprang ihm hinterher. Halt! Hierbleiben! Er faßte sie an den Handgelenken. Sie schrie auf. Es war wunderbar. He, das gilt nicht! Sie machte es ihm nach, drehte sich um und streckte ihren Hintern aus. Er umschlang sie fester, ging in die Knie und zog sie in die Hocke. Keuchend wartete sie auf seine nächste Bewegung. Plötzlich ließ er sie los. O.k. Du hast gewonnen! Er hatte recht. Das Spiel war plötzlich verkehrt herum gelaufen. Später standen sie noch eine Weile mit den anderen zusammen im Innenhof und leerten einen Kasten Bier. Einen Flaschenöffner hatte auch dieses Mal niemand dabei. Micha bot sein Feuerzeug an. Doch anstatt es zu nehmen, hielt sie ihm ihre Flasche hin. Er öffnete sie mit einer routinierten Bewegung und einem verschmitzten Lächeln. Später im Bett mußte sie unentwegt an den kurzen Ringkampf mit ihm denken. Er hatte sie erregt. Schade nur, daß er an Silvester nicht in Bendorf sein würde. Die Fete, die eine Woche später bei Olli stattfand, war langweilig. Nur zwei Dinge waren der Rede wert gewesen. Zwischen Max und Liv schien sich etwas anzubahnen. Und Olli ging es wieder etwas besser. Aber er hatte sich verändert. Er wirkte immer noch verletzt, aber auch freundlicher als früher, so als hätte er keine Kraft mehr, anderen überlegen zu sein.

Sie schaut sich um. Die Chancen, daß der *Wüstenhof* an diesem Sonntagnachmittag geöffnet hat, stehen schlecht. Sie ist die einzige, die Spuren im Schnee hinterläßt. Unberührt liegt der Weg zum *Wüstenhof* vor ihr.

Seit Anfang des Jahres fährt sie regelmäßig nach Bendorf zur *Tante Mathilde*, um in Michas Nähe zu sein. Sie sucht nach einer Möglichkeit, ihm zu zeigen, daß sie bereit ist.

Ihre vorsichtigen Bemühungen haben bisher jedoch nur mäßigen Erfolg erbracht. Sie spricht ihn an und fragt ihn Dinge, die sie selbst weiß. In der ersten Januarwoche, am Tag, an dem Vio und Claudia zurückkommen sollten, fragte sie ihn, ob Teneriffa zu den Kanarischen Inseln oder zu den Balearen gehöre, was er ihr allerdings nicht richtig beantworten konnte. Sie versucht immer wieder, ein halbwegs ungezwungenes Gespräch anzufangen, in der Hoffnung auf einen Hinweis, daß er in sie verliebt sein könnte. Aber es ist, als hätte er eine undurchdringliche Mauer um sich herum gezogen.

Sie bleibt stehen und schaut in den Himmel. Zart kitzelnd fallen die Schneeflocken auf ihr Gesicht. Sie versucht, eine mit der Zunge einzufangen. Micha! Er sollte sie in diesem Moment sehen können. Sie stellt sich vor, daß sein Herz bei ihrem Anblick dahinschmilzt, wie sie eingemummelt in ihrer warmen Jacke in dieser verlassenen Gegend dem Wetter trotzt. Ich bin nicht zimperlich!

Der *Wüstenhof* kommt in Sicht. Laura betrachtet die Bäume am Rande des Zufahrtsweges. Pechschwarz heben sich die Stämme unter den schwerbeladenen Ästen von der weißen Landschaft ab. Hinter dem letzten Baum wartet er auf mich! Er springt hervor und ruft Huahrrr! Die Arme ausgebreitet, leuchtende Augen. Die ganze Zeit hat er darauf gewartet, mich allein anzutreffen. Er gesteht mir seine Liebe. Wir fallen uns in die Arme und lachen und lachen. Ich drehe mich in seiner Umarmung, als wollte ich weglaufen. Aber er hält mich fest. Ich spüre seinen Schoß an meinem Hintern. Ich spüre seinen heißen Atem in meinem Nacken. Ich drehe mich wieder um und schaue ihm in die Augen, die sagen: Ich will dich! Sie schüttelt den Kopf. Ich lese zu viele Liebesromane!

Wie befürchtet, steht sie am *Wüstenhof* vor verschlossenen Türen. Sie stellt sich an den Rand der Terrasse und schaut hinunter ins dunstverhangene Tal. Nichts zu sehen. Eine weiße, undurchdringliche Wand. Seltsam, wie schwierig es ist, jemanden in mich verliebt zu machen! Sie überlegt, ob sie Nannettes Rat befolgen soll, Micha einfach einmal zu sich nach Hause einzuladen. Dann würde sie schon erfahren, woran sie wäre. Die hat gut reden! Und wenn er nein sagt? Oder wenn er sagt, er hätte keine Zeit? Dann bin ich immer noch nicht weiter. Und wenn er ja sagt und auch kommt, aber es passiert nichts? Er traut sich vielleicht wirklich nicht. Was dann?

Sie gelangt wieder aufs freie Feld. Der Schneefall hat zugenommen und ihre Spuren fast schon verdeckt. Wind kommt auf. Soll ich ihm sagen, daß ich mich in ihn verliebt habe? Nannette würde das bringen. Vio auch. Vio. Sie ist das andere Problem. Immer wenn sie auftaucht, geschieht etwas mit Micha. Das ist ihr schon im Dezember aufgefallen und hat sich seit Vios Rückkehr von Teneriffa noch verstärkt. Kaum betritt sie *Tante Mathilde*, fliegt ihr seine Aufmerksamkeit zu. Vergangenen Mittwoch saß Laura mit Micha und ein paar anderen zusammen und unterhielt sich mit ihm über Romane. Etwas schleppend, aber immerhin. Sie erzählte ihm von *Dshamilja* und wollte gerade anfangen, über *Victoria* zu diskutieren, als Vio hereinkam. Er stand sofort auf und ging zur Toilette. Danach verwickelte Vio ihn mit irgend etwas Belanglosem in ein Gespräch. Zuerst dachte Laura, er hätte diese Störung nur widerwillig zugelassen und würde sich ihr, sobald es die Höflichkeit erlaubte, wieder zuwenden. Nach einer halben Stunde mußte sie jedoch einsehen, daß sie vergeblich auf die Fortsetzung ihres Gesprächs mit ihm wartete. Sie sah, wie er schmunzelte, lachte und charmante Bemerkungen über Vios neue Kurzhaarfrisur machte. Laura kam sich überflüssig vor. Fast hätte er noch nicht einmal bemerkt, daß sie ihre Jacke angezogen hatte und sich von ihm verabschieden wollte. Er hob nur flüchtig die Hand, um sich dann um so aufmerksamer wieder Vio und ihrem Geplauder zu widmen.

Das hat alles nichts zu heißen! Und wenn doch? Für einen

Augenblick droht Laura alle Hoffnung zu verlassen. Sie nimmt den Weg hinunter ins Tal und vergräbt ihre Hände tief in den Jackentaschen. Vio hat den Bogen raus! Sie hat ein Gesicht und eine Figur, auf die die Jungs stehen. Sie ist locker, unbeschwert und etwas oberflächlich. Laura kommt ins Rutschen und fängt sich wieder. Scheiße! Nicht so verdreht wie ich. Na gut, wenn Micha auf so eine steht! Eine kräftige Windbö nimmt ihr kurz den Atem. Nein! Sie soll sich einen anderen aussuchen. Nicht ihn! Sie kriegt doch jeden, den sie haben will. Bitte laß mir Micha! Laura beschleunigt ihre Schritte. Laß ihn mir! Er ist der erste und einzige, den ich haben will. Er paßt doch gar nicht zu dir! Zu dir paßt so einer wie Olli!

Während des restlichen Weges hinunter nach Vallendar festigt sie ihren Entschluß, noch am selben Abend Micha zu Hause anzurufen, um ein Treffen mit ihm auszumachen.

Die Großmutter sitzt im Wohnzimmer auf der Couch und liest in einem der italienischen Heftchenromane, von denen sie sich einen ganzen Stapel aus Verona mitgebracht hat.

«Ciao, nonna!» Laura steht im Türrahmen.

«Ciao, amore! Ti sei bagnato?»

«Es hat richtig angefangen zu schneien, aber es ist toll!»

Laura geht ins Badezimmer und zerrt sich aus ihren Kleidern. Dann zieht sie sich ihren Bademantel über und läuft zurück ins Wohnzimmer. «Nonna, ich muß mal dringend telefonieren. Läßt du mich für einen Moment allein?»

Die Großmutter schaut von ihrer Lektüre auf und zieht die Augenbrauen argwöhnisch zusammen. «Che cos'è, che non devo sentire?»

«Ach, es ist nichts Besonderes. Aber es ist mir lieber, wenn ich ungestört bin.» Trotz ihrer Aufregung schafft sie ein freundliches Lächeln.

Schwerfällig schlappt die Großmutter in ihren Pantoffeln hinaus. Laura schließt die Tür hinter ihr und setzt sich neben das Telefon auf die Couch. Im Telefonbuch sucht sie Michas Nummer heraus. Wie sie gehofft hat, findet sie un-

ter der Geschäftsnummer seines Vaters auch den Privatan-
schluß. Also dann! Auf dem letzten Kilometer hat sie sich
jedes einzelne Wort zurechtgelegt. Sie wählt. Eine Frauenstimme meldet sich.

«Ja, guten Abend. Hier spricht Laura, eine Bekannte von
Michael. Ist er zu sprechen?»

«Nein, tut mir leid. Er ist vor etwa einer Stunde weggegangen. Kann ich ihm etwas ausrichten?»

«Nein, das heißt –» Scheiße! «Können Sie mir vielleicht
sagen, ob er in die Stadt gegangen ist?»

«Ein Freund hat ihn vorhin abgeholt. Max. Soviel ich weiß,
wollten sie in diese Kneipe gehen, na, wie heißt sie noch?
Auf der Hauptstraße.»

«*Tante Mathilde?*»

«Genau.»

«Ja, vielen Dank. Und entschuldigen Sie bitte die Störung.»

«Macht nichts.»

«Ja, auf Wiedersehen!»

«Auf Wiederhören.»

Während Laura den Telefonhörer auf die Gabel legt, steht
ihr nächster Entschluß fest. Sie wird sich in die Badewanne
legen, sich die Haare waschen, anschließend mit ihrer
Großmutter in Ruhe zu Abend essen und dann nach Bendorf fahren. Heute abend oder nie! Sie schaut auf ihre
Armbanduhr. Um neun bin ich da, und ich werde ihn fragen, ob wir mal zusammen ausgehen sollen, und zwar nach
Koblenz. Ja! Sie geht zurück ins Badezimmer und läßt die
Wanne mit heißem Wasser vollaufen.

Ihre Großmutter klopft an die Tür. «Ci devo cucinare qual
cosa?»

Laura öffnet die Tür einen Spalt und hält sich ein Handtuch
vor die Brust. «Nein, kochen brauchst du nichts. Ich habe
nicht soviel Hunger. Aber wir können ja ein Butterbrot
essen.»

Mißmutig zockelt ihre Großmutter wieder ab.

Das heiße Wasser entspannt vollkommen. Bedenken kommen auf. Vielleicht sollte ich doch erst mal abwarten, wie ich mich fühle, wenn ich ihn bei *Tante Mathilde* treffe! Vielleicht ist gar kein Stuhl neben ihm frei? Sie schäumt ihre Haare ein und taucht unter. Brennend schlägt das heiße Wasser über ihrem Gesicht zusammen. Mit ihm oder mit keinem! Sie sieht ihn vor sich, seine knabenhafte Gestalt am Ufer des Baggersees im letzten Sommer. Langsam kommt sie wieder hoch. Sie duscht sich ab und steigt aus der Wanne. Meine Fingernägel! Eingewickelt in ein großes Badetuch, setzt sie sich auf den mit rosa Frottee bespannten Toilettendeckel und beginnt, ihre Fingernägel zu säubern. Ihr Blick fällt auf ihre Füße. Wenn ich schon mal dabei bin, kann ich auch gleich die Zehennägel schneiden. Mein Gott! Sie schüttelt den Kopf. Ich will doch nicht mit ihm ins Bett gehen!

In ihrem Zimmer steht sie vor dem Kleiderschrank und überlegt, was sie anziehen könnte. Große Auswahl hat sie nicht. Und etwas Schickes für die kalte Jahreszeit ist erst recht Mangelware. Sie hat nie besonderen Wert darauf gelegt, anziehend zu wirken, obgleich sie festgestellt hat, daß ihr selbst, wenn sie es ausnahmsweise einmal will, jegliches Talent fehlt, sich so selbstverständlich vorteilhaft weiblich zu kleiden, wie es den meisten anderen Mädchen angeboren zu sein scheint. Abgesehen von einem ihrer T-Shirts im Sommer ist es fast gleichgültig, was sie anzieht. In ihren eigenen Augen bleibt sie immer die achtlos gekleidet wirkende Bohnenstange Laura. Sie entscheidet sich für ihre frischgewaschenen schwarzen Jeans. Die passen gut zu meinen Haaren! Und zum erstenmal für den eierschalfarbenen Rollkragenpullover aus Angorawolle, den die Großmutter ihr vorletztes Jahr zu Weihnachten geschenkt hat. Mit einem kritischen Blick tritt sie vor den Spiegel. Laura, Laura, ich erkenn dich gar nicht mehr wieder! Sie lächelt sich verlegen an.

Beim Abendbrot löchert die Großmutter sie mit Fragen. Ihre Irritation ist offensichtlich perfekt. Es sei nichts Besonderes passiert, versichert Laura. Eine Bekannte aus Bendorf hätte Geburtstag, und ein paar Leute würden sich in der Gastwirtschaft *Tante Mathilde* treffen, um darauf anzustoßen. Nichts weiter.

Ein letzter Blick in den Spiegel, und Laura macht sich auf den Weg. Es hat aufgehört zu schneien. Der Abend ist windstill und wirkt friedlich. Der Schnee dämpft alle harten Geräusche. Der Bus kommt nur langsam voran und schafft um ein Haar die Steigung am Ortseingang von Bendorf nicht. Sie steigt am Friedhof aus und fühlt sich etwas unwohl in dem ungewohnten Angorapullover. Er ist mollig warm und faßt sich ungemein flauschig an.

Sie drückt die Klinke der Kneipentür herunter. Ich bin verrückt! Ihre Augen rasen durch den Schankraum. Max und Liv sitzen an einem der nur spärlich besetzten Tische. Wo ist er? Tante Mathilde gähnt. Vielleicht ist er auf der Toilette?

«Hallo, Laura!» Liv winkt ihr zu.

Laura setzt sich und überlegt, ob sie ihre Jacke ausziehen soll. Sie faßt an den Reißverschluß.

«Du hier an einem Sonntagabend?» Max lehnt sich neugierig zu ihr herüber. «Das hat's ja noch nie gegeben!»

«Ich hatte noch Lust auf ein Bier, und in Vallendar war nichts los.» Sie hat den Reißverschluß fast zur Hälfte heruntergezogen.

Max nickt. «Das haben Micha und Vio sich wohl auch von der Kneipe hier mit unserer Wenigkeit gedacht. Die sind vor ein paar Minuten abgehauen und haben uns hier sitzenlassen.» Er trinkt einen Schluck von seinem Bier und kneift plötzlich die Augen zu.

Abrupt läßt sie den Reißverschluß los.

«Was darf's sein?» An Tante Mathildes Backe klebt ein Brotkrümel.

Laura bewegt den Kopf einmal hin und her.

«Das gibt's hier aber nicht, nichts trinken. Hier ist doch kein Wartesaal!»

Dieser Krümel!

«Tante Mathilde, bring mir doch noch eine Apfelschorle!» Liv.

Laura springt auf und läuft auf die Straße. Auf dem Weg zur Tür hat sie Liv noch zischen hören: «Blödmann!»

Zu spät! Alles zu spät! Lauras Atem dampft. Automatisch geht sie ein paar Schritte, bleibt dann stehen und schlägt sich die Hände vors Gesicht. Es kommen keine Tränen. Sie wirft den Kopf in den Nacken, beißt die Zähne aufeinander, geht weiter. Mit versteinerter Miene verflucht sie in endlosen Kaskaden ihr dummes Herz und die zu vielen Toten ihrer Familie. Das Schild an der Haltestelle höhnt, daß sie noch eine dreiviertel Stunde auf den nächsten Bus zurück nach Vallendar zu warten habe.

Micha friert sich fast den Hintern ab. «Ist dir kalt?» Er zieht die Schultern hoch.

Vio hält ihren Handbeutel fest und hüpft über den am Straßenrand aufgehäuften Schnee auf den Bürgersteig. Lächelnd dreht sie sich zu ihm um. «Dir?»

«Nein.»

Sie reckt den Kopf in die Höhe. «Die Luft riecht richtig gut, was!»

Micha springt neben sie. «Ja.» Er tritt einen halben Schritt zurück. Er weiß nicht, wo er hinschauen soll. «Und wo sollen wir hingehen?»

«Wir können ja zum Rhein gehen.» Erwartungsvoll schaut sie ihn an.

Vor fünf Minuten haben sie noch bei *Tante Mathilde* mit Max und Liv an einem Tisch gesessen. Vios Erscheinen hatte ihn auf dem falschen Fuß erwischt. Sie kam herein und setzte sich wie selbstverständlich neben ihn. Es fehlte nur noch, daß sie ihm einen Begrüßungskuß gegeben hätte. Da saßen nun zwei Pärchen, die sich nicht erklärt haben. Die ganze Zeit bemühte er sich krampfhaft um eine lockere Beteiligung an der Unterhaltung und fühlte sich von Minute zu Minute unwohler. Max, die Plaudertasche, bestritt fast im Alleingang das Gespräch. Liv streute hin und wieder ein paar frotzelnde Kommentare ein, Vio schien mehr oder weniger interessiert zuzuhören. Er selbst dachte pausenlos darüber nach, ob sie an ihm interessiert sei. Dabei wußte er es längst, und er hockte wie festgeklebt auf seinem Stuhl. Wie konnte er zu Vio, die doch so dicht neben ihm saß, vordringen? Täuschte er sich vielleicht doch? Sie hätte sich ihm doch zuwenden können, ihn ansprechen, ihn etwas fragen, ihn an seinem Arm berühren. Sie hätte anfangen können zu weinen, um dann schluchzend in seine Arme zu sinken. Aber sie saß einfach da und trank einen Tee.

Seit ihrer Rückkehr von Teneriffa hat er nichts mehr im Griff. Sobald er sie sieht, wird alles andere unwichtig. Und sein ganzer Charme ist dahin. Irgendwann ist er aufgestanden, um auf die Toilette zu gehen. Er setzte sich auf die Kloschüssel und beschloß, nach Hause zu gehen. Das hatte alles keinen Zweck. Er ging zurück an den Tisch und zog sich seine Jacke an. Max sah ihn erstaunt an, und Vio sagte mit einem plötzlichen Gähnen, daß auch sie nach Hause gehen wolle. Sie bezahlten bei Tante Mathilde am Tresen und verließen die Kneipe. Doch anstatt sich zu verabschieden, fragte Vio, ob er Lust habe, noch ein paar Schritte mit ihr zu spazieren.

Sie schaut ihn immer noch an. Nicht mehr erwartungsvoll, eher ängstlich, auf etwas Unangenehmes gefaßt. Ihre Hände hat sie tief in den Manteltaschen vergraben. Ein Gedankenkreisel heult rasend durch seinen Kopf und kickt alles zur Seite, was sich sonst noch darin befindet: Ich-muß-sie-gleich-küssen-sie-wird-geküßt-werden-wollen-ich-werde-meinen-Arm-um-sie-legen-müssen-ich-muß-ich-muß-ich-muß! «Zum Rhein runter? Ja gut.» Beklommen setzt er sich in Bewegung.

Sie kommen am *Niederhof* vorbei und biegen in die Rheinstraße ab. Vio deutet mit dem Daumen zurück auf die Gaststätte und steckt ihre Hand wieder in die Mantel-

tasche. «Im *Niederhof* hat meine Schwester Hochzeit ge-
feiert.»
«Aha.»
«Ist schon ein paar Jahre her. War ganz schön.»
«Wie viele Geschwister hast du denn?»
«Zwei Schwestern. Beide älter als ich. Und du?»
«Zwei jüngere Schwestern. Sie wohnen bei meiner Mutter
in München.»
«Aha.»
Micha fühlt mit der Hand nach seinem rechten Ohrläpp-
chen, um sich zu vergewissern, daß er kein Steifftier ist. Er
schätzt, daß sie für den Weg zum Rhein und wieder zurück
gute vierzig Minuten brauchen. Zeit! Ich brauche Zeit!
«Sag mal –» Vio redet nicht weiter.
«Was?» Er schaut geradeaus.
Vio kichert. «Wie findest du eigentlich Laura?»
«Wie?»
«Na ja. Es hat doch inzwischen jeder bemerkt, daß sie ungewöhnlich oft bei *Tante Mathilde* auftaucht. Und wenn du
nicht da bist, bleibt sie auch nie lange. Und wie sie dich
immer anschaut! Ich glaube, sie hat sich in dich verknallt.»
«Meinst du das im Ernst?» Er stellt fest, daß er sein Tabak-
päckchen in der Kneipe liegengelassen hat.
«Ich weiß nicht. Ich glaube schon. Liv ist jedenfalls davon
überzeugt.»
Micha sagt nichts. Für einen kurzen Moment fühlt er sich
geschmeichelt. Im nächsten Augenblick schämt er sich. Natürlich haben ihm Lauras Bemühungen ihre Zuneigung
verraten. Aber er will zu Vio. Die Rheinstraße neigt sich.
Sie kommen an eine dunkle Unterführung.
Vio geht einen halben Schritt vor. «Ich finde Laura total
hübsch.»
Hör auf damit!
«Du nicht?»
«Doch. Ja. Sie sieht ganz gut aus.»
In der Unterführung stampft sie im Gehen zweimal mit den

Füßen auf. Der Schnee löst sich von ihren Schuhen. «Wenn ich ein Junge wäre, würde ich mich sofort in sie verknallen. Sie ist so anders, irgendwie geheimnisvoll, so weit weg.» Sie berührt ihn am Arm und kichert wieder. «Soviel ich weiß, bist du der erste, der für sie in Frage zu kommen scheint.»

«Hm!» Er hofft, daß es ärgerlich klingt. Geht sie mit mir hier spazieren, um mich mit Laura zu verkuppeln?

Sie erreichen die Anhöhe auf der anderen Seite der Unterführung und rutschen einen kleinen Abhang hinunter zum Parkplatz des Fußballstadions. Dahinter erstreckt sich ein Park entlang dem Rheinufer. Zwischen den Bäumen auf der Wiese befindet sich ein Spielplatz, auf dessen Klettergerüst und Schaukel sich eine dicke Schneeschicht gelegt hat. Sie gelangen ans Ufer und schauen aufs Wasser.

Michas Bauchfell flattert. «Ist dir kalt?»

«Ein bißchen.» Vio schwankt und berührt ihn an der Schulter. Seine Hand krallt sich in das Innenfutter seiner Jacke. Ich kann das nicht! Ich kann das nicht! Die ersten Zeilen eines Gedichtes von François Villon huschen durch seinen Kopf.

Vor vollen Schüsseln muß ich Hungers sterben, am heißen Ofen frier ich mich zu Tod …

Die andere Hand umklammert sein Feuerzeug. In diesem Moment hört er Stimmen hinter sich. Er dreht sich um und sieht zwei dunkle Gestalten, die über den Spielplatz gehen. Er macht zwei Jungen oder zwei junge Männer aus. Einer von ihnen sagt plötzlich deutlich vernehmbar: «Guck mal, da knutschen zwei!» Der andere ruft: «He, mach die Alte nicht kaputt!» und lacht dämlich.

Vollblei.

Vio dreht ihren Kopf und schaut Micha an. Ihre Lippen öffnen sich. Er starrt ihre neue Frisur an. Sag was! Hilf mir! Küß mich!

Sie nimmt tief Atem. «Sollen wir langsam mal zurückgehen? Ich muß morgen früh raus.»

«Ja sicher. Ich auch.» Er hätte schreien können.

Sie gehen zurück zum Spielplatz. In plötzlicher Eingebung springt er zum hochstehenden Ende der Schaukel und wischt mit der Hand den Schnee von der Sitzfläche. «Komm, wir schaukeln!»

Vio winkt ab. «Nein, ich will keine nasse Hose kriegen.» Sie geht weiter.

Aus! Jetzt ist sie vernünftig! Er läßt die Schaukel los, bückt sich und formt einen Schneeball. «Vio! Aufpassen!» Sie dreht sich zu ihm um. Der Schneeball verfehlt sie knapp. Lächelt sie? Aber sie macht keine Anstalten, sich auf eine Schneeballschlacht einzulassen. Regungslos steht sie da. Lauf zu ihr hin und drück sie fest an dich! Wild entschlossen spurtet er los. Zehn Meter liegen zwischen ihm und ihr. Zehn Meter und fünf Sekunden, die ausreichen, ihn wieder davon abzubringen, das zu tun, was um alles in der Welt er gern tun würde. Er stoppt ab. «Komm, du Memme!» Übermütig gibt er ihr einen kräftigen Schlag gegen die Schulter.

Sie fällt der Länge nach hin. Sie lacht nicht, sie lächelt nicht, gibt keinen Ton von sich, sondern rappelt sich nur schwerfällig wieder auf die Beine und klopft sich den Schnee vom Mantel. «Komm, wir gehen jetzt.» Sie sieht ihn nicht an.

Sie überqueren den Parkplatz bis zum Hang, der hinauf zur Straße führt. Micha klettert vor. Oben angekommen, sieht er zu, wie Vio sich müht, den Hang hochzukommen. Er wagt es nicht, ihr die Hand zu reichen. Er kommt sich vollkommen lächerlich vor.

Mit einem Meter Abstand zwischen sich gehen sie nebeneinander die Rheinstraße hoch zurück in die Stadt. Vio fängt plötzlich an, von ihrer Schule zu erzählen. Es sei ihr letztes Jahr und ihre letzte Chance, den Realschulabschluß hinzukriegen. Seit sie eine Klasse wiederholen mußte, wären ihre Noten zwar besser geworden, und eigentlich brauchte sie sich keine großen Sorgen zu machen, aber sie müsse dennoch ein bißchen aufpassen, um nicht wieder abzurutschen. Im Urlaub auf Teneriffa habe sie Elfie, Claudias Cousine aus Köln, kennengelernt und sich überlegt, ob sie sich vielleicht eine Lehrstelle als Reiseverkehrskauffrau suchen solle. Wenn, dann würde sie sich in Koblenz danach umsehen. Micha ist dankbar für dieses unverfängliche Thema. Er gibt sich Mühe, interessiert zuzuhören. Dabei beschäftigt ihn der Gedanke, daß Vio in einem halben Jahr bereits Geld verdienen wird, während er dann immer noch zwei Jahre Schule vor sich hat. Die Ernsthaftigkeit, mit der sie ihm ihre Pläne erläutert, nährt seine Hoffnung, daß sie ihn nach seinem bejammernswerten Auftritt von vorhin vielleicht doch nicht als Volltrottel abgeschrieben hat.

Vor ihrem Haus bleiben sie stehen. Vio dreht sich zur Straßenlaterne und kramt in ihrem Beutel nach dem Hausschlüssel.

Micha hebt eine Hand und geht ein paar Schritte rückwärts. «Also, gute Nacht.» Hoffentlich erzählt sie's nicht rum!

Vio sucht immer noch ihren Schlüssel. Dann schaut sie auf. «Ja, gute Nacht.»

«Findest du ihn?»

Mit dem Knie hebt sie den Beutel näher ans Licht. Dann fischt sie den Schlüssel heraus. «Micha?»

«Ja?»

«Hast du Lust, mal tagsüber zum *Meisenhof* spazierenzugehen? Vielleicht bleibt ja der Schnee noch ein paar Tage liegen. Da oben ist es richtig schön, wenn es geschneit hat.»

Er geht weitere Schritte rückwärts und spürt, wie sich ein breites Lächeln über sein Gesicht legt. «Gerne.»

«Mittwoch?»

«Gut.»

Vio schließt die Tür auf. «Schön. Ich hole dich um drei zu Hause ab. O.k.?» Sie winkt ihm zu und verschwindet im Haus.

Micha reckt beide Arme in die Höhe, legt den Kopf in den Nacken, preßt die Lippen aufeinander und jubiliert, begleitet von inneren Fanfarenstößen. Mit einer schwungvollen Drehung macht er sich auf den Heimweg.

Auf dem Küchentisch findet er einen Zettel mit Marions Handschrift.

Michael! Eine Laura hat für Dich angerufen. Ich hoffe, Du hast nichts dagegen, daß ich sie zu der Kneipe geschickt habe, wo Ihr Euch immer trefft. Schlaf gut. M.

Auf die Buschtrommeln in Bendorf ist Verlaß. Gestern erzählte Claudia, sie habe Olli getroffen, der von Liv wußte, daß Laura sich am letzten Sonntagabend bei *Tante Mathilde* äußerst merkwürdig verhalten habe. Inwiefern merkwürdig, hat Claudia dann noch von Liv persönlich in Erfahrung gebracht. Was sich alle schon ungefähr gedacht haben, ist nun amtlich.

Vio räumt den Mittagstisch ab und bereitet sich gedanklich auf ihr Rendezvous mit Micha vor. Sie wird ihm in Zukunft nur noch auf offener Bühne vor versammeltem Publikum begegnen können. Jeder ihrer Schritte, ob allein oder mit ihm, wird mit besonderem Interesse beäugt und kommentiert werden. Natürlich tratscht gewöhnlich niemand wirklich mit bösen Absichten. Und wenn Vio nicht selbst betroffen ist, rührt auch sie die Gerüchtetrommel kräftig mit. Wer mit wem, wer mit wem nicht, nicht mehr oder schon wieder, das sind nun einmal Themen, die unterhaltsamen Gesprächsstoff bieten.

Schon immer hat es alle beschäftigt und gespannt darauf warten lassen, wann diese merkwürdige Laura endlich erobert werden würde. Aus Micha ist bislang niemand so recht schlau geworden. Als Lauras so zaghaftes wie sensationelles Bemühen um ihn immer offenkundiger wurde, wären fast die ersten Wetten darauf abgeschlossen worden, wann es denn endlich zwischen den beiden funken würde. Aber dann trat Vio auf den Plan. Sie, die den begehrtesten jungen Mann von Bendorf hat sitzenlassen, und niemand gab mehr einen Pfifferling für Lauras Chancen.

Sie betrachtet ihr Gesicht im kleinen Spiegel über der Anrichte. Die neue Kurzhaarfrisur hat ihre Signalwirkung nicht verfehlt. Allen ist klar, daß sie einen endgültigen Schnitt gegenüber Olli gemacht hat. Sie läßt Wasser in die Spüle einlaufen. Obwohl Michas sanfte und begehrliche Blicke ihr durchaus neue Hochgefühle beschert haben, ist die Freude darüber nicht ungetrübt. Sie mag Laura, und sie will nicht Anlaß ihres Kummers sein. Trotzdem konnte sie nichts dagegen tun, daß sie seit ihrer Rückkehr von Teneriffa im gleichen Maße unruhig wurde, in dem Laura Michas Nähe suchte. Sie wollte sich eigentlich mehr Zeit lassen mit dem Neuverlieben. Aber Lauras überraschendes Verhalten hat sie zum Handeln gezwungen.

Sie spült das Geschirr ab und stellt sich vor, was letzten Sonntag passiert wäre, wenn Laura zehn Minuten früher bei *Tante Mathilde* zur Tür hereingekommen wäre. Sie tut ihr leid. Im selben Moment kommt sie sich arrogant vor. Und noch ein anderer irritierender Gedanke mischt sich dazu: Vielleicht ist Micha ja doch zu jung für sie? Es stört sie, daß er sich so tolpatschig angestellt hat. Im Vergleich zu Olli kommt er ihr vor wie ein kleiner Junge. Andererseits – sie läßt die Schultern hängen.

Ihre Mutter kommt in die Küche. Die Absätze ihrer Schuhe klacken energisch auf den Fliesen des Küchenbodens. Sie hat ihren Mantel angezogen und kramt hektisch in ihrer Handtasche. «So, ich gehe jetzt. Du machst dann noch die Küche fertig, und wenn die Madame zufällig Zeit haben sollte, wäre es nicht schlecht, wenn sie die Wäsche noch vom Ständer nehmen und zusammenfalten könnte. In der Maschine waren sowieso fast nur Sachen von dir.»

«Ja, mach ich.»

«Bist du am Nachmittag hier?» Die Mutter schaut aus dem Küchenfenster. «Ich glaube, ich nehme den Schirm mit. Sieht nicht gut aus draußen.»

«Nein, ich gehe weg.»

«Zu Claudia?»

«Nein.»

Die Mutter stellt sich neben sie und zerrt sich die Handschuhe an. «Darf man fragen, wohin?»

Vio zieht den Stöpsel aus der Spüle und schaut den Essensresten hinterher, die im Strudel des Ausgusses verschwinden. «Ich gehe spazieren.»

«Mein Gott, laß dir doch nicht alles aus der Nase ziehen! Ist das denn so ein Geheimnis, mit wem?»

«Du kennst ihn nicht. Er heißt Michael und ist der Sohn vom Zeitungsladenbesitzer an der Hauptstraße. Zufrieden?»

«Ist die Frau im Laden seine Mutter?»

Vio schaut sie mit einem spöttischen Grinsen an. «Für einen Siebzehnjährigen dürfte sie wohl zu jung sein. Oder?»

«Da hast du auch wieder recht.» Die Mutter verläßt die Küche und schnappt sich in der Diele ihren Schirm. «Also, komm nicht so spät nach Hause. Tschüs!»

«Tschüs!»

Die Wohnungstür fällt ins Schloß. Vio hört, wie die Holzstufen der Flurtreppe unter den Füßen ihrer Mutter knarren. Noch eine neugierige Zeugin!

Sie trocknet sich die Hände ab und schaut sich in der Küche um. «Dich mach ich jetzt fertig!» Sie wischt die Spüle trokken und bringt den Rest der Küche in Ordnung. Danach geht sie ins Bad, um die Wäsche abzuhängen. Ich könnte mal wieder ein paar neue Slips gebrauchen! An einigen löst sich der Bund auf. Das Telefon klingelt.

«Hallo, Claudia hier!»

«Mein Gott, ich dachte schon, Micha sagt ab!»

Claudia gibt ein schnalzendes Geräusch von sich. «Aha, also doch Herzflattern!»

«Ja, doch, ein bißchen.»

«Rufst du mich heute abend an? Ich bin so schrecklich aufgeregt!»

«Wieso du!?» Vio kennt diese Neugierde von sich selbst. Trotzdem ist ihr Claudias Eifer unangenehm. Den ganzen Tag schon hat sie darüber nachgedacht, daß es unfair gegenüber Micha war, Claudia zu erzählen, wie grün er noch hinter den Ohren ist. Gleichzeitig läuft sie selbst Gefahr, sich lächerlich zu machen. Manchmal hat sie sich in den vergangenen Tagen gefragt, ob sie nichts Besseres zu tun habe, als mit kleinen Jungs herumzutollen, sich in den Matsch stoßen zu lassen und auf einen Kuß zu warten. Plötzlich tut es ihr leid, Claudia davon erzählt zu haben. «Ich weiß noch nicht. Mal sehen. O.k.?» Sie schaut auf ihre Armbanduhr. «Ich muß gleich los. Was machst du denn heute noch?»

«Na was schon?! Ich wurschtel hier noch ein bißchen herum und treffe mich nachher mit Karsten.» Claudia klingt nicht gerade begeistert.

«Ja dann, viel Spaß. Bis spätestens morgen früh.»

«Ja gut. Dir auch viel Spaß. O Mann, ist das aufregend!»

Fünf Sekunden vergehen.

«Ach, Vio!»

«Was ist?»

«Ich hab vorhin geduscht.»

«Und?»

«Es war toll!» Claudia legt auf.

Vio ist perplex. Aber sie will jetzt nicht darüber nachdenken, was Claudia alles unter der Dusche angestellt haben könnte.

Als sie vom Streckenpfad in Michas Seitenstraße abbiegt, ist ihr Kopf endlich leer gefegt. Auf dem Weg durch die Stadt hat sie sich wieder gefragt, was er ihr schon bieten kann. Er geht noch zur Schule, wohnt noch bei seinen Eltern, hat kein Auto, wenig Geld und wird sie nicht von ihrem Mädchendasein befreien können. Er hat keine Erfahrungen, von denen sie zehren könnte. Seltsam ist, daß er ihr trotzdem gefällt, aus welchem Grund auch immer. Daß Laura sich offenbar in ihn verliebt hat, spricht in gewisser

Weise für ihn. Sie und er haben beide etwas Unnahbares, etwas Geheimnisvolles. Das muß entschlüsselt werden.

Die Frau aus dem Zeitschriftenladen macht ihr die Tür auf. Vios Hände kribbeln. «Hallo! Ich bin Laura. Ist Micha da?»

«Ah, guten Tag. Kommen Sie rein. Haben wir nicht letzten Sonntag miteinander telefoniert?» Die Frau tritt zur Seite. Vio schaut sie verwundert an. «Wir?»

«Haben Sie nicht gerade gesagt, Sie heißen Laura?»

Vio schießt das Blut in den Kopf. Sie spürt, daß ihr Lächeln verrutscht. «Ich heiße Vio. Habe ich Laura gesagt?»

Die Frau nickt mit plötzlich ernstem Gesichtsausdruck und zeigt zum Treppenhaus hinauf. «Gehen Sie einfach bis ganz nach oben. Da ist Michaels Zimmer.»

Vio schleicht die Treppe hinauf. Am liebsten wäre sie nach Hause gerannt und hätte sich in ihrem Bett verkrochen. Was für ein Film läuft hier!? Je höher sie steigt, desto schwerer werden ihr die Beine. Oben vor der letzten Tür bleibt sie stehen und versucht, ihren Atem zu beruhigen. Plötzlich fliegt die Tür auf.

«Hallo!» Micha grinst breit.

Vio schrickt zusammen.

«Oh, entschuldige.» Er hält ihr die Tür auf. «Ich wollte dich nicht erschrecken. Ich habe jemanden hochkommen gehört, und da dachte ich –»

Vio bewegt sich nicht.

Er hebt eine Hand. «Warte, ich ziehe mir nur schnell Jacke und Schuhe an, dann können wir gehen.» Er schnappt sich seine Jacke vom Sessel, kickt seine Pantoffeln in eine Ecke und steigt in seine Schuhe. «Wir können hoch zum Galgenberg gehen und dann runter ins Großbachtal. Dann die Mühlenstraße hoch am Albrechtshof vorbei zum *Meisenhof*.» Er richtet sich auf und strahlt Vio an. «Ich kenne mich schon gut aus, was!»

«Ja, allerdings.» Er wird es sowieso erfahren! «Mir ist gerade etwas Blödes passiert. Ich habe mich unten aus Versehen mit Laura vorgestellt, und deine Mu–»

Das Strahlen verschwindet aus seinem Gesicht. «Marion.» Er läßt seine Zimmertür von außen zufallen. Der Knall hallt durchs Treppenhaus.

«Ich meine, die Frau von deinem Vater hat gemeint, daß sie mit mir letzten Sonntag telefoniert hätte.» Scheiße, so wollte ich das gar nicht sagen! «Ich weiß gar nicht, wie ich auf den Namen gekommen bin.»

«Also gut.» Micha reibt sich die Stirn.

Ihr rutscht das Herz in die Hose.

Auf dem Weg zum *Meisenhof* erzählt er, daß Max ihm von Lauras Erscheinen bei *Tante Mathilde* berichtet habe. Offenbar habe Laura vergangenen Sonntagabend bei ihm zu Hause angerufen. Er macht eine lange nachdenkliche Pause. Vio rechnet jeden Augenblick damit, daß er ihr etwas gesteht, und sie spürt brennende Eifersucht in sich aufflammen.

«Tja», Micha räuspert sich. «Ich weiß auch nicht, was da los ist.»

Hier und da sind noch Schneereste vom vergangenen Wochenende zu sehen. Regen hat die Wege in den letzten Tagen aufgeweicht und besonders dort, wo sie abschüssig sind, in gefährliche Matschbahnen verwandelt. Einmal kommt Vio ins Rutschen. Micha streckt die Hand nach ihr aus. Aber sie fängt sich selbst wieder. Sie schweigen. Und je länger sie schweigen, desto ratloser wird sie. Auf halbem Wege fängt er an, eine Melodie zu pfeifen. Wenig später stellt er auch das ein. Endlich erreichen sie die Anhöhe, von der aus ein kleiner Feldweg nach zweihundert Metern direkt zum *Meisenhof* führt. Ein Auto parkt auf dem Platz vor der Umgrenzungsmauer.

Micha deutet mit dem Kopf zum Gebäude. «Meinst du, sie haben geöffnet?»

Vio schluckt. «Laß uns nachgucken.»

Im Schankraum riecht es wie am Morgen nach einer Fete. Reste von kaltem Rauch vermischen sich mit dem Dunst von Bier und Wein. Aber es ist schön warm. Ein paar ältere

Frauen und Männer sitzen an einigen der Tische, essen Apfelkuchen und trinken Tee oder Kaffee. Vio ist froh, nicht allein mit Micha in dem Gasthaus sitzen zu müssen.

Sie wählen einen freien Tisch am Fenster, bestellen Apfelkuchen und Tee und unterhalten sich über das, was der Bendorfer Wald alles zu bieten hat. Den Limes aus der Römerzeit zum Beispiel – ein Graben, der mit dem Verlauf des Original-Limes garantiert nicht übereinstimmt; den dazugehörigen Römerturm – ein Nachbau ganz in der Nähe jener Stelle, an der vor Urzeiten tatsächlich einmal ein Wachturm gestanden haben soll; den Trimm-dich-Pfad – natürlich nichts Besonderes; den Botanischen Garten – leider ohne Gewächshäuser – und ein paar verlassene Tonweiher mit kiloweise Froschlaich im Frühjahr. Und wer es darauf anlegt, kann stundenlange Spaziergänge durch den Wald unternehmen, ohne jemals Asphalt überqueren zu müssen. Dieser Vorzug, meint Micha, fasziniere ihn am meisten. Ansonsten hört er ihr nur aufmerksam lächelnd zu. Während sie mit sich steigerndem Eifer alles aufzählt, was sie früher bei den seltenen Spaziergängen mit ihrem Vater gelernt hat, empfindet sie zu ihrer eigenen Überraschung ein wenig Stolz auf ihre Heimat. Doch nicht nur das läßt ihr Herz stetig aufgeregter pochen. Ihr wird plötzlich bewußt, daß sie noch nie allein mit einem Jungen im *Meisenhof* gesessen hat. Zwar hat sie mit Olli schon einige Spaziergänge hierhin gemacht, aber entweder waren sie mit Claudia und Karsten oder mit anderen aus der *Tante Mathilde* verabredet, um den Rest eines Nachmittags in diesem auf den ersten Blick nichtssagenden Waldgasthaus zu verbringen. Die Atmosphäre in der Gruppe hat sie nie so deutlich wie in diesem Augenblick spüren lassen, daß sie sich in einer Umgebung befindet, in der Erwachsene ansonsten unter sich sind.

Sie bemerkt, daß sie beobachtet werden. Das junge Paar! Micha dreht sich bedächtig eine Zigarette. Sie rückt näher an ihn heran. In dieser plötzlich so fremdartigen Umgebung wirkt er anders als am vergangenen Sonntag bei *Tante Mathilde*. Still zwar, fast wieder unnahbar, aber erwachsener. Sie betrachtet seine Hände. Die Zeigefinger verteilen den Tabak in dem Papierblättchen, das vom leichten Druck seiner Daumen straffgehalten wird. Mit einer geschickten Bewegung rollt er die Zigarette zusammen. Während er mit seiner Zunge an der Gummierung entlangfährt, schaut er ihr in die Augen. Sie schwankt. Er legt seine freie Hand auf den Tisch. Sie schiebt ihre Hände dazu. Fünf Zentimeter trennen sie noch. Vios Fingernägel sind sauber, ihre Handrücken gerötet. Er drückt die Zigarette wieder aus und beugt sich nach vorn. Sein Kopf kommt so nahe, daß sie seinen Atem riechen kann. Dann geschieht etwas Seltsames. Zum erstenmal seit ihrem letzten Geburtstag fühlt sie sich wirklich als Siebzehnjährige, jung, voller Kraft und Träume, zuversichtlich. In Ollis Gegenwart hat sie sich stets strecken müssen. Ohne Kraft und Illusionen sollte eine Frau aus ihr werden, und alles fühlte sich irgendwie falsch an. Sie schaut Micha an und wünscht sich, daß er sie berühren möge. Er rührt sich nicht. Seine Augen schließen sich, als sie ihre Hand auf seine legt. Alles rings um ihren Tisch rückt in weite, unbedeutsame Ferne. Er öffnet die Lippen, atmet zitternd ein und wieder aus. Ihr Nacken glüht. Sie wartet nicht darauf, daß er etwas sagt oder Besonderes tut. Die Berührung seines Daumens, der sich unter ihrer Hand hervorschiebt, um an ihrem kleinen Finger entlangzustreichen, reicht aus, um sie der Ohnmacht nahezubringen.

Micha flüstert. «Sollen wir noch ein bißchen draußen rumlaufen?»

«Ja!»

Sie gehen nicht auf der Straße zurück nach Bendorf, sondern nehmen den Weg zum Römerturm, ohne Eile, dicht nebeneinander. Zum erstenmal in ihrem Leben spürt Vio das eindeutige körperliche Verlangen, selbst einen Jungen anfassen und küssen zu wollen. Die Einsicht kommt wie eine Erschütterung. Ich habe mich immer nur küssen lassen! Das ist verrückt! Ich habe mich immer nur angeboten. Sie springt über eine Pfütze und dreht sich nach Micha um. Er lächelt. Sie gehen weiter und gelangen an einen etwa zehn Meter hohen steinernen Turm.

Micha schaut hinauf zu dem Holzgeländer, das unter dem Dach einen Rundgang begrenzt. «Kann man da hochgehen?»

«Im Prinzip schon. Die Stadt hat zwar den Eingang zugemauert, aber man kann durch das Loch da vorn reinklettern.» Sie zeigt nach vorn und spürt seine Schulter an ihrer.

Sie sehen sich an und nehmen sich in die Arme.

Sonnenstrahlen erwärmen mild die frische April-
luft. Laura und Nannette stehen am Deutschen
Eck und schauen zu, wie die Mosel ihr Wasser in
den Rhein münden läßt. Sie beugen sich über das Uferge-
länder. Zwei lange bräunliche Fäden treffen aufs Wasser.
Amüsiert verfolgen sie die beiden Placken schwimmenden
Spucke-Eis-Gemischs, die der Rhein bald an Vallendar und
Bendorf vorbei bis zur Nordsee transportieren wird.
An Nannettes freiem Nachmittag haben sie sich in Koblenz
vor der Zahnarztpraxis getroffen, um einen Einkaufsbummel zu machen oder – so sieht es Laura – um überhaupt
endlich einmal wieder einen schönen Nachmittag miteinander zu verbringen. Außerdem werden sie Lauras achtzehnten Geburtstag nicht zusammen feiern können. In drei
Tagen ist es soweit, aber da wird Laura bereits unterwegs
nach Verona sein. Sie hat der Großmutter versprochen, gemeinsam mit ihr in der letzten Woche der Osterferien zum
Verwandtenbesuch nach Italien zu fahren.
Fast wäre auch aus dem Einkaufsbummel nichts geworden, denn normalerweise fährt Nannette an jedem Mitt-
wochnachmittag zu Marc nach Bonn. Ihre nur zögerliche
Zusage hat Laura gekränkt. Erst der Hinweis auf den be-
vorstehenden Geburtstag gab den Ausschlag, und Nannette erklärte sich bereit, einmal eine Ausnahme zu machen.
Früher hat es bei ihren Verabredungen nie Terminprobleme
gegeben. Inzwischen scheint es, als lebten sie in vollkom-

men verschiedenen Welten. Laura befürchtet, daß sie sich fremd werden.

Der sonnige Nachmittag hat sie an die alte verläßliche Mädchenfreundschaft denken lassen. Eingehakt schlenderten sie durch die Boutiquen und sahen sich die Frühjahrsangebote an. Laura ließ sich sogar dazu überreden, ein enganliegendes und für ihre Verhältnisse unverschämt teures Top zu kaufen. Nannette schwärmte ihr so überschwenglich vor, wie verführerisch sie darin aussehe, daß sie nicht widerstehen konnte. Später spazierten sie aus der Innenstadt heraus zum Deutschen Eck und kauften sich ein Eis.

Normalerweise hätte sie das Top liegenlassen, gerade weil sie darin so verführerisch aussehen sollte. Dankbar lehnt sie sich an Nannettes Schulter.

«Dir geht's wieder besser, hm?» Nannette schaut geradeaus aufs Wasser.

«Ja, viel besser.» Laura beißt in ihr Waffelhörnchen und fängt mit der Hand einen Tropfen auf, der sich vom spitzen Ende gelöst hat.

Nannette macht eine halbe Drehung und hält ihr Gesicht mit verschlossenen Augen der Sonne hin. «Ist das schön!»

Laura hievt sich aufs Geländer.

«Du warst immer noch nicht in Bendorf, stimmt's?»

«Das weißt du doch.» Sie läßt die Beine baumeln.

Nannette öffnet die Augen, steckt sich den Rest ihres Waffelhörnchens in den Mund und wischt sich die Finger an ihrer Hose ab. «Ist doch komisch, daß du dich überhaupt nicht mehr bei *Tante Mathilde* blicken läßt.»

Laura blinzelt in die Sonne. «Ich weiß auch nicht, wie andere das machen. Dabei ist noch nicht mal was zwischen mir und Micha gewesen. Und das Blöde ist: Je länger ich warte, desto weniger traue ich mich, wieder hinzugehen.» Sie hüpft vom Geländer. «Sollen wir noch einen Kakao trinken gehen?»

Nannette schaute auf die Uhr. «Ja gut.»

«Willst du etwa schon nach Hause!?»

«Nein, nein. Im Prinzip habe ich Zeit. Aber da ich heute nicht nach Bonn fahre, habe ich mir gedacht, daß ich mal wieder was für die Berufsschule tun könnte. Aber wir können ja die Moselpromenade runtergehen und uns in der Altstadt noch ein Café suchen. In Ordnung? Ach! –» Sie geht einen Schritt. «Weißt du schon, daß Liv und Max endlich zusammen sind?»

Sie packen ihre Taschen zusammen und ziehen los. Laura schwingt ihren Lederrucksack auf die Schulter. Santa Madonna! Ich will nicht mehr allein sein! Ein schmerzliches Grinsen verzieht einen Moment lang ihren Mund. Ausgerechnet die Heilige Jungfrau! Da rufe ich gerade die Richtige an!

«Laß uns da links die Treppe hochgehen.» Nannette deutet auf eine breite Steintreppe.

Seit dem Desaster Ende Januar kommt sie sich gegenüber Nannette wie eine Zwölfjährige vor, der durch gutes Zureden über den ersten rührenden Liebeskummer hinweggeholfen werden muß. In den ersten Tagen fühlte sie sich noch von aller Welt verraten und verkauft. Schlimmer war dann aber, einsehen zu müssen, daß sie niemandem dafür die Schuld geben konnte. Niemand hatte sich an sie herangemacht und sie einfach sitzenlassen. Vielleicht hätte es Ende letzten Sommers eine Chance gegeben, als Micha sich auf Ollis Grillparty bemüht hatte, mit ihr ins Gespräch zu kommen, und als Vio noch mit Olli zusammengewesen war. Selbst auf Marcs Fete hätte es vielleicht noch eine Möglichkeit gegeben, Vio zuvorzukommen. Aber sie konnte damals nicht über ihren Schatten springen. Nach ihrem peinlichen Auftritt bei *Tante Mathilde* saß sie jeden Abend mit Nannette zusammen und redete über nichts anderes als ihr großes Unglück. Nannettes Aufmunterungsversuche halfen ihr nur wenig. Sie würde sich bestimmt bald in einen anderen verlieben, und so einzigartig sei Micha nun auch wieder nicht und so weiter. Aber es war gut, nicht allein gewesen zu sein. Erst später, als sie sich wieder in ihr Zimmer zu ihren Büchern zurückgezogen hatte, fiel ihr auf, daß Nannette ihr in den letzten Monaten kaum etwas von sich und Marc erzählt hatte. Sie nahm sich vor, Nannette nach ihrer Beziehung zu ihm zu fragen, merkte aber beim nächsten Treffen, daß sie nicht wußte, wie sie es anstellen sollte. Plötzlich hatte sie Angst, daß Nannette sie nicht als geeignete Gesprächspartnerin für Liebesdinge akzeptieren würde.

«Da vorn ist eins!» Nannette steuert in eine Gasse, in die von Westen her die tiefstehende Sonne einfällt, und zeigt auf ein Café mit einer großen, halb geöffneten Schiebetür.

Sie gehen hinein, finden einen sonnigen Platz direkt hinter der Glasfront und bestellen zwei Kakao mit Sahne.

Nannettes Augen weiten sich. «He! Das sehe ich ja jetzt erst. Läßt du dir die Haare wachsen?»

Laura fährt sich verlegen durch den Schopf. «Ja, aber bei meiner Naturwolle dauert das natürlich ziemlich lange.»

«Wahrscheinlich siehst du dann so aus!» Mit beiden Händen beschreibt Nannette eine große runde Kugel.

«So lang will ich sie gar nicht wachsen lassen. Auf jeden Fall aber hinten noch ein bißchen länger. Und mal sehen, wie's aussieht, an den Seiten vielleicht bis zu den Schultern.»

Nannette nippt an ihrem Kakao. «Ich kenne dich gar nicht anders als mit deinem kurzen Jungenschnitt.»

«Komm, wie ein Junge sehe ich doch wohl nicht aus!» Laura schaut auf die Straße. Ein sichtlich verliebtes Pärchen bummelt Arm in Arm an ihrem Fensterplatz vorbei. «Wie geht es dir denn mit Marc?»

«Oh, ganz gut.»

Laura beginnt mit dem buntgeblümten Papieruntersatz ihrer Kakaotasse zu spielen.

Nannette bläst sich eine Haarsträhne aus dem Gesicht. «Eigentlich ist es richtig schön.»

Laura lächelt erwartungsvoll, aber Nannette scheint es bei dieser knappen Auskunft belassen zu wollen. «Schön.»

«Soll ich mehr erzählen?» In Nannettes Stimme klingen Zweifel an.

Laura nickt.

«Ich denke immer, es kränkt dich, wenn ich von Marc erzähle, weil es bei dir halt nicht –» Entschuldigend hebt sie die Schultern.

Laura winkt ab. «Nein komm, ist schon in Ordnung.»

Nannette nimmt ihren Löffel in die Hand und rührt ihren Kakao um. «Es ist wirklich total schön, einen festen Freund zu haben und nicht mehr ständig auf der Suche zu sein.» Sie schaut ihr forschend in die Augen. «Ich sehe die anderen Jungs plötzlich mit ganz anderen Augen. Aber –» Sie leckt den Kakaolöffel ab. «Das ist komisch. Die erste dolle Verliebtheit ist ein bißchen weniger geworden, und wenn wir uns abends treffen, wissen wir manchmal gar nicht so richtig, was wir machen sollen. Wir hängen dann rum oder machen die Glotze an. Manchmal denke ich: Das ist ja schrecklich, wie bei den Alten! Aber auf der anderen Seite ist es ja eigentlich klar. Ich komme abends von der Arbeit, und Marc hat den Weg von der Uni aus Bonn, da sind wir dann einfach platt. Und oft ist das auch so blöd mit dem Schlafen. Meistens schlafen wir ja getrennt. Die Alten machen zwar keine Schwierigkeiten, aber so richtig für uns sein können wir nur, wenn ich Mittwoch nachmittags oder am Wochenende mal nach Bonn fahre.»

Laura freut sich über Nannettes Redeschwall. So kennt sie ihre Freundin. «Hast du dich denn schon mal nach einem eigenen Zimmer umgesehen?»

Nannette schüttelt den Kopf. «Mein Geld reicht hinten und vorne nicht. Ich weiß auch nicht, was ich mir da immer vorgestellt habe. Jedenfalls ist alles zu teuer, und Marc hat auch kein Geld übrig.»

«Ist es schön, mit Marc zu schlafen?»

Nannette öffnet den Mund und schließt ihn wieder.

Abwiegelnd hebt Laura die Hände. «Du mußt mir nichts erzählen.»

«Doch, doch! Ich wundere mich nur ein bißchen, daß du mich danach fragst.»

Laura ist sich nicht mehr sicher, ob sie wirklich hören will, was Nannette zu erzählen hat.

«Jaa, also.» Nannette stützt sich mit beiden Ellenbogen auf die Tischplatte. «Ich weiß gar nicht, wie ich das beschreiben soll. Irgendwie ist es wie mit dem Ganzen: Auf der einen Seite ist es total schön und aufregend. Und dann aber ist es auch komisch manchmal. Wie soll ich sagen?» Sie verschränkt die Hände und reibt die Daumen aneinander. «Marc kommt immer so schnell.»

Wieder schaut sie Laura prüfend an. «Das macht ihn richtig fertig, und das Blöde ist, daß ich es eine Zeitlang tatsächlich total ärgerlich fand, weil er eben danach nicht mehr richtig weitermachen kann.»

Lauras Nacken verspannt sich. «Und wie ist das dann?»

Nannette blickt sich kurz um und senkt die Stimme. «In letzter Zeit machen wir's oft so, daß er mich vorher streichelt, ich meine, bis ich einen Orgasmus kriege, und dann kommt er noch mal in mich rein. Das geht gut so.» Sie hält sich eine Hand vor den Mund und gluckst. «Ich find's halt auch total schön, wenn er sich in mir bewegt. Und wenn ich vorher gekommen bin, bin ich auch schön flutschig, ich meine, dann geht er auch besser rein. Manchmal bin ich nämlich ein bißchen trocken, obwohl ich Lust hab.» Sie atmet tief durch.

«Nimmst du eigentlich die Pille?» Beschämt stellt Laura fest, mit welcher Gründlichkeit sie solche Fragen bislang vermieden hat.

«Klar. Das ist das sicherste.»

«Und die Nebenwirkungen?»

Nannette schüttelt den Kopf. «Wir haben's mal mit Parisern versucht, aber das klappte nicht richtig. Außerdem finde ich diese Gummidinger nicht sonderlich anregend.»

Laura bemüht sich um ein Lächeln. In ihr Erstaunen und die Freude über Nannettes Offenheit schleicht sich eine Spur von Bedauern und unbekanntem Neid, nichts dergleichen berichten zu können. «Ich freue mich für dich.» Sie schaut in ihre leere Kakaotasse. «Ehrlich. Leider kann ich nur wenig dazu sagen.»

Nannette rückt ihren Stuhl auf Lauras Seite und umarmt sie.

Laura schließt die Augen. Sie spürt, wie sich die Sehnsucht wieder in ihr aufbläht. «Im Grunde bin ich die ganze Zeit nur einem Hirngespinst hinterhergegangen. Ich hätte viel früher merken können, daß Micha in Vio verknallt war. Aber ich habe am Anfang ja selbst nicht gewußt, was mit mir los war, ich meine, daß ich mich in Micha» – sie zögert – «verliebt hatte.»

Nannette läßt sie wieder los und nickt mitleidig.

«Und dann – du weißt ja. Ich habe mich noch nie für einen von den Jungs interessiert. Und dann ist da endlich mal einer, und dann wird nichts draus.»

Nannette faßt sie am Arm und grinst. «Das ist auch wirklich 'ne echte Oberkacke!»

Laura muß lachen. Sie hat es so satt, der Jammerlappen zu sein.

Sie unterhalten sich noch eine Weile über Liebe und Treue – ein Thema, bei dem Nannette keinen Spaß versteht, wie sich zu Lauras Überraschung herausstellt. Der Frau, die es versuche, sich an Marc heranzumachen, würde sie ohne mit der Wimper zu zucken auflauern und den Hals umdrehen. Einen richtigen Anlaß zur Eifersucht habe Marc ihr zwar noch nicht gegeben, aber dennoch höre sie manchmal die Flöhe husten. Laura muß daran denken, daß es sich nicht mehr lange vermeiden lassen wird, Micha und Vio zu begegnen. Sie macht eine Andeutung. Nannette schlägt ihr vor, bald nach den Ferien zusammen nach Bendorf zu fahren und bei *Tante Mathilde* vorbeizuschauen. Sie würde ihr schon beistehen. Laura fragt sich, ob ihr Herz in Michas Nähe immer noch schneller schlagen wird oder ob der Zauber dann vorbei sei. Irritiert stellt sie fest, daß die zweite

Möglichkeit sie enttäuschen würde. Aber das traut sie sich nicht zu sagen.

Plötzlich reicht ihr Nannette ein Päckchen aus ihrer Tasche. «Hier, für dich, zum Geburtstag. Ich dachte, ich geb's dir jetzt, weil du ja am Freitag fährst. Aber erst am Samstag aufmachen!»

Aufgeregt nimmt Laura das Geschenk entgegen. Von der Form und dem Gewicht nach zu schließen, handelt es sich um ein Buch. «Ich würde es aber gern sofort aufmachen. Hast du was dagegen?»

Nannette lacht und hebt den Zeigefinger. «Ach was! Aber du weißt, es bringt Unglück, wenn Geschenke vorher aufgemacht werden.»

Das Päckchen entpuppt sich als die gebundene Ausgabe eines Romans von Vicki Baum, einer österreichischen Schriftstellerin, die in der Nazizeit in die USA auswandern mußte. Laura kennt zwei ihrer mehr als sechzig Romane, die sie sich einmal aus der Bücherei besorgt hat. Sie betrachtet den Buchdeckel. «*Flut und Flamme*. Mensch, wo hast du das denn her!?» Sie strahlt Nannette an.

«Vom Flohmarkt!» Nannette lehnt sich zurück. «Der Name Vicki Baum kam mir irgendwie bekannt vor, und dann der Titel: *Flut und Flamme*. Das klingt so dramatisch. Ich glaube, es ist eine Liebesgeschichte. Gefällt's dir wirklich?»

Laura empfindet das Geschenk als eine wahrhaft freundschaftliche Geste. Die Gewißheit, daß Nannette sich trotz der entstandenen Ferne zwischen ihnen in so liebevoller Absicht um ihr Seelenheil sorgt, entschädigt sie für vieles aus den letzten bedrückten Monaten. Sie fällt ihr um den Hals.

Zu Hause verzieht sie sich mit dem neuen Buch in ihr Zimmer. Schon nach den ersten dreißig Seiten ist ihr klar, daß es sich um eine Dreiecksgeschichte handelt. In einem Küstenstädtchen Mexikos, während des Zweiten Weltkriegs, dämmert Glenn Hammers, ein gutaussehender, aber vom Leben enttäuschter Skipper, in schmutzigen Spelunken vor sich hin. Er träumt davon, endlich wieder Kapitän eines Schiffes zu sein. Die schöne und verwegene Abenteurerin Tracey Cowles, verheiratet mit einem langweiligen Adligen aus Ungarn, taucht mit ihrer Jacht auf, und bald zappelt Glenn, wenn auch abgestoßen von dem mitunter gebieterischen Gehabe der Reichen, an ihrer Angel. Tracey ist eine faszinierende Frau und scheint immer zu bekommen, was sie haben will. Aber da gibt es noch Vida, eine kleine wunderschöne indianische Tänzerin, die mit all ihrer Leidenschaft und doch großer Zurückhaltung um Glenns Liebe kämpft...

Sie liest bis weit in die Nacht hinein, obwohl sie am nächsten Morgen früh aufstehen muß. Doch auch nach der Hälfte des Buches steht immer noch nicht fest, ob die zurückhaltende Vida ihrer galanten Widersacherin Tracey den Geliebten wird entreißen können. Laura fiebert mit Vida, aber zwischendurch hadert sie auch mit der Frage, ob es der wankelmütige Glenn überhaupt verdient habe, daß zwei so tolle Frauen sich um ihn streiten.

Im Laden ist nicht viel los. Michas Vater ist unterwegs, und Marion wird gegen fünf kommen, wenn, wie an jedem Freitag um diese Zeit, der Run auf die Zeitschriften und Zigaretten für das Wochenende einsetzt.

Sein Leben ist in Fluß geraten und nimmt in atemberaubendem Tempo eine überraschende Kurve nach der anderen. Wenn er sich im Spiegel betrachtet, hat er den Eindruck, daß sein Bartwuchs stärker geworden ist. Auch seine Schultern kommen ihm breiter vor und sein Gesicht kantiger. Allerdings scheint das niemandem außer ihm aufgefallen zu sein. Max mußte ihn kürzlich mit einem Küchenbrettchen auf dem Kopf am Türpfosten seines Zimmers messen. Es hätte Micha nicht gewundert, wenn er in den vergangenen drei Monaten noch ein paar Zentimeter zugelegt hätte. Aber das ist nicht der Fall. Max hat sich köstlich amüsiert.

In der Schule gibt es in diesem Jahr keine größeren Probleme. Die Eltern können also zufrieden mit ihm sein. Anders als im vergangenen Jahr drückt seine Mutter neuerdings jedoch auf die Euphoriebremse. Es scheint sie zu kränken, daß er nach dem Umzug wieder besser zurechtkommt. Nach dem letzten Telefongespräch mit ihr machte er gegenüber seinem Vater eine Andeutung über dieses unbestimmte Gefühl. Das daraufhin einsetzende triumphierende Lächeln in den Mundwinkeln seines Vaters war ihm ausgesprochen unangenehm. Er will mit dem endlosen Grabenkrieg seiner

Eltern nichts mehr zu tun haben. Noch vor den Versetzungszeugnissen wird er den Führerschein machen. Das Geld dafür spart er sich von seinem Lohn für die Aushilfe im Laden. Die ersten Fahrstunden hat er bereits gemacht. Max und Liv haben sich endlich zusammengetan. Es scheint etwas Ernstes zu sein, und es wäre Max' erste feste Beziehung. Sie kabbeln sich zwar immer noch unentwegt, aber freundlicher als früher, und immerhin nehmen sie sich jetzt nicht mehr nur ständig auf, sondern auch in den Arm. Für Micha sind das jedesmal sonderbare Augenblicke, in denen er sich fragt, wo um alles in der Welt Max es gelernt hat, sich so unbefangen zu geben. Vielleicht stimmt es, daß Max unter einem guten Stern geboren wurde, wie er gelegentlich behauptet. Er sagt, er gehe selbstverständlich davon aus, daß seine Mutter bei seiner Zeugung einen fulminanten Orgasmus erlebt habe. Micha findet das eine schöne Vorstellung. Bei seiner eigenen Mutter ist er sich da nicht so sicher.

Er kommt sich unbeholfen vor, wenn Vio ihn in der Öffentlichkeit umarmt, und windet sich oft heraus. Vor ein paar Tagen hätte das fast zu ihrem ersten richtigen Streit geführt. Er kann einfach nicht sagen, aus welchem Grund er sich immer so steif macht. Es ist ihm nicht wirklich peinlich, was Vio stets behauptet, und es soll auch ruhig jeder sehen, daß sie zusammen sind. Aber Vios Umarmungen treffen ihn oft völlig unvorbereitet, wobei er noch nicht einmal sagen kann, worauf genau er vorbereitet sein möchte. Wenn sie allein sind, stellt sich das Problem eher in umgekehrter Weise. Sobald sie beieinanderliegen, hat er das Gefühl, in Aktion treten zu müssen. Seine Berührungen verfolgen dann vor allem den Zweck, Vio körperlich zu erregen. Das wiederum gefällt ihr nicht immer. Ihre Bemerkung, daß auch Olli immer nur auf das eine ausgewesen sei, hat ihn ziemlich verletzt. Er kann sich einfach nicht richtig entspannen, wenn sie sich umarmen.

Alles in allem empfindet er jedoch eine gewisse Genugtuung, daß ausgerechnet er, der Schüchterne, Verklemmte und Verdrehte, sich vor Max, dem Schürzenjäger, als mutig und entschlossen erwiesen hat. Noch nie ist er Max in Mädchenfragen einen Deut vorausgewesen. Daß Max und Liv im Gegensatz zu ihm und Vio bereits miteinander geschlafen haben, davon geht Micha allerdings aus. Max hat noch nie etwas anbrennen lassen, und so frech und vital, wie Liv auf Micha wirkt, kann er sich nicht vorstellen, daß sie sich lange geziert hat. Mit Vio ist es anders. Sie gibt keine Signale in dieser Richtung.

Er blättert am hinteren Regal in diversen Sexzeitschriften und behält die Ladentür im Auge, damit ihn kein Kunde – und vor allen Dingen keine Kundin – dabei erwischen kann. Früher, wenn er sich in den Ferien im Laden herumdrückte, schielte er immer besonders nach Magazinen wie *Busen Total*, *Hot Legs* oder wie die alle hießen. Mit Frauen, die ihre mörderisch großen Brüste zu unförmigen Fleischbergen zusammenquetschten, der Kamera ihre rasierten Muschis von vorn und hinten präsentierten oder sich an allen Kanten und Stangen rieben. Eine heiße Welle überspülte ihn jedesmal, wenn er in einem kurzen unbeobachteten Moment mal einen Blick riskieren konnte, und seine Masturbationsphantasien wurden in München stets noch etliche Zeit später von diesen seltsamen Frauen bevölkert. Unfaßbar, daß all das eines Tages auf ihn warten würde. Wie geil, wie scharf, wie unersättlich und schamlos die Frauen sein sollten! Sie schrien förmlich danach, überall angefaßt zu werden und aus allen Richtungen Schwänze in alle möglichen Öffnungen hineingesteckt zu bekommen.

Mittlerweile weiß er es besser. Immer wenn er ein *Penthouse* oder sonst irgendein Tittenmagazin verkauft – Marion nannte die Blätter bei seiner Einweisung ins Geschäft so –, wundert er sich darüber, daß die meisten Männer sich nicht im geringsten dafür zu schämen scheinen, zumal er einige von ihnen inzwischen mit Namen kennt. Komischerweise packen sogar Frauen neben Fernseh-, Adels- und

Rätselheften zum Wochenende auch das eine oder andere Sexmagazin ein. Vermutlich kaufen sie es im Auftrag ihrer Männer, was aber gerade deshalb um so verwunderlicher ist. Vio würde sich das nie gefallen lassen.

Vor ein paar Wochen hat er sich die Zunge bei ihr verbrannt. Sie zog zum erstenmal ihren Pullover und ihren BH aus. Noch nie zuvor hatte er einen nackten Busen live erlebt, zumindest nicht bei vollem Bewußtsein. Was Vio da entblößte, verschlug ihm den Atem. Nicht, daß ihre Brüste besonders groß waren, besonders rund oder nach allem, was er sagen konnte, in irgendeiner anderen Weise außergewöhnlich. Es war vielmehr die verblüffende Nacktheit, diese unmittelbare Nähe, die ihn ehrfurchtsvoll staunen ließ. Vio lag auf dem Rücken, und plötzlich kam es ihm wie ein Wunder vor, daß Mädchen richtige Brüste haben. Er hatte den verrückten Gedanken, daß die Frauen aus den Magazinen in Wahrheit nur fleischfarbene Plastikanzüge mit aufgeklebten Schwabbelballons tragen. Vio hingegen offenbarte ihm etwas Wirkliches, etwas erstaunlich Weiches und Verletzliches, das ihm, obwohl schon hundertfach von weitem gesehen oder in Zeitschriften betrachtet, plötzlich vollkommen fremd und unantastbar vorkam. Er wollte ihr ein zärtliches Kompliment machen und flüsterte: Boh, hast du Titten! Der Abend war natürlich gelaufen.

Bei aller Ungelenkheit erlebt Micha doch von Tag zu Tag neue Wunder. Und nichts daran ist wirklich so, wie er es sich früher einmal vorgestellt hat. In seinen Phantasien ist immer alles ganz einfach. Die Mädchen und Frauen sind ganz wild auf ihn, und er hat auch keine Mühe, es ihnen recht zu machen. Aus jeder Situation heraus kann Sex entstehen, und es gibt immer einen gemeinsamen Willen, etwaige Hindernisse aus dem Weg zu räumen. Es gibt auch nichts Peinliches, und wenn doch, dann ist das Anrüchige an dem Treiben nur ein zusätzliches geiles Element. Die Wirklichkeit ist zwar nicht weniger faszinierend, aber nichts erscheint einfach und selbstverständlich. Vio riecht betörend, und er fühlt sich großartig, wenn sie kleine Kiekser von sich gibt und ihr Atem heiß an seinem Hals glüht. Es hat ihn innerlich jubeln lassen, als er zum erstenmal bemerkte, daß sie feucht geworden war. Er hatte es vollbracht! Aber: Was für eine Schwerstarbeit!

Für nichts von dem, was er seit der ersten Umarmung erlebt hat, gibt es eine Vorlage. Vor drei Wochen bekam er zum erstenmal mit, daß sie ihre Tage hatte. Als sie ihm in einem Nebensatz mitteilte, daß sie sich eine neue Packung Tampons besorgen müßte, mußte er feststellen, daß er nicht die geringste Ahnung hatte, wie das alles funktionierte. Im Geiste sah er Vio vor sich, wie sie ein kleines weißes Wattestäbchen in ihre Scheide schob. Völlig absurd!

Er nimmt sich ein neues Heft aus dem Regal. All das Neue ist so real! Einmal faßte sie seinen Penis an und zog die Vorhaut so weit zurück, daß ihm vor Schmerz schwarz vor Augen wurde. Erschrocken zuckte er zurück. Sie sah ihn verwundert an. Dann bewegte sie ihre Hand ein paarmal auf und ab. Plötzlich stoppte sie und fragte mit flüsternder Stimme, ob irgend etwas nicht stimme. Zuerst verstand er nicht, was sie meinte. Sie fragte, ob es ihm nicht gefalle, was sie mache, weil er nicht gekommen sei. Für einen Augenblick schämte er sich. Er fragte sich, ob er normal sei. Sie hätte noch stundenlang weitermachen können, es wäre ihm nicht gekommen. Er ist bisher überhaupt noch nicht in ihrer Gegenwart gekommen, was sicherlich nicht nur an ihren etwas groben Zärtlichkeiten liegt. Die Vorstellung, daß sie seinen milchigen und klebrigen Samen sehen könnte, läßt ihn jedesmal kurz vor dem Höhepunkt zurückschrecken.

In dem Heft, das er gerade durchblättert, gibt es keinen einzigen nackten Mann zu sehen, dafür aber jede Menge nackter Frauenpaare, die sich gegenseitig an den Brustwarzen lutschen. Die wenigen Männer, die hier und da abgelichtet sind, tragen allesamt schicke Ausgehanzüge. Es handelt sich um die einzige Zeitschrift aus dem Sortiment im hinteren Regal, die mehrheitlich von Frauen gekauft wird. Micha hat sie im Verdacht, daß sie die heiße Lektüre für sich selbst besorgen.

Aus den Augenwinkeln nimmt er wahr, daß Vio auf der Stufe zur Eingangstür erscheint. Bei seinem Spurt hinter den Ladentisch bemerkt er eine leichte Erektion. Was macht die denn hier um diese Zeit!? Obwohl Vio nichts Verdächtiges mitbekommen haben kann, schämt er sich. Wieso machen mich diese verdammten Hefte immer noch so an!?

«Bist du allein?» Vio kommt hinter den Ladentisch, umarmt ihn stürmisch und gibt ihm einen dicken Kuß auf den Mund.

«Du hier!?» Micha schaut zur Eingangstür.

Sie zieht ihn ins Lager, das direkt an den Ladenraum grenzt, und legt ihre Hände in seinen Nacken. «Ich habe die Zusage!»

«Warst du in Koblenz?» Er fühlt sich noch ein wenig benommen.

«Jaa!» Vio klatscht in die Hände und macht einen Knicks. «Ab dem 15. August bin ich Auszubildende in Sachen Reiseverkehrskauffrau!» Sie gibt ihm noch einen Kuß. «Da haben wir fast noch die ganzen Sommerferien, um in Urlaub zu fahren. Toll, was!»

Das Glöckchen an der Ladentür meldet Kundschaft.

«Ja, toll!» Micha lächelt, aber seine Freude ist geteilt. «Ich muß mal kurz nach vorn.»

Zwei kleine Mädchen kaufen sich für zwei Mark fünfzig in Groschen einmal quer durch die Lakritzartikel und wiegen jede Entscheidung sorgfältig ab. Nachdem sie wieder verschwunden sind, kommt Vio aus dem Lager und stellt sich wie eine Kundin vor den Ladentisch. «Holst du mich um sieben ab?» Das Glöckchen bimmelt.

«Muß das sein?»

«Du brauchst nur zu klingeln. Ich komme dann sofort runter. O.k.?»

Micha nickt.

Sie schaut auf die Uhr. «Also, bis nachher!»

Kurz entschlossen beugt er sich vor und küßt sie auf die Wange. «Ja, bis nachher.» Er grinst sie an.

Sie tut übertrieben beeindruckt. Dann grüßt sie die Frau, die den Laden betritt, und schlüpft hinaus.

Ich wäre auch gern bald mit der Schule fertig! Er kramt in seinem Gedächtnis nach dem Namen der Kundin und beläßt es schließlich bei einem freundlichen «Guten Tag!»

Gegen halb sechs kommt Marion. Die Kunden geben sich inzwischen die Klinke in die Hand, und Micha kommt nicht mehr zum Nachdenken.

Punkt halb sieben schließt er die Ladentür von innen ab. Marion macht die Abrechnung und fragt, ob er am nächsten Vormittag zusammen mit seinem Vater ihre Samstagsschicht übernehmen könne. Eine Freundin kommt am Abend zu Besuch und bleibt übers Wochenende. Micha ist einverstanden, auch wenn er nicht gerade gern mit seinem Vater zusammen arbeitet. Im Gegensatz zu Marion benimmt er sich im Laden stets wie der Chef und hält ständig ein kontrollierendes Auge auf alles. Prompt unterlaufen Micha unentwegt kleine Pannen.

Nachdem alles fertig ist, bricht Marion auf, um ihre Freundin vom Koblenzer Hauptbahnhof abzuholen. Micha macht sich auf den Weg zu Vio. Er stellt fest, daß er gute Laune hat. Schule am Morgen ohne besondere Vorkommnisse, die meisten Aufgaben schnell und ohne Probleme erledigt, am Nachmittag Geld für den Führerschein verdient und am Abend auf dem Weg zu meiner Liebsten ... Wahnsinn! Mag es gelegentlich auch Unstimmigkeiten zwischen ihm und Vio geben, so spürt er doch eine wachsende und noch nie empfundene Vertrautheit mit einem Menschen. Ich liebe sie und sie liebt mich! Innerhalb weniger Monate hat ein neues Leben für ihn begonnen. Alles, was ihn umgibt, fühlt sich anders an. Seine Mutter, sein Vater, Marion, die Schule, alle scheinen respektvoller mit ihm umzugehen.

Als er vor Vios Haustür läutet, sitzt ihm wie immer ein Kloß im Hals. Auf Vios Mutter scheint sein neues Lebensgefühl keinen Eindruck zu machen. Sie beäugt ihn jedesmal mißtrauisch, als sei er der schlimmste Finger der Stadt. Vios Vater soll den Erzählungen nach ganz nett sein. Aber der hat ihn nur einmal kurz zur Begrüßung angebrummt und weiter keine Notiz von ihm genommen. Die Eltern hatten wohl Streit miteinander gehabt. Hoffentlich ist Vio startklar! Er schaut nach oben.

Vios Kopf erscheint am Fenster. «Ich komme sofort!»

Wenn sie sich abends treffen, halten sie sich am liebsten bei ihm zu Hause auf. In seinem Zimmer haben sie ihre Ruhe und alles, was sie brauchen. Niemand stört sie. Allerdings hat Vio am Anfang dem Braten nicht so recht getraut. Sie sagte, sie könne nicht glauben, daß Marion oder sein Vater nie hochkommen würden. Und nachdem klar war, daß sie sich tatsächlich nie blicken ließen und auch keinen Vorwand suchten, in seinem Zimmer aufzukreuzen, meinte sie, daß es doch ein komisches Gefühl sei zu wissen, daß die da unten wüßten, was sie hier oben machen würden.

Die Haustür wird geöffnet. Vios Mutter. Micha gibt ihr die Hand.

«Ich habe gehört, du hilfst deinem Vater im Geschäft. Das ist ihm sicher eine große Hilfe.» Ihr Lächeln kontrastiert mit einem musternden Blick.

Pepe, der kleine, giftige Kläffer aus dem ersten Stock, flitzt an ihren Beinen vorbei auf die Straße. Vios Mutter tritt erschrocken zur Seite. Klaus, Pepes zwölfjähriger Besitzer, stolpert schimpfend hinter ihm her.

Micha grinst. «Ja, sicher, aber ich verdiene mir dabei auch das Geld für den Führerschein.»

«Ja, ja!» Sie betrachtet eine Laufmasche, die sich von ihrer Ferse zur Wade hochzieht. «Keiner macht heutzutage noch etwas umsonst. Viola muß ihren Führerschein jedenfalls selbst bezahlen.»

«Ja, ich weiß. Ich auch.»

Vio drängt sich an ihr vorbei. Sie gibt ihm keinen Kuß.

«Komm nicht so spät heim!» Die Mutter schaut Micha mahnend an.

«Mama! Morgen ist Samstag.»

Erst als die Mutter die Haustür geschlossen hat, gibt Vio ihm einen Kuß auf die Wange. «Ich habe die Bogen für die theoretische Prüfung mit. Wir können uns ja wieder gegenseitig abhören.»

«In Ordnung. Hast du schon was gegessen?»

«Nein, zu aufgeregt.»

Micha überlegt, weshalb sie zu aufgeregt fürs Essen sein könnte. Dann fällt es ihm wieder ein. «Ist es die Stelle, die du haben wolltest?»

«Ja, genau die! Wir können uns ja bei euch in der Küche eine Kleinigkeit zu essen machen und mit aufs Zimmer nehmen. Ich habe auch eine Flasche Wein dabei.» Sie klopft in ihrer Tasche hörbar auf Glas.

«Willst du ein bißchen feiern?»

«Ja.» Sie kichert albern. «So kann man das auch nennen.»

«He, hast du schon von dem Wein getrunken!?»

«Ach, Quatsch!» Sie legt ihren Arm um seine Hüfte.

Notgedrungen schwingt er seinen Arm um ihre Schultern. Besser sich verrenken, als eingekeilt zu sein! Als sie die Hauptstraße überqueren, gehört sein Arm wieder ihm selbst.

«Mensch, geh doch nicht so schnell!» Vio zerrt an seiner Jacke.

Er schaltet einen halben Gang zurück.

«Immer rennst du los, als sei jemand hinter dir her! Da fällt mir ein: Hast du dir schon überlegt, was wir Max zum Geburtstag schenken können? Ist nur noch eine knappe Woche bis dahin.»

«Nein, mir fällt einfach nichts Gescheites ein. Wir haben uns eigentlich nie was zum Geburtstag geschenkt. Es ist ja auch das erste Mal, daß er das feiert.»

«Weißt du, ob Laura auch kommt?»

Er vergräbt beide Hände in seinen Hosentaschen. Augenblicklich sieht er sie vor sich. Sie kam mit Nannette zu *Tante Mathilde*, fixierte ihn für einen kurzen Moment von weitem und nahm an dem ihm entgegengesetzten Tischende Platz. Ihr Gesicht und ihre Hände waren braun gebrannt und ihre Haare waren länger geworden. Sie sah hinreißend aus. An dem Abend sprachen sie kein einziges Wort miteinander. «Keine Ahnung. Eingeladen ist sie, soviel ich weiß.»

Laura ist ein heikles Thema zwischen Vio und ihm. Wenn sie von ihr spricht, ist es, als rede sie von seiner Exfreundin. Er beteuert stets, daß nie etwas zwischen ihm und ihr gewesen sei. Manchmal tut er das jedoch nur halbherzig. Vio ist offensichtlich eifersüchtig, und das kommt ihm gar nicht mal so ungelegen. Ohne daß es einen vergleichbaren Anlaß dazu gegeben hat, stellt Laura ein gewisses Gegengewicht zu Olli dar, über den Micha sich nichts ohne Bauchgrummeln anhören kann.

Sie kommen gleichzeitig mit Marion und ihrer Freundin an. Bei der allgemeinen Vorstellungsrunde fällt Micha auf, daß sein Vater errötet, als er Marions Freundin die Hand schüttelt. So unbeholfen und schüchtern hat er ihn noch nie erlebt. Lässig stellt er der hübschen Frau Vio als seine Freundin vor.

Während die Erwachsenen sich ins Wohnzimmer verziehen und besprechen, nach welcher Art Restaurant Marions Freundin der Sinn steht, bereiten Micha und Vio sich in der Küche etwas zu essen. Micha schlägt drei Eier auf, gibt sie mit einem Schuß Milch und frischgeschnippeltem Schnittlauch aus dem Blumentopf von der Fensterbank in eine Schüssel, würzt das geschlagene Gemisch mit Pfeffer und Salz und brät das Ganze zu einem lockeren Rührei. Vio richtet einen Tomatensalat mit Zwiebeln und frischen Basilikumblättern her und toastet zwei ältliche Scheiben Graubrot. Bepackt mit Tellern, Besteck, Weingläsern und Korkenzieher, verfrachten sie ihr Abendessen hoch in Michas Zimmer.

Vio hockt auf Michas Bett und berichtet von ihrer zukünftigen Ausbildungsstelle und den Preisvergünstigungen, die ihr nach der Probezeit bei Reisen zustehen werden. Obwohl sie ihre Traumstelle bekommen hat, erzählt sie davon merkwürdig unaufgeregt und stochert ohne großen Appetit in ihrem Essen herum. Michael sitzt auf seinem Schreibtischstuhl, hört zu und ißt hungrig. Anschließend nehmen sie sich die Prüfungsbogen vor, aber Vio ist nicht bei der Sache. Sie trinkt erstaunlich viel Wein und wird zunehmend alberner.

«He, was ist los?» Er legt die Bogen zur Seite.

«Nichts, wieso?» Kichernd packt sie die Unterlagen zusammen und schiebt sie ans Fußende des Bettes.

«Und was machen wir jetzt?»

Plötzliche Stille.

«Ich nehme seit Anfang Februar die Pille.»

Von einer Sekunde auf die andere beginnt sein Rücken zu jucken. «Ist das wahr!? Warum hast du mir nichts davon erzählt?»

Vio sieht ihn überrascht an. Sie rückt an die Wand und lehnt sich dagegen. «Ich —» Sie zieht die Beine an. «Ich wollte —» Sie legt ihr Kinn auf die Knie. «Hach, das ist mir peinlich!»

«Was!?» Seine Frage klingt unbeabsichtigt alarmiert. Er setzt sich zu ihr aufs Bett. «Ich meine, du kannst mir ruhig alles erzählen.» Mein Gott, sie nimmt die Pille! Jetzt haben wir Anfang Mai. Seit mehr als drei Monaten!

«Ich dachte, wenn du das wüßtest, würdest du mich unter Druck setzen und unbedingt mit mir schlafen wollen.»

«Hm.» Er kratzt sich am Kopf. Plötzlich ist er sauer. Ja, ja, ich weiß, Olli war immer nur auf das eine aus, und ich bin ja auch nicht anders! «Und wenn schon! Dann hättest du eben nein gesagt, und fertig.» Er bemüht sich um einen ruhigen Ton.

«Hast du 'ne Ahnung!» Sie streckt die Beine aus. «Das funktioniert bei Jungen nicht. Da kannst du jede fragen.»

Micha sagt nichts. Die Frauen aus den Sexheften fallen ihm

ein. Natürlich denkt er seit Wochen unentwegt daran, wie es wäre, mit ihr zu schlafen. Trotzdem! Und jetzt? Jetzt bist du wohl bereit, was!?

«Und jetzt?» Vios Stimme klingt ängstlich. Sie faßt ihn an der Schulter.

Au Mann! Und jetzt?

«Ich wollte dich nicht kränken.»

Micha legt sich auf den Rücken und verschränkt die Arme vor der Brust. «Schon gut.»

Vio schmiegt sich an ihn. «Der Kirschmond ist schuld.» Sie flüstert und streicht mit dem Zeigefinger über seine Lippen. Sein Bauchfell flattert. Schwerfällig hebt er seinen Kopf an. Während sie sich küssen, schiebt Vio ihren Oberschenkel auf seinen Bauch und drückt mit der Wade gegen seinen Penis. «Komm.»

Sie ziehen sich aus. Micha schwört sich, alles gut zu machen. Ein Glück, daß er sich am Morgen geduscht hat. Ihre Unterwäsche ist immer so makellos weiß, wie in der Werbung! Sie scheint überhaupt nie zu schwitzen... Sie reckt ihr Kinn, er küßt ihren Hals, legt seine Hand auf ihren Bauch und läßt sie langsam zu ihren Brüsten wandern. Ihre Brustwarzen richten sich auf... Er hört ein Motorengeräusch vom Parkplatz vor dem Haus. Kommen die etwa schon wieder? Kann nicht sein! Zu früh... Er überlegt, ob seine Hand sich auf die Suche nach ihrer Klitoris machen sollte, und entscheidet, bei ihren Füßen anzufangen. Sie sind eiskalt. O Scheiße, was ist los? Er spürt, daß seine Erektion nachläßt. Seit sie sich ausgezogen haben, ist es das erste Mal, daß er seinen Penis wahrnimmt... Sie faßt ihm in den Nacken, streichelt seinen Rücken. Soll ich mich auf sie legen? Gib mir ein Zeichen! Langsam schiebt er sich auf sie, stützt sich mit den Ellenbogen ab. Bin ich zu schwer? Er knickt die Ellenbogen ein und küßt ihre Brüste. Sein Penis wird wieder steif, aber Vio gibt keine Kiekser von sich. Plötzlich drückt sie mit der Hand gegen seine Hüfte. Sie schaut ihn an, schließt ihre Augen wieder. Jetzt? Sie greift nach unten, nimmt seinen Penis in die Hand. Wo hinein!? Sein Penis wird weich, knickt ab. O nein... Je mehr sie versucht, seinen Penis in sich einzuführen, desto verzweifelter wird er. Auch ihre Hand, in der sie seinen inzwischen schlaffen Penis hält, fühlt sich plötzlich kalt an...

Erschöpft legt er seinen Kopf auf ihre Brust. Sie atmet schwer. Er könnte platzen vor Wut und Scham. Minuten vergehen. Max hat ihm einmal erzählt, daß einem seiner Cousins das auch passiert sei. Micha hatte zwar das Gefühl, daß Max von einem eigenen Mißgeschick erzählte, aber er behielt seinen Verdacht für sich. Max hatte damals sogar einen Namen für das Ganze. Was denkt sie jetzt von mir? Den Gedanken an Olli schiebt er schnell beiseite. Er beschließt, die Flucht nach vorn anzutreten. «Vio?»

«Ja?» Ihre Stimme ist schwach.

«Ich hab wohl einen Primärhänger gehabt.» Er hält die Augen geschlossen und horcht in die Stille hinein. Sie sagt nichts, atmet nur. «Wie geht's dir?»

Behutsam faßt sie seinen Kopf und bewegt ihren Körper zur Seite. Sie schaut ihn an. Ihre Augen leuchten schwach. Das letzte Tageslicht fällt matt in das Zimmer und gibt ihrem Körper eine merkwürdig weiche Fülle. «Liegt es an mir?» Sie spricht leise.

Mit allem hat er gerechnet, nicht aber mit dieser Frage.

«Ich schäme mich so.»

«Wieso du?» Er flüstert jetzt auch. «Ich bin's doch, der keinen» – er stockt – «hochgekriegt hat.» Plötzlich muß er grinsen. «Primärhänger halt. Soll häufiger vorkommen, besonders beim ersten Mal.» Erschrocken wird ihm klar, was er da gerade gesagt hat.

Ruckartig stützt sich Vio auf einen Ellenbogen. «Du hast noch nie!?»

Micha ist ihr dankbar, daß sie weiterhin flüstert. Schuldbewußt dreht er langsam den Kopf hin und her.

«Und wieso schenkst du Olli zum Geburtstag Präservative?» Jetzt ist es Vio, die grinst.

«Das war 'ne Idee von Max.»

Sie boxt leicht gegen seine Schulter. «Wenn ich das gewußt hätte!»

«Und dann?»

Sie umarmen sich. Plötzlich spürt er, wie warm ihre Haut ist. Plötzlich riecht er sie. Er riecht ihre Körperlotion oder was immer es ist, und er riecht den würzigen Duft von frischem Schweiß. Im Dämmerlicht verschwimmen die Umrisse ihrer Körper zu einem großen dunklen Gebilde. Er schließt die Augen. Er küßt ihren Bauch, ihre Brüste, ihren Mund. Sie schlingt die Beine um ihn und drückt ihn fest an sich, öffnet ihren Schoß und nimmt seinen Penis in die Hand. Seine Eichel brennt, und die Vorhaut scheint endlos weit nach hinten gezogen zu werden. Vio schiebt ihm ihren Unterleib entgegen, und plötzlich ist es, als saugte sie ihn förmlich in sich hinein. Sie gibt einen ungewöhnlich tiefen Laut von sich. Er reißt die Augen weit auf und legt den Kopf in den Nacken. Vorsichtig bewegt er sich in ihr, dabei würde er am liebsten vor Verblüffung und Begeisterung schreien. Den Orgasmus spürt er kaum. Aber das ist nicht wichtig.

Still liegen sie beieinander. In seinem Bauch gluckert es. Oder ist das ihr Bauch? Er ist stolz auf sich, aber er versteht nicht, weshalb sein Penis zwischendurch weich geworden ist. Beim Masturbieren passiert ihm das nie, oder nur dann, wenn er nicht wirklich Lust hat. Habe ich keine Lust gehabt? Oder wenn er sich für eine Phantasie zu sehr schämt. Scheiße! Es kommt vor, daß in seinen Filmen unvorhergesehene Dinge passieren, die ihn erschrecken, und wenige Sekunden später liegt sein Penis wie ein kalter Fisch in seiner Hand. Habe ich mich geschämt? Vio dreht sich auf den Rücken. Schade, daß es so schnell vorbei war! Er bemerkt plötzlich, daß sein Oberschenkel auf einem nassen, kalten Fleck liegt. Ein unangenehmes Gefühl beschleicht ihn bei dem Gedanken, daß sein Samen aus ihrer Scheide herausfließt. Sie muß doch jetzt unheimlich kleben zwischen den

Beinen! Er schämt sich, und eine Unmenge Fragen, die er ihr in diesem Moment gerne stellen würde, bestürmen ihn. War es schön? Wie fühlst du dich? Habe ich alles richtig gemacht? War es schöner als mit Olli? Ekelst du dich jetzt vor mir? Liebst du mich immer noch?...

Er legt seine Hand auf ihre Schulter. «Schläfst du?»

«Nein.»

Stille.

«Micha?»

«Ja?»

«Halt mich fest.»

Vio lächelt. Eine Biene oder eine Wespe fliegt dicht an ihrem Kopf vorbei. Träge hebt Vio eine Hand. Die Augen hält sie geschlossen. Schon weg! Könnte auch eine Hummel gewesen sein... Im Radio werden Börsenkurse durchgegeben. Dann ein Hinweis an alle Autofahrer auf der A3 Richtung Frankfurt. Roland Kaiser fängt an zu singen. Mist, falscher Sender! Ach, egal...

Sie denkt an die tote Kuh am Strand von Spanien. Wie ein Bild von René Magritte! Der hat so verrückte Sachen gemalt: einen schwebenden Felsen, ein Nachthemd mit Brüsten, Schuhe mit Zehen. Eine brennende Giraffe hat es auch mal gegeben. Von Dalí. Aber keine brennende Kuh... Zwei Tage lag sie da und stank zum Himmel. Sie war wohl von einem Schiff heruntergefallen. Das arme Vieh! Der Mann vom Campingplatz hatte Benzin darübergegossen und sie angezündet. War sicher besser so! Sie brannte einen ganzen Tag lang. In der Nähe von Atlanterra, ganz im Süden von Spanien. Nach dem Rummel in Madrid und Sevilla war das kleine Dorf an der Costa de la Luz genau das richtige. Zwei Wochen unter freiem Himmel. Kein Regen, kein einziger Tropfen. Die Gegend war völlig versengt. Überall nur Agaven, Sand, Steine, Eidechsen. An jedem Morgen waren die Schlafsäcke klamm. Kam wohl vom Meer. Und ab neun knallte die Sonne. Im Tramperzelt herrschte Tropenhitze. Viel Sonne, wenig Essen, viel Sex. Aber ehrlich!

Eine kleine Wolke muß sich vor die Sonne geschoben haben. Vio hält die Augen weiterhin geschlossen, denn im nächsten Moment kommt die Sonne wieder.

Dann noch weiter runter zur Südspitze. Tarifa. Alles war so friedlich, und sie waren so verliebt und verdreckt. Im Schlafsack muffte es manchmal, als hätte jemand einen alten Käse im Gewächshaus liegenlassen. Am Punta Marroqui, dem südlichsten Punkt des europäischen Festlands, saßen sie nachts auf der Kaimauer, eingewickelt in Michas Schlafsack. Keine Menschenseele war zu sehen.

Vio streichelt ihren Unterarm.

Sie schob ihre Hand zwischen seine Schenkel. Und da wurde er größer! He, hör auf, bist du noch zu retten!? Hihi. Aber sie machte weiter. Hoho. Machte weiter, weil sie es wollte. Vio! Hast du 'n Taschentuch? Hier! Mensch, Vio, wenn einer kommt! Schschsch. Guck aufs Meer und tu so, als wäre nix... Niemand kam, aber er. Und wie! Dann sie. Ahhhhh! Das ganze Meer hat sie geleckt... Mit ihm wird sie noch wollen, wenn sie achtzig sind.

Auf dem Rückweg fuhren sie noch rasch nach München. Seine Mutter ist doch ganz nett! Weiß gar nicht, was er hat. Aber er hat was. Er hat etwas, das andere nicht haben. Mein Gott, ich könnte schon wieder...

Vio hört Fahrradgeklapper. Sie blinzelt und beobachtet Micha, wie er das hauseigene Rad gegen den Geräteschuppen stellt. Er grinst, will sie offensichtlich überraschen. Mit der Einkaufstasche in der Hand kommt er auf sie zu. Sein Grinsen wird immer breiter. Plötzlich bleibt er stehen und stellt die Tasche ab. Auf Zehenspitzen schleicht er weiter. Sie schließt wieder die Augen. Nichts anmerken lassen! Er ist geschickt, schleicht sich von der Seite an. Wegen der Sonne. Jetzt beugt er sich zu ihr hinunter. Sie weiß, daß er ganz nah ist. Zehn Zentimeter vielleicht noch, höchstens. Sie spürt es am Kribbeln in ihrer Backe. Sie reißt die Augen auf und faßt ihn ans Bein. «Buh!!»

Wie von der Tarantel gebissen, fährt er hoch. Sie schießt aus ihrem Liegestuhl und springt ihn an. Lachend fallen sie zu

Boden und wälzen sich auf der Wiese vor dem kleinen Wochenendhaus, das Claudias Eltern sich vor einigen Jahren in der Eifel gekauft haben. Eng umschlungen bleiben sie liegen.

«Du kommst gerade rechtzeitig.» Sie küßt seinen Hals.

«Rechtzeitig wofür?»

«Ich habe hier in der Sonne gedöst und von unserem Urlaub geträumt. Von Madrid, von Atlanterra, dem Punta Marroqui und München. Wir waren gerade auf der Tour zurück nach Bendorf, da bist du gekommen.» Sie beißt in sein Ohrläppchen. «Und so sind wir gewissermaßen immer noch im Urlaub.» Sie fährt ihre Zunge aus.

«Ha!» Er befreit sich und rollt zur Seite. «Du sollst mir nicht immer ins Ohr lutschen!» Er reibt sich das feuchte Ohr. «Wir sind ja auch tatsächlich noch im Urlaub. Die Eifel ist zwar nicht Spanien, aber heiß ist es hier auch.»

Vio dreht sich auf den Rücken und streckt sich. «Ich darf gar nicht daran denken, daß in fünf Tagen die Lehre losgeht. Ich freue mich zwar darauf, aber irgendwie habe ich auch Schiß. Ist schon komisch, daß Claudia und Karsten plötzlich was anderes machen als ich.»

«Hättest du denn Lust dazu, noch zwei Jahre lang die Fachhochschulreife zu machen?»

«Nein. Aber trotzdem. Ich weiß eben nicht, wie das sein wird, Claudia nicht mehr neben mir zu haben, wenn ich mal Schwierigkeiten habe. Und außerdem –» Erfolglos versucht sie, Michas Arm zu erwischen. «Komm schon, Kleiner! Hast wohl Angst, hä?»

Micha plustert sich mit Pokermiene auf. «Baby. Ich und Angst? Ich weiß noch nicht mal, wie man das buchstabiert!» Er kommt zu ihr gekrabbelt und gibt ihr einen Kuß auf die Stirn. «Und außerdem?»

Vio schnellt mit ihrem Mund zu seinem Ohr und schleckt mit einer riesigen Kuhzunge darüber hinweg. Er schlägt ihr mit der Faust gegen den Oberschenkel. Seine Knöchel treffen schmerzhaft genau den Muskel. Sie schreit auf, strampelt mit den Beinen und erwischt ihn mit dem Fuß genau am Kinn.

«Humpf!» Er hält sich die Hand auf den Mund und läßt sich nach hinten kippen.

Vio springt zu ihm. «O Scheiße, das wollte ich nicht! Ist noch alles ganz?» Obwohl ihm ein paar Tränen in den Augen stehen, muß sie lachen.

Er spuckt aus. «Alles in Ordnung. Du hast mir nur ein Stück vom Zahn ausgehauen.» Er streicht mit dem Zeigefinger an den oberen Schneidezähnen entlang. «Guck mal nach.»

Sie nimmt seinen Kopf zwischen beide Hände. «Quatsch! Nichts zu sehen.»

«Aber ich spüre es doch genau!» Er flucht wie ein kleiner, erboster Junge. «Mit Mädchen kann man einfach nicht ringkämpfen. Ihr haltet die Regeln nicht ein. Haut einfach wild um euch.»

«Und ihr, ihr müßt immer gleich so grob werden!» Sie reibt sich den Schenkel. «Das hat ganz schön weh getan.»

«Das war reine Notwehr! Du weißt genau, daß du mir mit deiner Zunge nicht ins Ohr gehen sollst. Wenn ich das bei dir mache, gibt's gleich Geschrei.» Er grinst. «Außer –»

«Hör auf!» Sie stößt ihn vor die Brust. «Ich warne dich!»

Mit schlängelnder Zunge kommt er auf sie zugekrochen. «Außer, wir sind gerade beim Vögeln. Dann ist es klasse, gell!?»

Mit einer schnellen Bewegung nimmt sie ihn in den Schwitzkasten. «Du sollst das nicht sagen!»

Er schüttet sich aus vor Lachen. «Da fällt mir ein.» Er schnuppert an seinem Zeigefinger und verdreht die Augen. «Mein Finger riecht wieder nach dir, meine Süße!»

Sie drückt fester zu. «Letzte Warnung!» Sie zischelt. «Du weißt, mir ist das peinlich.»

Er keucht. «Wieso denn!? Ich hab das gern, wenn mein Finger am nächsten Morgen noch nach dir riecht. Das ist wie eine schöne Erinnerung.» Er gibt sich unüberhörbar Mühe, nicht wieder loszulachen.

Sie läßt ihn los und streckt ihm die Zunge heraus.

Er bleckt die Zähne. «Es war vorhin übrigens allerletzte Eisenbahn. Der Laden im Dorf macht samstags nämlich schon um zwölf zu.»

«Und was gibt es heute abend zu essen?»

Er gibt vor nachzudenken. «Hühnchenschenkel in Tomatensoße. Apropos!» Er schaut zur Einkaufstasche, die in der Sonne steht. «Das Fleisch muß in den Kühlschrank!»

Sie stehen auf und geben sich einen langen Kuß.

«Mensch, Micha, das war so ein toller Urlaub mit dir. Das Schönste, was ich je erlebt habe.»

Er strahlt.

Das Wochenendhaus besteht aus einer gemütlichen Wohnküche und einem winzigen Schlafzimmer mit einem alten Ehebett. Vio vermutet, daß Claudia darin gezeugt wurde. Eine Woche nach dem Spanienurlaub hat Claudia ihr angeboten, noch ein paar Tage in der Eifel verbringen zu können. Marion hat sie hingefahren. Sie sind zwar inzwischen stolze Besitzer des Führerscheins, aber sie haben keinen eigenen Wagen. Für Sonntag früh haben sich Claudia und Karsten angemeldet, falls Karstens Vater ihnen sein Auto gibt. Max und Liv wollen vielleicht mitkommen. Am Sonntagabend könnten dann alle zusammen zurück nach Bendorf fahren. Sollte Karstens Vater sich allerdings querstellen, muß Marion noch dazu überredet werden, sie wieder abzuholen.

Micha räumt die Einkaufstasche aus und setzt sich dann an den Küchentisch, um Zeitung zu lesen. Vio lehnt am Küchenschrank. Sie mag es, wenn er irgendwo still für sich sitzt und sie ihn beobachten kann. Amüsiert stellt sie fest, daß sich beim Lesen seine Lippen bewegen. Er zieht die Augenbrauen hoch, macht eine Schnute und schüttelt den Kopf. Ab und zu reibt er sich mit zwei Fingern die Stirn – eine Angewohnheit von ihm. Überhaupt scheint es ihn gelegentlich überall zu jucken. An einem Tag wie diesem kommen noch die vielen Fliegen hinzu, die sich ihm ständig ins Gesicht setzen. Ärgerlich schlägt er nach zwei lästigen Brummern, die sich gerade auf seinem Handrücken paaren wollen, erwischt sie aber nicht. Er lächelt Vio an. Dann beugt er sich wieder über seine Zeitung.

Sie geht ins Schlafzimmer und legt sich aufs Bett. Die Tür läßt sie offen. Sie ist glücklich. Seit sie mit Micha zusammen ist, und vor allem seit ihrem achtzehnten Geburtstag, kommt sie sich erwachsener vor, auch wenn es sie immer wieder überrascht, wenn jemand sie mit «Frau» anredet. Trotz allem, was sie in den vergangenen Monaten erlebt hat, fühlt sie sich noch nicht wie eine richtige erwachsene Frau. Ihre Mutter ist eine erwachsene Frau, aber davon sieht Vio sich noch Lichtjahre entfernt. Im Urlaub hat sie zum erstenmal in ihrem Leben einen Orgasmus erlebt. Zum erstenmal konnte sie ihre Angst überwinden und sich Micha zeigen. Ihr Kopf schaltete sich einfach ab, und es schüttelte sie in seinen Armen. Danach brach ein seltsamer Seelenfrieden in ihr aus, ein Gefühl, das sie seitdem nicht wieder in dieser Intensität erlebt hat. In dem Moment aber hat sie eine zeitlose Vertrautheit mit Micha empfunden.

Sie hört, daß er die Zeitung umblättert und sich eine Zigarette anzündet. Sie dreht sich auf die Seite, mit dem Rücken zur Tür. Komisch! Er schmust nicht gerne. Wenn sie ihn umarmen will, windet er sich wie ein Aal. Es kränkt sie jedesmal. Warum bleibt er hinterher nicht einfach mal ruhig liegen? Spätestens nach zwei Minuten steht er auf, wäscht sich den Pimmel und zieht sich an. Dann setzt er sich vielleicht noch zu ihr aufs Bett, aber die Stimmung ist weg, zumal er dann jedesmal anfängt, wie ein Wasserfall über irgendwas zu reden. Dann ist er plötzlich wieder unnahbar. In der Küche wird ein Stuhl gerückt. Die Kühlschranktür quietscht und wird wieder zugeschlagen. Noch einmal Stuhlrücken. Schluckgeräusche. Ein Glas wird auf den Tisch gestellt. Dann Zeitungsrascheln. Ein Feuerzeug. Er bläst Rauch aus und rülpst leise. Sie blickt zum Fenster und sieht, wie sich die Vorhänge im leichten Windzug bewegen.

Irgendwo muht eine Kuh. Noch weiter entfernt brummt ein Rasenmäher. Jetzt liege ich hier in einem Ehebett! Und Micha sitzt in der Küche und liest Zeitung! Sie schließt die Augen. Die brennende Kuh! Tagelang haben sie immer wieder darüber geredet. Der Anblick war so unwirklich. Plötzlich ist alles extrem!

«Micha?»

«Ja?»

«Liebst du mich?»

«Es geht so.»

«Ach komm! Sei nicht so gemein!» Sie horcht. Stuhlrücken. Schritte.

Micha erscheint neben dem Bett. «Na gut. Ich liebe dich.» Er legt sich zu ihr.

Sie kuschelt sich an ihn. «Ich muß immer wieder an die brennende Kuh denken.»

«Ich auch.» Er kratzt sich an der Nase. «Mein Vater hat mir die Geschichte noch nicht mal geglaubt.»

«Ich hätte gerne ein Foto davon gemacht, vor allem als sie noch unberührt am Strand gelegen hat. Noch nicht mal die Möwen haben sich an sie rangetraut. Sie lag einfach da, und so allein.» Mit dem Zeigefinger berührt sie sein Kinn.

Er streckt den Kopf nach hinten. «Na ja. Dann behalten wir das Bild eben für immer in uns, wie in einem heimlichen Fotoalbum, das niemand anderes jemals zu sehen kriegt.»

Sie richtet sich auf. «Findest du mich eigentlich schön?»

«Sicher, sehr schön sogar.»

«Ehrlich?»

«Ehrlich.»

«Und mein Busen ist dir auch nicht zu groß?»

Er stützt sich auf die Ellenbogen und lugt ihr in den Ausschnitt. «Ich verstehe gar nicht, was du immer an dir auszusetzen hast. Ich finde deinen Busen gar nicht so riesig, wie du immer meinst.»

Sie läßt sich auf den Rücken fallen. «Du kennst ja auch nicht so viele andere.»

«Du findest auch immer noch was!» Er rutscht nach unten und legt ihr die Hand auf den Bauch.

«Hast du schon mal von dem Bleistifttest gehört?»

«Nein.» Er schaut sie verwundert an.

«Wir haben den früher mal mit ein paar Mädchen nach dem Sportunterricht im Umkleideraum gemacht. Du hebst eine Brust leicht an und hältst einen Bleistift quer drunter. Wenn du die Brust losläßt und der Bleistift bleibt drunter klemmen, dann hast du Hängetitten. Und bei mir ist er nicht runtergefallen.»

«Ist das wahr? So was habt ihr gemacht?»

Sie nickt.

«Aber du hast doch gar keine Hängebrüste.»

«Doch!»

«Quatsch!»

«Doch!»

«Also gut!»

Sie wirft sich auf ihn. «Nein, hab ich nicht!»

Er kitzelt sie durch. «Sag ich doch!»

Sie wehrt sich nur mit halber Kraft. Schließlich will sie ihn nicht noch mehr lädieren. An einem seiner oberen Schneidezähne fehlt tatsächlich eine kleine Ecke. «Habt ihr Jungs euch denn früher nie verglichen?»

Er rückt ein paar Zentimeter von ihr weg. «Doch. Beim Duschen nach Sport zum Beispiel. Aber es war ja immer deutlich zu sehen, wer größer, breiter und überhaupt weiter entwickelt war, wer mehr Haare an den Armen und Beinen und im Gesicht hatte. Wer noch keine Schamhaare hatte, ist erst gar nicht zum Duschen gegangen. Und –» er lächelt verlegen –, «und am meisten wurden über die Pimmelgröße Witze gemacht.»

«Im Normalzustand oder steif?»

Er zwickt sie in den Bauch. «Ab und zu hat mal einer einen Steifen gekriegt beim Duschen, aber wenn's ums Vergleichen ging, dann nur im Normalzustand.» Er nickt nachdenklich.

«Und warst du zufrieden mit deinem?» Sie schielt auf den Schritt seiner Jeans und grinst etwas gemein, wie sie selbst spürt.

Er läuft rot an und reibt sich die Stirn. «Eigentlich nicht. Ganz schlimm war's so bis fünfzehn. Ich dachte, der bliebe immer so klein, während andere schon richtige Männerpimmel hatten. Ich hatte damals richtig Panik deswegen. Und das Blöde war, daß es zwar immer hieß, im steifen Zustand wären die meisten Pimmel gleich groß, aber ich hatte ja nie einen entsprechenden Vergleich. Ich meine, ich habe meinen noch nie neben einen anderen Steifen gehalten.»

Sie legt sich auf ihn und drückt ihren Unterleib gegen seinen. Sie spürt seine Erektion. Dieses Phänomen fasziniert sie immer wieder. Es schmeichelt ihr. «Was spüre ich denn da, hm? Hat der Herr etwas Bestimmtes vor? Na, na! Das muß ich mir aber noch schwer überlegen!»

Er läßt seine Hände auf die Matratze fallen.

Sie legt beide Hände auf seine Augen und beißt ihm zart in die Nasenspitze. «Ich bin verrückt nach dir!»

«Ist das wahr?» Er grinst und fährt mit seinen Händen in ihre Gesäßtaschen.

Sie nimmt die Hand von seinem rechten Auge und leckt über das geschlossene Lid, bewegt ihren Unterkörper, spürt, wie es warm wird zwischen ihren Beinen. Zwei Minuten später sind sie nackt.

«Warte mal!» Er dreht sich zur Seite.

«Was?»

«Ach du Scheiße!» Er springt aus dem Bett und dreht ihr den Rücken zu. «Ach du Scheiße!» Seine Stimme klingt panisch.

«Was hast du denn!? Micha, sag!»

Er rennt um das Bett herum in eine Zimmerecke und hält seinen Penis fest. «O Scheiße, geh runter, du verdammtes Ding!» Er dreht sich zur Wand.

Sie springt auf und faßt nach seiner Schulter. Aber er will sich nicht zu ihr umdrehen. «Micha!»

«Mensch, ich hab 'ne Zecke am Pimmel!»

Vio bricht in schallendes Gelächter aus. «Was!? Zeig mal!»

Er geht zum Bett und setzt sich. Seine Erektion ist verschwunden. An der Seite seines Penis steckt ein kleines schwarzes Vieh, das sich schon beträchtlich vollgesogen hat.

«Wo hast du dir das denn geholt? Bist du nackig durch die Büsche gekrochen?» Sie dreht ihren Kopf weg, damit er ihr Grinsen nicht sehen kann.

«Ich mußte dringend pinkeln und habe mich unterwegs an einen Baum gestellt. Mensch, das gibt's doch nicht! Was muß man denn da machen!?»

«Rausdrehen natürlich! Und zwar gegen den Uhrzeigersinn.»

Er schaut sie entsetzt an. «Nein! Mit dem Uhrzeigersinn!»

Jetzt müssen sie beide lachen. Vio setzt sich neben ihn und betrachtet fasziniert, was er in den Händen hält. Im schlaffen Zustand hat sie sich seinen Penis noch nie so genau angeschaut.

«Uäh!» Er zieht an der Vorhaut, aber die Zecke rührt sich nicht. «Und wenn der Kopf steckenbleibt? Dann entzündet sich nachher alles, und ich muß ins Krankenhaus zur Amputation.»

«Wenn du dann im Krankenhaus bist, kannst du auch gleich mal nachfragen, was mit deinem Knubbel da im Hodensack ist.»

Er wird ärgerlich. «Ich hab jetzt andere Sorgen.»

«Mit Öl! Genau, du mußt Öl drauftun.» Sie klatscht in die Hände. «Dann erstickt das Mistding und läßt sich besser rausdrehen.»

«Mit oder gegen den Uhrzeigersinn?»

«Komm, das wird sich zeigen.» Sie rennt in die Küche und nimmt aus dem Regal eine Flasche mit Sonnenblumenöl. «Bring eine Tasse mit!»

«Wofür das denn?»

«Bring eine mit, mach! Aber eine unbenutzte.»

Sie reicht ihm Tasse und Ölflasche und setzt sich wieder neben ihn.

Er schüttet die Tasse voll Öl. Dann rückt er an die Bettkante und taucht seinen Penis tief in die Tasse hinein. «Wie lange dauert es eigentlich, bis so eine Zecke erstickt ist?»

Vio beugt sich vor, um sich die Sache genauer anzusehen. «Keine Ahnung. Jedenfalls gibt's heute abend Pimmel in Tomatensoße! Die Hühnchenschenkel essen wir morgen.» Kreischend läßt sie sich nach hinten fallen.

«He, wackel nicht so!»

Sie kommt wieder hoch. «Du mußt zugeben –» Wieder bricht sie in Wiehern aus.

«Doofe Nuß!»

«Und außerdem» – sie bemüht sich, ihren Atem wieder unter Kontrolle zu bekommen – «mußt du jetzt aufpassen, daß du morgen früh nicht wieder mit einem steifen Pimmel aufwachst.»

Er schaut sie ärgerlich an, sagt nichts mehr.

«Ach, komm.» Die letzte Bemerkung tut ihr leid. Im Urlaub ist ihr aufgefallen, daß Micha fast jeden Morgen, wenn er aufwacht, einen steifen Penis hat. Sie zog ihn damit auf, daß man daran wieder einmal sehen könne, wie rückenmark-gesteuert Männer seien. Selbst in noch völlig verpenntem Zustand hätten sie nichts anderes im Sinn als Sex. Sie zupft an seinem Ohrläppchen. Wie das aussieht! Ein Pimmel in einer Kaffeetasse mit Blümchenmuster. Mindestens so verrückt wie eine brennende Kuh am Strand von Atlanterra. Sie legt ihr Kinn auf seine Schulter. Er seufzt und lehnt seinen Kopf gegen ihren. Mein Gott, Micha, wie ich dich liebe! Wir gehören für immer zusammen. Du gehörst mir! Mir ganz allein. «Sag mal, triffst du dich eigentlich bald wieder mit Laura?» Sie spürt, wie ein fast unmerklicher Ruck durch ihn geht.

«Wie kommst du denn jetzt darauf?» Er hebt den Kopf an.

«Weiß nicht. Fiel mir gerade so ein. Ihr versteht euch ja inzwischen ganz gut, oder?»

Er zuckt mit den Schultern. «Ja, warum?»

«Na, hör mal!» Sie setzt sich gerade hin. «Immerhin war sie mal verknallt in dich. Da darf ich ja wohl mal fragen, oder!?»

«Du triffst dich ja auch mit Olli.»

«Das ist etwas anderes.»

«Wieso?» Er klingt kampfbereit.

Sie überlegt. «Was macht ihr eigentlich immer, wenn ihr euch trefft?»

«Was heißt immer? Wir haben uns doch nur zweimal allein getroffen.»

«Immerhin.»

Wieder zuckt er mit den Schultern. «Nichts Besonderes. Spazierengehen, über Bücher reden, Bier trinken. Sonst nichts, ganz harmlos.» Er gibt ihr einen Kuß auf die Wange.

«Mit mir redest du nie über Bücher.»

«Du liest ja auch kaum welche.»

Das sitzt. Laura liegt ihr im Magen. Es fing vor den Sommerferien an, auf Max' Geburtstagsparty. Den halben Abend saßen er und Laura zusammen und unterhielten sich, und das, obwohl sie sich am Anfang noch fast demonstrativ aus dem Weg gegangen waren. Vio war stinksauer, aber sie wollte keine Szene machen. Und als er ihr am nächsten Tag auch noch eröffnete, daß er mit Laura bald einmal spazierengehen wolle, sah sie schon das Ende ihrer Beziehung unabwendbar auf sich zukommen. Er mühte sich, ihr das auszureden, beteuerte, daß das vollkommen absurd sei, daß er sie liebe und mit Laura nichts dergleichen im Sinn habe und so weiter. Inzwischen glaubt sie ihm. Zweimal hat er sich mit Laura nachmittags getroffen, und es scheint wirklich harmlos gewesen zu sein. Es gefällt ihr nicht, aber sie weiß auch nichts dagegen einzuwenden. «Trefft ihr euch jetzt od–»

Es klingelt an der Haustür. Erschrocken sehen sie sich an. Claudia und Karsten können es nicht sein. Vio weiß nicht warum, aber sie denkt sofort an ihre Mutter.

«Wer ist das?» Micha flüstert.

«Keine Ahnung.» Sie steht auf, nähert sich vorsichtig dem Fenster und lugt hinaus. «Es ist die Nachbarin.»

«Was will die denn? – Scheiße!» Öl tropft auf den Bettvorleger.

In Windeseile sucht sie ihre Klamotten zusammen. «Wo ist denn meine Unterhose?»

«Weiß ich doch nicht! Ist doch egal!»

Sie springt in ihre Jeans und schlüpft in Michas T-Shirt. Auf dem Weg zur Haustür streicht sie sich über die Haare und reibt sich die Wangen. Dann macht sie die Tür auf.

«Schönen guten Tag.» Die Nachbarin steht mit einem Korb voller Gemüse in der Hand vor dem Fußabtreter.

Vio nickt freundlich. «Hallo.»

«Mein Mann und ich haben uns gedacht, daß Sie sich vielleicht über etwas Gemüse aus unserem Garten freuen würden. Mein Mann hat die Sachen eben frisch geerntet.» Sie hebt den Korb etwas an. «Zwei Kopfsalat, ein paar Möhren, Tomaten und Radieschen. Wir haben soviel davon.»

Ach du Scheiße! «Das ist aber nett!» Vio macht einen Schritt nach vorn, um den Korb entgegenzunehmen. Im selben Moment sieht sie ihren Slip, der leuchtend weiß aus ihrem linken Hosenbein herausschaut. Sie spürt, daß die Nachbarin ihrer Kopfbewegung folgt und ebenfalls auf die Unterhose starrt. Schlagartig wird Vio übel. Als könnte sie sich wie ein kleines Kind verstecken, das sich die Hände vor das Gesicht hält und glaubt, unsichtbar zu sein, schaut sie unvermittelt zum Himmel. «Ist das nicht ein tolles Wetter heute!»

Die Nachbarin lächelt verlegen und drückt ihr den Korb in die Hände. «Ja, wirklich!» Sie wendet sich zum Gehen. «Einen schönen Nachmittag noch!»

«Ja, Ihnen auch. Und vielen herzlichen Dank! Und einen schönen Gruß an Ihren Mann! Auf Wiedersehen!» Sie schließt die Tür und lehnt sich mit dem Rücken dagegen.

Alle Scham und jedes schlechte Gewissen, jeder verdächtigende Blick ihrer Mutter und jede dumme Bemerkung ihres Vaters, alles stürzt auf sie ein. Schwerfällig bückt sie sich nach ihrem Slip, aber der ist plötzlich verschwunden. Als sie wieder hochkommt, wird es ihr schwarz vor den Augen. Langsam öffnet sie die Tür und schnappt sich die Unterhose, die wie eine tote Taube neben dem Fußabtreter liegt. Sie schlägt die Tür zu, geht zum Mülleimer und wirft die Unterhose hinein. Den Gemüsekorb stellt sie auf den Küchentisch.

Micha hockt immer noch auf dem Bett. «Ich hab sie rausgedreht. Ist alles gutgegangen! Mit Kopf!» Er inspiziert seinen Penis. «Was wollte sie denn?»

«Uns Gemüse bringen. Von ihrem Mann.»

«Das ist ja nett.» Er dreht sich um und sieht sie an. «Was hast du denn?»

Sie wirft sich aufs Bett und erzählt es ihm.

Micha grinst. «Jetzt weiß das ganze Dorf, was für ein unanständiges Mädchen du bist. Daß Jungs versaut sind und es zu jeder Tages- und Nachtzeit treiben, davon gehen sowieso alle aus. Aber ein Mädchen!? Dein Ruf ist hin, ein für allemal. Tja, so kann's gehen.»

«Mensch, hör auf! Ich glaube, mir war noch nie im Leben etwas so peinlich.» Sie schlägt die Hände vors Gesicht und wälzt sich auf den Bauch.

Er küßt sie in den Nacken. «Ich glaube, ich kriege in den nächsten Wochen sowieso keinen mehr hoch.»

Sie dreht sich auf den Rücken und grinst ihn an. «Du bist ja immer noch nackig!»

Am Abend kocht Micha die Hühnchenschenkel in Tomatensoße. Vio deckt den Gartentisch. Von den Nachbarn läßt sich niemand blicken. Der Reis ist etwas pappig geworden, und bei der Salatsoße hat Micha es mit dem Essig ein bißchen zu gut gemeint. Aber der Abend ist so friedlich, die Luft ist so lau, und das Rascheln der Blätter erinnert Vio an das Meeresrauschen an Spaniens Küste. Das Essen ist gut.

Sie sitzen lange draußen und denken darüber nach, wer wohl als erster von ihnen sterben muß. Sie wollen zusammen alt und grau werden, und keiner von beiden will den anderen überleben.

In der Nacht wacht Vio auf und lauscht eine Weile Michas ruhigem und gleichmäßigem Atem.

15 Das langsame Lied

Der kleine Manuel hockt mit verschmiertem Gesicht und einer Rotznase im Sandhaufen neben der Haustür. Laura winkt ihm zu. Er schaut sie erstaunt an und sagt etwas.

Sie kurbelt das Fenster herunter. «Ciao, Manuel!»

«Auto von Papa!» Er deutet auf ihren Wagen.

«Nein, Manuel, das ist jetzt mein Auto. Dein Papa hat jetzt ein anderes.»

Er steht auf und stolpert über einen kleinen Plastikeimer. Mit seinem Plastikschäufelchen rudernd, findet er wieder die Balance.

«Bleib schön da!» Laura wirft ihren schwarzen Rucksack und den Regenschirm auf die Rückbank, schnallt den Gurt an und dreht schnell den Zündschlüssel. Im nächsten Moment steigt sie hastig auf die Bremse, denn der alte Golf macht einen Satz nach vorn. Sie verfehlt das Kupplungspedal und würgt den Motor ab. Handbremse ziehen, Kupplung treten, Leerlauf. O.k. Schon wieder vergessen, den Gang vorher rauszunehmen!

Manuel lacht quiekend auf und wischt sich mit dem Handrücken den Rotz unter der Nase weg. «Noch mal, Laura. Noch mal so!» Er reißt beide Arme in die Höhe und läßt sich auf den Hosenboden fallen. «Broaahm!»

Beim zweiten Versuch läuft alles glatt. Höllenmaschine! Winkend verläßt Laura den Parkplatz, fährt durch den Ort und gelangt auf die Schnellstraße nach Bendorf. Der spinatgrüne Wagen riecht immer noch penetrant nach den Zigarillos von Manuels Vater. Aber welche Farbe auch immer das Auto hat, egal, wie es riecht und an wie vielen Stellen der Rost schon an ihm frißt, es ist ihr eigenes – seit zwei Wochen. Und es stimmt: Ein eigener Wagen verleiht tatsächlich ein Gefühl von Freiheit und Unabhängigkeit, genau so, wie in der Werbung versprochen wird.

Vor den Sommerferien ist ein unverhoffter Geldregen auf sie niedergegangen. Die Großmutter hat von der verstorbenen Schwester ein Viertel ihres Hauses in Verona geerbt und ist von den anderen Erben ausgezahlt worden. Von alldem erfuhr Laura erst, nachdem sie mit ihr in den Osterferien nach Verona gefahren war. Zunächst war sie etwas ratlos, was sie mit den zehntausend Mark, die ihr die Großmutter geschenkt hatte, anfangen sollte. Aber dann meldete sie sich in der Fahrschule an, finanzierte sich in den Sommerferien einen dreiwöchigen Urlaub bei einer Großtante in der Nähe von Florenz und nahm sich vor, nach Bestehen der Führerscheinprüfung einen eigenen Wagen zu kaufen. Mitte September war es dann soweit.

Von dem Geld ist immer noch fast die Hälfte übrig. Sie will das meiste davon sparen. Wenn sie im nächsten Sommer ihr Abitur in der Tasche haben wird, will sie eine lange Reise unternehmen. Wohin und mit wem, das steht noch nicht fest. Auf jeden Fall raus aus Deutschland, am liebsten ganz weit weg – etwas erleben; auf keinen Fall direkt an die Uni. Später wird sie dann vielleicht ein bißchen jobben und irgendwann schon herausfinden, was oder ob sie überhaupt studieren will.

Gelegentlich denkt sie darüber nach, wieviel von dem, was sie in den letzten Monaten erlebt hat, ihrem plötzlichen Reichtum zu verdanken ist. Ohne das Geld hätte sie wahrscheinlich einen langweiligen Sommer im Vallendarer Schwimmbad verbracht und wäre nie auf die Idee gekommen, drei Wochen in die Toskana zu fahren. Dann hätte sie auch nicht Massimo kennengelernt, den hübschesten Jungen, der ihr je begegnet ist. Er wohnt in der Nachbarschaft ihrer Großtante, ist genauso alt wie Laura und ein ebensolcher Bücherwurm. Leider haben sie sich erst am Anfang ihrer letzten Urlaubswoche kennengelernt. Schon am nächsten Tag, und an allen darauf folgenden, fuhren sie mit dem Bus nach Florenz, wo er jeden Stein und jede Gasse kannte. Massimo richtete von Tag zu Tag verliebtere Blicke auf sie, und auch sie verliebte sich ein wenig in ihn. Aber die Zeit war zu kurz. Über lange und schöne Gespräche kamen sie nicht hinaus. Immerhin versprachen sie sich, Briefe zu schreiben. Einen bekam sie ein paar Wochen später, und einen schickte sie auch an ihn ab. Aber weder sein noch ihr Brief konnte die romantische und erotische Atmosphäre der letzten Ferienwoche wiederbeleben. Sie tröstete sich damit, daß ihr wenigstens die Erfahrung blieb, sich in der Nähe eines Jungen wohl gefühlt zu haben. Er war bereit gewesen, ihr seine ganze Aufmerksamkeit zu schenken. Das alles hätte sie ohne das großzügige Geschenk der Großmutter nicht erlebt. Noch zu Beginn des Jahres hätte sie das Geld relativ gleichgültig zur Bank gebracht, ohne es für etwas Bestimmtes auszugeben.

Sie ist auf dem Weg zu Micha. Seit einiger Zeit läßt sie sich wieder öfter bei *Tante Mathilde* blicken. Aber sie fühlt sich dort nie besonders wohl, denn Micha und Vio tauchen fast immer gemeinsam auf. Sie bemüht sich, die Situation zu nehmen, wie sie ist. Ihm scheint ebenfalls daran gelegen zu sein, sich ihr gegenüber halbwegs normal zu verhalten. Auf Max' Geburtstagsparty haben sie einen Anfang dafür gemacht. Plötzlich standen sie allein in der Küche an der Salatschüssel, und es wäre zu dumm gewesen, nicht ein paar Worte zu wechseln. Es ergab sich eine längere und harmlose Unterhaltung, an deren Ende sie verabredeten, sich einmal zum Spazierengehen zu treffen. Laura erzählte Nannette davon, die mißtrauisch die Augenbrauen hochzog, aber Laura versicherte, daß sie nichts im Schilde führe. Bei ihrem ersten Spaziergang ließ Micha dann auch keinen

Zweifel daran, daß er zu Vio gehörte. Er redete viel davon, daß er sich auf den Urlaub in Spanien freue und daß es ihm richtig gutgehe. Er erkundigte sich auch, ob sie noch einmal etwas von Heiner, ihrem Bekannten von Marcs Fete, gehört habe. Vio hat keinen Grund, eifersüchtig zu sein. Vielleicht können sie ja Freunde werden.

Sie fährt am Bendorfer Friedhof vorbei und entdeckt Liv, die gerade die Hauptstraße überqueren will. Liv reißt überrascht eine Hand hoch, bleibt stehen und scheint darauf zu warten, daß Laura anhält. Aber das ist nicht möglich. Mehrere Autos folgen dicht hinter ihr. Laura winkt schnell und sieht im Rückspiegel, wie Liv ihr kurz hinterherschaut und dann auf die andere Straßenseite wechselt.

Bei einem erneuten Blick in den Rückspiegel betrachtet Laura prüfend ihr Haar. Zufrieden greift sie mit einer Hand in ihren dichten Schopf. Es gibt ein Foto von ihr, auf dem zu sehen ist, daß ihre Haare bereits beträchtlich gewachsen sind. Die Polaroidaufnahme zeigt sie und Micha nebeneinanderstehend am Teich des Sayner Schloßparks, einem Ortsteil von Bendorf. Bei ihrem zweiten Treffen sind sie dort spazierengegangen. Ein junges Paar mit Kindern bat sie darum, mit ihrer Sofortbildkamera eine Familienaufnahme zu machen, und bestand anschließend darauf, auch sie und Micha fotografieren zu dürfen. Höflich stellten sie sich nebeneinander. Ein merkwürdiges Bild. Trotz des deutlichen Sicherheitsabstands könnte ein unbefangener Betrachter die beiden durchaus für ein junges Liebespaar halten. Laura ist sich sicher, daß der freundliche Familienvater hinter seiner Kamera von nichts anderem ausgegangen ist. Micha überließ ihr das Bild ganz großzügig, und für einen kurzen Moment war sie verstimmt deswegen. Offensichtlich wollte er nicht, daß Vio durch Zufall das Bild zu Gesicht bekam. Laura verstand. Das Prickeln jedoch, das sie immer noch in seiner Nähe verspürt, ist ihr kleines privates Geheimnis, das sie niemandem mitzuteilen gedenkt.

Sie hält am Parkdenkmal an und läßt den Motor laufen. Micha wirft seine Zigarettenkippe weg und kommt in ihre Richtung geschlendert. Seufzend streckt sie sich zur Beifahrertür rüber, um die Verriegelung herauszuziehen. Sie haben sich wieder an einem öffentlichen Platz verabredet. Dabei würde sie gern einmal sein Zimmer sehen oder ihn zu sich nach Hause einladen.

Er öffnet die Beifahrertür. «Hallo!»

«Hallo! Steig ein.»

Er setzt sich und schlägt die Tür zu. «Hast du eine Straßenkarte?»

Laura deutet auf das Handschuhfach. «Wir müssen einfach auf die andere Rheinseite nach Koblenz fahren und dann die Mosel runter bis Wasserbillig. Da ist die Grenze.»

Er versucht, das Handschuhfach zu öffnen. «Das finde ich ja toll, daß wir jetzt nach Luxemburg fahren! Ist die *Côte-d'Or*-Schokolade wirklich so lecker?»

Sie zeigt ihm, wie der Verschlußknauf des Handschuhfachs funktioniert. «Die ist die beste, glaub mir.»

«Wie weit ist das denn?» Er breitet die Karte aus.

«Etwa hundertzwanzig Kilometer eine Strecke.» Sie beugt sich mit über die Karte. Er riecht frisch geduscht.

«Was meinst du? Schaffen wir das?» Er schaut auf seine Armbanduhr. «Vio meint, daß die Geschäfte samstags nur bis zwei Uhr geöffnet haben. Und spätestens gegen sieben muß ich wieder zurück sein. Spieleabend bei Karsten.»

Ihre Reaktion trifft sie völlig unerwartet. Von einem Moment zum nächsten brodelt Zorn in ihr auf. Ja, ja, ist schon gut! Keine Angst, ich bringe dich schon rechtzeitig wieder zurück zu deiner Maus! «An der Grenze gibt es jede Menge Touristenshops, und auf der Rückfahrt können wir ab Trier die Autobahn nehmen. Das geht dann schneller als über die Moselstraße.»

Micha scheint ihren Stimmungswandel bemerkt zu haben. «Na ja, wir haben ja ganze fünf Stunden Zeit!» Er setzt ein gewinnendes Lächeln auf.

«Schnallst du dich an?» Sie legt den ersten Gang ein und fährt vorsichtig an.

Eine Viertelstunde lang sprechen sie kaum ein Wort, abgesehen von gelegentlichen Verständigungen über die Wegstrecke. Es ist Lauras Idee gewesen, eine Spazierfahrt nach Luxemburg zu machen, und plötzlich ärgert sie sich maßlos über sich selbst. Warum habe ich bloß vorgeschlagen, so weit wegzufahren!? An einem schönen Herbsttag an der romantischen Mosel entlang, Schokolade einkaufen, spazierengehen, über Liebesromane reden ... Ich bin völlig durchgeknallt! Plötzlich wendet sich ihr ganzer Zorn gegen Vio. Im Geiste schneidet sie ihr gemeine Grimassen und äfft sie mit quiekender Stimme nach: Aber um sieben kommst du wieder brav nach Hause, Michalein! Was denkt sie eigentlich von mir!? Daß ich mich hinter ihrem Rücken an ihren Freund heranmache? Dann richtet sich ihre Wut wieder gegen Micha. Bildet er sich etwa ein, ich wäre immer noch in ihn verknallt!? Scheißkerl! Meint wohl, sich in der Liebe eines dummen Mädels aalen zu können ...! Am liebsten würde sie ihn aus dem Auto werfen. Aber sie versucht, sich wieder zu beruhigen. Jetzt fahren wir schön nach Luxemburg und wieder zurück, und dann hat sich die Sache!

Micha rutscht zusehends unruhiger auf seinem Sitz hin und her und schaut ständig auf die Karte, obwohl sie bereits an der Mosel entlangfahren und ihm klar sein muß, daß sie bis zu ihrem Ziel auf dieser Straße bleiben werden. Plötzlich scheint er die verkrampfte Atmosphäre nicht mehr länger auszuhalten. «Ist schon verrückt, daß wir nur wegen ein paar Tafeln Schokolade nach Luxemburg fahren, was? Wenn ich den Tabak von meinem Vater nicht umsonst bekäme, tät's sich ja richtig lohnen, weil der Tabak in Luxemburg viel billiger ist als in Deutschland. Aber so? Na ja, ich war noch nie an der Mosel. Soll ja ganz schön sein. Viele Weinberge und so.»

Widerwillig gibt Laura Antwort. «Ja, sieht man ja. Links und rechts nur Weinberge. Sehr schön.»

Micha nickt und schaut sich um.

Schweigend fahren sie weiter.

«Hast du mal wieder was von Massimo gehört? Hat er mal geschrieben?»

Darauf hat sie gerade noch gewartet. Sie hat ihm bei ihrem letzten Treffen von Massimo erzählt und die Romanze ein wenig ausgeschmückt, wohl aus dem Bedürfnis heraus, ihm gegenüber nicht als verschmähtes Mauerblümchen dazustehen. «Wieso fragst du?»

«Och, nur so. Ich dachte, er hätte sich vielleicht mal gemeldet.»

Es geht nicht! Es geht einfach nicht! Ich mache mir etwas vor. Verdammt noch mal! Ja, ich bin eifersüchtig. Und ich ertrage es nicht, wie gönnerhaft du an meinem Liebesleben interessiert bist. Ich habe keinen Freund. Und du hast Vio. Ich wollte dich. Und du wolltest mich nicht ... Sie holt tief Atem. Ich will dich immer noch. Und du mich nicht. «Ich will nicht mit dir darüber reden.» Sie fährt etwas langsamer. «Ich frage mich, ob Mädchen und Jungen überhaupt richtig miteinander befreundet sein können. Wir wissen nichts voneinander, und ich kann mit dir nicht reden wie mit Nannette zum Beispiel, und du wahrscheinlich auch nicht mit mir wie mit Max.» Sie lächelt. «Weißt du eigentlich, daß Max in Italien Massimo heißen würde?»

«Ist das wahr!»

«Ja.»

Micha zieht die Beine an, dreht sich auf dem Sitz nach rechts und sieht aus dem Seitenfenster. Sie fahren längere Zeit, ohne zu reden. Sie passieren Cochem und mehrere kleine Moseldörfer, von denen jedes auf großen Schildern Wein anpreist. Die Sonne kommt zum Vorschein. Sofort wird es angenehm warm im Wagen.

Micha räuspert sich. «Wahrscheinlich hast du recht.» Er macht eine Pause, in der er sich wieder gerade hinsetzt.

Laura wartet darauf, daß er weiterspricht.

«Du verunsicherst mich total. Vom ersten Tag an habe ich

nicht gewußt, wie ich mich dir gegenüber verhalten soll. Ich habe immer das Gefühl gehabt, daß ich das Falsche tue und sage. Ich glaube, ich war am Anfang sogar ein bißchen in dich verknallt. Was dann im Januar mit dir war, als ich mit Vio zusammengekommen bin, habe ich nicht mehr durchschaut.» Er schaut sie an und spricht ruhig weiter. «Ich finde dich richtig nett, und ich habe gedacht, daß wir vielleicht wie Bruder und Schwester zusammensein könnten.» Er schaut wieder geradeaus. «Ich meine, wahrscheinlich habe ich mir nur was vorgemacht. Vio ist schon total eifersüchtig, und gerade von der Fahrt hier ist sie alles andere als begeistert. Ach, Scheiße!» Er reibt sich die Stirn. «Jetzt rede ich wahrscheinlich wieder nur Mist!»

«Nein.» Ihr Herz schlägt schneller. Er war in sie verliebt. Diese Information aus seinem Mund ist mehr, als sie von einem wechselhaft bewölkten Samstag Ende September erwarten darf. «Nein, wirklich nicht. Schön, daß du eben so ehrlich warst.» Sie muß zweimal tief atmen. «Ich habe mir auch etwas vorgemacht. Ich habe gedacht, ich wäre nicht mehr in dich verliebt.»

Sie verstummen wieder. Laura spürt, daß es Micha die Sprache verschlagen hat, und sie ist überrascht, wie sehr sie diese Stille genießt. Sie hätte sich für ihre erste offene Liebeserklärung an einen Jungen einen romantischeren Augenblick gewünscht, abgesehen davon, daß sie gern auf Gegenliebe gestoßen wäre. Trotzdem fühlt sie sich besser. Sie ist stolz auf sich. Sie fängt an zu lachen.

Micha schaut sie verstört an.

Sie wedelt mit der Hand, gerät dabei fast auf die Gegenfahrbahn. Erschrocken nimmt sie den Fuß vom Gaspedal. «Tut mir leid.» Sie beschleunigt wieder. «Laß uns zur Grenze fahren, die verdammte Schokolade kaufen und noch einen schönen Nachmittag miteinander verbringen. Und in Zukunft lassen wir das lieber mit unseren seltsamen Verabredungen. Das ist besser für uns beide und sicher auch gut für Vio. O.k.?»

Er lächelt matt. «Ja, ist vielleicht wirklich besser so.»
Während der restlichen Fahrt bis zur Grenze erschöpft sich
ihre Unterhaltung in kurzen Bemerkungen über die zuneh-
mende Eintönigkeit der Landschaft. Ein Weindorf sieht wie
das nächste aus, links und rechts der Mosel ziehen sich
endlose Reihen von Weinstöcken über die Hänge. Der Himmel bewölkt sich wieder, und bald platschen die ersten
Regentropfen auf die Windschutzscheibe. Bei nächster Gelegenheit wird Laura die alten ausgeleierten Wischblätter
ersetzen müssen. Micha bietet ihr an, die Hälfte der Benzinkosten für die Fahrt nach Luxemburg zu übernehmen.
Davon ist sie zwar ohnehin ausgegangen, aber sie weiß, daß
er nur ein paar Worte wechseln wollte. Betrübt räumt sie
sich ein, daß ihre Empfindungen zwiespältig sind. Einerseits tut es gut, endlich eine gewisse Klarheit zwischen sich
und ihm hergestellt zu haben. Vor allem ist sie froh, daß sie
selbst die Klärung herbeigeführt hat. Andererseits spürt sie,
daß es nun keinen Anlaß mehr gibt, sich irgendwelchen
Träumereien hinzugeben. Erst jetzt wird sie sich ihrer heimlichen Hoffnung bewußt, daß er sich bei dieser Spazierfahrt
vielleicht doch noch in sie verliebt hätte. Eine Freundschaft
mit ihm erscheint ihr unmöglicher denn je. Bruder und
Schwester – so ein Quatsch!
Als sie die Grenze überqueren, ist es vier Uhr, und es gießt in
Strömen. Nicht nur die Geschäfte, auch die Touristenshops
haben bereits geschlossen. Aber es gibt noch einige Tankstellen, die *Côte-d'Or*-Schokolade führen. Das Besondere
an dieser Schokolade ist neben dem hohen Kakaoanteil eigentlich die Verpackung. In Deutschland sind in einigen
Supermärkten nur große 200-Gramm-Tafeln erhältlich,
und das leider nur als Vollmilch-Nuß-Schokolade, die Laura nicht mag. In Luxemburg und Belgien gibt es dagegen
Doppelpackungen, die je zwei einzeln eingepackte kleine
75-Gramm-Tafeln enthalten. Laura gefällt das stumpfe,
cremegelbe Einpackpapier der Vollmilchschokolade, sie
kauft sich fünf Doppelpacks. Micha entscheidet sich für

zwei Vollmilch und Zartbitter. Anschließend suchen sie sich ein Café und verbringen noch eine Stunde bei Tee und Kuchen. Micha bricht eine seiner Schokoladen an und findet sie gut. Ihre Unterhaltung plätschert dahin.

«Fahren wir?» Laura zieht ihr Portemonnaie hervor.

«Gut.» Er seufzt, als wäre er erleichtert. «Aber laß mich zahlen, o.k.?»

Laura überlegt kurz. «Nein, ich möchte lieber selbst bezahlen.»

Sie warten auf die Bedienung und begleichen ihre Rechnung. Micha gibt ihr die Hälfte der Benzinkosten, die Laura zuvor schnell überschlagen hat, und schaut auf die Uhr. Es ist kurz nach fünf. Kein Problem, pünktlich um sieben wieder in Bendorf zu sein. Sie verlassen das Café unter Lauras Regenschirm. Als sie den Wagen erreichen, ist Micha zur Hälfte naß.

Sie fahren auf der Autobahn an Trier vorbei. Es dämmert bereits stark. Kurz vor Wittlich, es hat wieder aufgehört zu regnen, fragt Micha, ob er auch einmal fahren dürfe. Laura ist einverstanden und schlägt vor, die nächste Ausfahrt zu nehmen und zu einer Tankstelle zu fahren. Sie müsse ohnehin zur Toilette.

Sie nehmen die nächste Ausfahrt und müssen bis ins nächste Eifelstädtchen hineinfahren, um endlich eine offene Tankstelle zu finden. Am Ortseingang verkündet ein quer über die Straße gespanntes Transparent, daß an diesem letzten Septemberwochenende ein großes Erntedankfest stattfindet.

Micha zeigt geradeaus auf eine bunte Ansammlung von sich wild bewegenden Lichtern. Musik dringt zu ihnen ins Auto. «Da hinten ist 'ne kleine Kirmes.»

Laura biegt zur Tankstelle ab und stoppt an der Servicebox für Luft und Wasser. Auf dem Weg von der Toilette zurück versucht sie sich innerlich auf die Rolle der Beifahrerin ihres eigenen Wagens einzustellen. Hoffentlich fährt er mir das Auto nicht zu Schrott!

«Komm, wir gehen mal kurz rüber!» Michas Augen glänzen.

Er sieht süß aus. Viel zu süß. «Hast du denn noch Zeit? Wenn wir jetzt weiterfahren, kommst du gerade noch rechtzeitig um sieben in Bendorf an.» Sie sagt es beiläufig, fast gelangweilt.

Er scheint ihre Ironie nicht bemerkt zu haben. «Komm, nur kurz. Acht Uhr reicht auch noch!»

«Von mir aus! Den Wagen können wir ja hier stehenlassen.» Die Kirmes besteht aus einem Kinderkarussell, einem Autoscooter und etlichen Buden. Die Hauptattraktion stellt ein Festzelt dar. Laura riecht den süßen Geruch von gebrannten Mandeln. Plötzlich wird es ihr schwer ums Herz. Die Musik vom Autoscooter und die laute, aufputschende Stimme des Ansagers, der Losverkäufer im weißen Kittel und die Jungs, die sich um einen Kraftprotz-oder-Memme-Automaten drängeln, während ihre zierlichen Bräute sich die Haare kämmen – diese spezielle Atmosphäre einer kleinen Dorfkirmes versetzt sie in wehmütige Stimmung. Früher stand sie immer am Rand. Die anderen Mädchen zogen mit den Jungen los, ließen sich Fahrten ausgeben und abknutschen. Sie wollte das nie und wünschte sich dennoch unablässig, anders zu sein, als sie war.

Micha bleibt an einer Wurfbude stehen. «Werfen wir 'ne Runde!»

Laura spürt einen Krampf in der Brust. Warum nicht wir beide!? Warum nicht?

Beim Werfen stellt er sich geschickter an als sie und gewinnt ein kleines Schraubenzieherset, dem anzusehen ist, daß es nach der ersten Anwendung nicht mehr zu gebrauchen sein wird. Stolz frotzelt er über die Mädchen, die beim Werfen einfach keine richtige Bewegungsdynamik hinbekämen. Dafür trifft sie anschließend besser bei der Schießbude nebenan. Micha versucht vergebens, das Plastikröhrchen unter dem kleinen Plüschäffchen, das sie sich auf seine Aufforderung hin ausgesucht hat, wegzuschießen. Die rote

Kunststoffrose schießt sie für sich selbst. Anerkennend schubst er sie in die Seite. Sie lachen ausgelassen. Micha scheint die Zeit vergessen zu haben. Laura versucht, nicht mehr daran zu denken. Die Zeit ist nicht ihr Problem. Aber es tut weh, wie ein verliebtes Paar über die Kirmes zu schlendern, ohne wirklich eins zu sein.

Im Festzelt herrscht reger Trubel. Eine Ein-Mann-Combo spielt sich durch die aktuelle Schlagerhitparade und hat schon eine Handvoll Paare auf den hölzernen Tanzboden gelockt. An das Erntedankfest erinnert lediglich ein kleiner, aber üppig dekorierter Gabentisch am Kopfende des Zeltes. Die meisten Leute, vor allem die Männer, halten sich an der Biertheke neben dem Eingang auf. Die Frauen sitzen auf langen Holzbänken an den zahlreichen, mit weißem Papier bespannten Tischen. Das Zelt füllt sich zusehends.

Laura und Micha rücken ein wenig zusammen. Sie stehen neben der Biertheke und schauen den Paaren auf der Tanzfläche zu. Laura hält ihre Rose fest umklammert. Sollen doch alle glauben, er hätte seiner Liebsten eine Rose geschossen!

Micha wirft einen Blick auf seine Armbanduhr, macht ein ernstes Gesicht, sagt aber nichts. Er dreht sich eine Zigarette und stellt sich an der Theke an. Mit zwei Gläsern Bier kommt er zurück. «Möchtest du?»

Sie greift nach dem Glas. «Aber ich trinke wirklich nur eins. Ich muß ja noch fahren.»

Er grinst. «Ist wirklich besser, wenn du fährst. Prost, Laura!»

Sie hebt ihr Glas. «Ja. Prost.» Nicht nachdenken! Genieß es einfach! Sie nimmt einen großen Schluck.

«So, und jetzt gehen wir tanzen!» Er nimmt ihr das Glas aus der Hand und stellt es zusammen mit seinem dicht an die Zeltwand. Ehe sie etwas erwidern kann, zieht er sie auf die Tanzfläche. «Ich kann zwar absolut nicht tanzen, aber –»

«Ich auch nicht!» O Gott!

Sie tanzt. Mehr schlecht als recht, aber sie tanzt. Mit ihm. Und sie fassen sich an. Trotz ihres Unterhemdes, ihres T-Shirts, ihres Pullovers und ihrer Jacke spürt sie seine Hand heiß auf ihrem Rücken. Sie fühlt seine schweißnasse Hand in ihrer und schwankt zwischen Glücksjauchzern und einem Tränenausbruch. Nicht nachdenken, nicht nachdenken! In der anderen Hand, die sie auf seine Schulter gelegt hat, hält sie ihre Rose.

Ein langsames Lied. Ihr Kopf senkt sich auf seine Schulter. Langsam drehen sie sich im Kreis. Ihre Wangen berühren sich. Sie spürt, daß sein Knie zittert. Er glüht, er riecht nach Tabak. Laura schlingt ihren Arm fester um seinen Hals und kitzelt sich selbst mit der Rose am Ohr.

Um halb zehn setzt sie ihn am Parkdenkmal ab und schaut ihm nach, wie er eilig davonrennt.

Max sitzt mit rotgeränderten Augen am Küchentisch und beißt lustlos in sein Butterbrot. «Tut mir leid. Ich hab einfach verpennt.» Er probiert einen Schluck Kaffee, der sichtlich zu heiß ist. Fluchend stellt er die Tasse ab.

Micha setzt sich dazu. «Verpennt ist gut! Er zeigt auf seine Armbanduhr. «Wir haben zwei Uhr durch. Ich hab heut morgen schon drei Stunden im Laden gearbeitet, zu Mittag gegessen und dazu eine halbe Stunde auf dich gewartet.»

«War viel los?» Max sieht aus, als wolle er gleich wieder einschlafen.

«Sowieso. Diesmal ist mein Vater auch noch auf die Idee gekommen, in einer Extraecke Kracher und Raketen zu verkaufen. Für die war ich zuständig. Hast du mal einen Schluck Mineralwasser?»

Max hievt sich hoch und schleppt sich zum Kühlschrank. Zusammen mit einem Glas stellt er eine Wasserflasche auf den Tisch und läßt sich wieder auf seinen Stuhl fallen.

«Ich habe für heute nacht ein paar Raketen mitgenommen. Da waren am Schluß noch einige übrig.»

Max nickt müde.

Micha nimmt einen großen Schluck und verzerrt das Gesicht. «Euer Wasser besteht ja nur aus Kohlensäure.» Er faßt sich an den Bauch und läßt einen langen Rülpser hören.

«Gehen wir jetzt noch spazieren oder nicht? Wo sind eigentlich deine Eltern?»

«In Frankfurt bei Verwandten. Die feiern da zu viert Silvester.» Max steht auf und räumt den Tisch ab. «Ich muß noch aufs Klo und Zähne putzen, dann können wir los. Kannst ja solange Zeitung lesen.»

Nach einer Viertelstunde legt Micha die Zeitung zur Seite und schaut nach, wo Max bleibt. Er findet ihn in seinem Zimmer auf allen vieren.

«Bin gleich soweit. Muß nur noch meinen rechten Schuh finden.»

«Suchst du den hier?» Micha tritt hinter die halb geöffnete Zimmertür und hebt einen schweren Winterschuh auf.

Max stöhnt. «Genau den.»

«Mann, was ist denn los mit dir? Hast du so schlecht geschlafen?»

«Allerdings!» Max setzt sich auf sein Bett und schnürt seine Schuhe. «Eigentlich habe ich überhaupt nicht geschlafen, das heißt höchstens heute morgen ein paar Stunden.»

«Ist was passiert? Hast du Krach mit Liv?»

Max läßt sich nach hinten fallen und starrt an die Zimmerdecke. «Ja. Gehabt.»

Micha räumt ein paar Hosen und Pullover von Max' Sessel und setzt sich. «Erzähl mal.»

Max schaut Micha flüchtig an und legt sich der Länge nach ins Bett. Nachdem er sich das Bettzeug unter den Kopf geschoben und seine Füße mit den schweren Schuhen auf der Bettumrandung abgestützt hat, verschränkt er seine Hände im Schoß. «Kannst du dir vorstellen, daß Liv und ich erst einmal miteinander geschlafen haben? Ich meine so richtig mit Pimmel in Möse.» Er besieht sich weiterhin die Zimmerdecke.

«Ist das wahr!?» Augenblicklich fühlt sich Micha unwohl. Ein einziges Mal in einem dreiviertel Jahr! Wie hält er das bloß aus?

«Ich versteh's nicht!» Max tritt gegen die Bettumrandung. «Ich verstehe weder Liv noch mich.»

«Darf ich hier eine rauchen?»

Abwesend hebt Max einen Arm. «Ja.»

Micha dreht sich eine Zigarette.

«Sie sagt, es tut ihr weh. Sie mag es nicht besonders, und das Komische ist, alles andere ist erlaubt!» Er schnaubt verächtlich. «Erlaubt! Das ist es ja. Ich habe oft das Gefühl, daß sie mir nur etwas erlaubt, während sie selbst außer Schmusen nichts zu wollen scheint. Und wenn ich ihr das dann sage, ist sie völlig geknickt, fängt an zu heulen und meint, ich hätte ja keine Ahnung, wie stolz sie darauf sei, sogar ziemlich oft Lust auf mich zu haben. Kannst du dir das vorstellen: stolz darauf zu sein, Lust zu haben?»

Micha lacht. «Nein!»

Max gibt ein ärgerliches Knurren von sich.

«Tschuldigung.»

«Im Grunde –» Max richtet sich auf. «Ich hab noch nie eine getroffen, die's mit den Händen so gut drauf hat wie Liv.» Er wird rot, spricht aber weiter. «Ehrlich! Und wir verstehen uns auch sonst gut. Ich kann mir keine tollere Frau vorstellen, und ich will auch keine andere haben. Aber gestern abend war's wieder soweit. Ich hätte in die Matratze beißen können, so sauer war ich. Sie will mich einfach nicht in sich drin haben.» Er läßt sich wieder auf das Bettzeug plumpsen.

«Kränkt dich das? Ich meine, hast du in dem Moment das Gefühl gehabt, daß sie dich völlig ablehnt?»

Ruckartig richtet Max sich wieder auf. «Hast wohl 'n psychologischen Ratgeber gelesen, was?»

«Scheiße, nein!» Entschuldigend hebt Micha die Hände. Ich halte lieber die Klappe!

Max liegt wieder auf dem Rücken. «Wir haben uns dann wieder einigermaßen vertragen, aber ich konnte die ganze Nacht nicht einschlafen. Ich versteh's einfach nicht. Früher hab ich ja öfter mal erlebt, daß ein Mädchen mich erst total anmacht und dann plötzlich daliegt wie 'ne Leiche. Pfft! Aus! Ich kapiere das nicht. Racker mir dann einen ab, und hinterher sagt sie: Es war schön.» Er schüttelt den Kopf.

«Aber mit Liv ist es eigentlich gar nicht so. Und daß sie mir nur was erlaubt, stimmt auch nicht. Aber» – er stockt und schließt für einen Moment die Augen – «du hast recht. Es kränkt mich.»

Micha steht auf. «Komm! Eine Runde an der frischen Luft. Einmal zum Galgenberg und wieder zurück. Dauert höchstens eine halbe Stunde. Auf!»

«Na gut.»

Auf dem Weg zum Galgenberg reden sie nicht viel. Micha denkt darüber nach, wie er Max ein wenig trösten könnte. Vielleicht sollte er ihm von seinen eigenen Problemen erzählen, die er hat, wenn Vio nicht mit ihm schlafen will. Oder von seinen Erektionsschwächen, die hin und wieder auftreten. Oder von seinem schlechten Gewissen, wenn er masturbiert und feststellt, daß das manchmal schöner ist, als mit Vio zu schlafen. Es gäbe so viele Dinge zu erzählen, mit denen er sich allein herumschlägt, und Max würde es vielleicht etwas bessergehen, wenn er erführe, daß auch mit Vio nicht alles reibungslos läuft. Aber er traut sich nicht, darüber zu sprechen. Er überlegt, ob er befürchtet, daß Max ihn auslachen würde. Aber das ist es nicht. Hat Vio einmal keine Lust, mit ihm zu schlafen, stürzt er ins Bodenlose. Er kann nicht begreifen, weshalb sie so etwas Schönes nicht genausooft will wie er. Seit ihrer Rückkehr aus Spanien hat es ein paarmal Streit deswegen gegeben. Es waren fruchtlose und zermürbende Streite.

«Wie läuft's denn bei euch?»

Micha schrickt zusammen. «Was?»

Max bückt sich, greift nach einem Ast und schleudert ihn weg. «Seid ihr euch immer einig?»

«Doch, meistens. Ist ganz gut.»

Max bleibt stehen. «Und wie ist es, wenn ihr euch mal nicht einig seid?»

Micha geht ein paar Schritte weiter und dreht sich zu ihm um. Dann findet er einen Kompromiß. «Ich träume davon, Vio mal beim Vögeln zum Orgasmus zu bringen. Aber es klappt nicht. Ich weiß zwar, daß das bei keiner Frau geht, aber mich frustet das trotzdem.»

Max setzt sich wieder in Bewegung. «Das stimmt nicht.»

«Was?»

«Daß es bei keiner Frau geht. Ich hab's schon selbst erlebt. Frag mich aber nicht, weshalb das mal so und mal so ist.»

Ein paar Sekunden lang ist Micha verstimmt. So etwas hat er befürchtet. Dann aber sagt er sich, daß er Max angesichts seiner augenblicklichen Situation diesen Vorsprung ruhig gönnen kann.

«Andererseits –» Max streckt beide Hände in seine Jackentasche. «Vor eineinhalb Jahren kannte ich eine, da hab ich mir mal kurz vorher heimlich einen runtergeholt, um länger durchzuhalten. Aber nach 'ner halben Stunde ist mir die Puste ausgegangen, und sie hatte immer noch keinen Orgasmus.» Er grinst. «Ich übrigens auch nicht.»

Sie stehen auf der Anhöhe und schauen hinunter ins Rheintal. Micha versucht, seine Gedanken zu sortieren. Obwohl es ihm nicht gelingt, spürt er, daß Max der einzige ist, dem er sich in solchen Dingen anvertrauen könnte. Vielleicht.

«Aber ihr geht doch heute abend auf Ollis Fete, oder?» Er knufft Max gegen den Arm.

«Ich sag doch, wir haben uns wieder vertragen.» Max spuckt aus. «Ich gehe vorher zu Liv und komme dann mit ihr zusammen zu Olli. Bist du vorher bei Vio?»

«Ja, ich hole sie ab.»

«Laura kommt auch.»

«Ich weiß.»

Max schaut ihn prüfend an. «Was ist da eigentlich los? Erst trefft ihr euch ein paarmal, und dann läßt sie sich bis Anfang Dezember wieder nicht mehr blicken, wie im Frühjahr, und keiner weiß was. Aus Nannette ist auch nichts rauszukriegen.»

«Keine Ahnung.» Micha schämt sich. Nach dem letzten Treffen mit Laura ist er völlig durcheinandergewesen, zumal Vio ihm die Hölle heiß gemacht hat. Er mußte ihr versprechen, sich nicht mehr mit Laura zu treffen und auch niemandem gegenüber ein Wort darüber zu verlieren. Sie wolle nicht als schmählich Hintergangene vor den Leuten dastehen. Es war ihr nicht auszureden, daß er sie mit Laura betrogen hatte. Mit Laura selbst hat er erst Anfang Dezember wieder ein paar Worte gewechselt, nach zwei Monaten, in denen sie wie vom Erdboden verschluckt gewesen war. Belangloses Geplänkel, als wäre nichts gewesen. Daß sie zu Ollis Silvesterfete kommen wird, weiß er von ihr selbst. Er hat sie mit Nannette in Koblenz getroffen, und ihr Blick sagte: Was du und deine Vio davon haltet, ist mir egal!

«Komm, erzähl schon! Da muß doch wieder was gewesen sein.»

«Bist du nur neugierig oder wirklich besorgt?»

«Beides.» Max feixt triumphierend. «Also war wirklich was los mit euch!»

Micha erzählt von dem Ausflug nach Luxemburg, von der Aussprache auf dem Hinweg, dem traumhaften Tanzen im Festzelt, dem Beinahekuß, der wortlosen Rückfahrt und schließlich von Vios Donnerwetter.

Max pfeift durch die Zähne. «Der Micha! Wer hätte das gedacht!? Hat's faustdick hinter den Ohren.»

«Blödmann!»

Max berührt ihn am Ellbogen. «Und du hast mit Laura nie mehr drüber geredet?»

Micha schüttelt den Kopf.

«Ich will ja nichts sagen, aber Laura tut mir irgendwie leid.»

Micha braust auf. «Mensch, hör auf! Ich mach mir schon genug Vorwürfe. Fang du nicht auch noch damit an!»

«Was hat dich denn da geritten! Ihr hattet die Sache doch vorher klargemacht. Und außerdem: Wieso hast du mir nichts davon erzählt? Traust du deinem alten Kumpel nicht mehr?»

«Du bist auch nicht der Geständigste gewesen in der letzten Zeit.»

Max nickt. «O.k.»

Micha wirf die Arme hoch. «Ich weiß es doch auch nicht! Es ist so verrückt! Da hab ich eine tolle Freundin und zum erstenmal im Leben bin ich –» er sucht nach einem Wort – «glücklich, ja! Nie wollte mich eine haben, immer dachte ich: Es ist, als hätte ich die Krätze am Leib. Ich wäre zu dünn und potthäßlich. Und plötzlich sind da zwei» – er zeigt mit den Fingern die Zahl – «Mädchen, die in mich verliebt sind. Nicht zu fassen! Jahrelang nichts, und dann zwei auf einmal. Vielleicht wollte ich beide haben, aber das geht ja nicht, klar. Du kannst mir glauben, mein schlechtes Gewissen gegenüber Laura ist größer als das gegenüber Vio. Und heute abend, das wird wieder der totale Krampf. Das weiß ich jetzt schon!»

«Ach was! Laura sieht in letzter Zeit nicht so aus, als würde es ihr schlechtgehen. Und außerdem sind ja noch genügend andere Leute da. Wie findet Vio das eigentlich, daß Laura auch kommt?»

«Die findet das natürlich klasse!»

«Wolltest du dir nicht neue Möbel für dein Zimmer kaufen?» Claudia liegt auf Vios Bettcouch und blättert in einem Frauenmagazin.

Vio steht in weißer Unterwäsche vor ihrem Kleiderschrank. «Wollte ich, ja. Aber ich habe mir überlegt, noch ein bißchen zu warten. Am liebsten würde ich bald ausziehen, vielleicht sogar in eine andere Stadt. Nach Köln vielleicht.»

Claudia hört auf zu blättern. «Willst du dich verdrücken und mich allein lassen?»

«Ach, das kann dauern.» Vio nimmt ein knielanges schwarzes Sommerkleid vom Bügel, stellt sich vor den Schrankspiegel und hält es sich mit beiden Händen an. «Vielleicht könnte ich die schwarze Baumwollstrumpfhose drunter anziehen. Lange Ärmel hat es ja.» Sie legt das Kleid zur Seite und sucht weiter. «a) fehlt mir das Geld für eine eigene Wohnung. Da müßte ich schon was ganz Billiges finden.

b) weiß ich gar nicht, ob ich so ohne weiteres die Lehrstelle wechseln kann. Allerdings hat Elfie gesagt, daß unser Reisebüro auch in Köln Filialen hat. c) braucht Micha noch eineinhalb Jahre, bis er mit der Schule fertig ist. d) hast du doch Karsten. e) und außerdem werden wir uns nie aus den Augen verlieren!»

Claudia blättert weiter. «Seit wann hast du es denn mit dem Abc?»

Vio lacht. Sie zieht sich die schwarze Strumpfhose an. «Das kommt von der Arbeit. Hilde, meine Kollegin, zählt ihre Sachen immer so auf. Ist schon komisch, wie schnell so was abfärbt.» Nachdenklich hält sie das Kleid am ausgestreckten Arm vor sich hin. «Am besten ziehe ich noch den schwarzen Body drunter an. Dann brauch ich auch keinen BH.»

«Willst du auf eine Beerdigung gehen oder auf eine Silvesterparty?»

«Dann ziehe ich eben die türkisfarbene Strumpfhose und den roten Body an.»

«Wird ja immer besser.» Claudia sucht etwas im Inhaltsverzeichnis des Magazins, blättert dann zu den letzten Seiten. «Hier, dein Horoskop: Sie sind widerlich. Venus und Jupiter stehen in diesen Wochen für puren Lebensverdruß und Langeweile. Menschen – besonders Männer – sind völlig abgetörnt von Ihnen. Das vernichtet natürlich Ihr Selbstwertgefühl, verleitet Sie aber auch zu einer gewissen Tiefgründigkeit.» Sie lacht. «Weiter?»

«Ja, aber jetzt richtig.» Vio steht wieder in ihrer weißen Unterwäsche da.

«Nimm einfach von allem bisher das Gegenteil. Dann geht's so weiter: Sie sind in Gefahr, sich von anderen täuschen zu lassen und jeden gleich, ohne ihn kritisch zu begutachten, in ihr Herz zu schließen, bloß weil er Sie mag.» Sie schlägt das Magazin zu. «Also zieh ein paar Lumpen an. Dann machst du heute abend auch keinen Fehler.»

«Also gut: Schwarze Halbschuhe, schwarze Nylonstrümpfe, die blauen Jeans, schön eng, schwarzer Body, figurbetonend, und die rote Holzperlenkette um den Hals, sehr keß. Ein bißchen Kajalstift, wow!, zarter Lidschatten, olala, ein Hauch von Rouge und aufgepaßt: der zur Kette farblich passende Lippenstift. Voilà! Dann sollst du mal sehen, wie die Kerle hinschmelzen und weinen, weil ich ihnen leider aus besagten Gründen die kalte Schulter zeigen muß.» Vio macht sich umgehend an die Arbeit. Und wehe, Laura macht irgendwelche Faxen!

Claudia legt das Magazin aufs Nachtschränkchen und dreht den Wecker so, daß sie die Uhrzeit ablesen kann. «Beeil dich. Karsten muß jeden Moment kommen. Er braucht dich ja nicht unbedingt halbnackt zu sehen. Der wird sonst blind.»

Der liebe Karsten doch nicht! «Jaja, schon gut.» Vio schließt den Body im Schritt und rückt den Stoff um die Druckknöpfe zurecht. Dann zwängt sie sich in ihre Jeans. «Wie findest du eigentlich Ollis neue Freundin?»

«Ich finde, Hella ist ganz hübsch und sogar ein Jahr älter als er. Das hat ja auch lange genug gedauert. Ich hätte nie gedacht, daß er so lange braucht, bis er die Trennung von dir verkraftet.»

«Tja!» Vio kramt in einem Schuhkarton, in dem sie ihre Schmucksachen aufbewahrt. «Wo ist denn die verdammte Kette?» Anfang Dezember hat sie Hella, die nicht nur gut aussieht, sondern auch wortgewandt und witzig zu sein scheint, kennengelernt. An dem Abend bei *Tante Mathilde* nahm sie mühelos mit jedem Kontakt auf, sogar mit Laura, die am Nebentisch saß und von Olli herzlich begrüßt wurde. «Guck mal in der Schublade vom Nachtschränkchen nach, ob die Kette da drin ist.»

Claudia schaut nach. «Hier!» Sie hält die Kette hoch. Vio tritt ans Bett. «Machst du sie mir hinten zusammen?» Sie setzt sich und dreht Claudia den Rücken zu.

Claudia rückt an Vio heran und legt ihr die Kette um den Hals. «Und wie ist das für dich, daß Olli jetzt wieder liiert ist?»

Komisch! «Ich freue mich für ihn. In letzter Zeit haben wir uns nur noch ein paarmal getroffen, und da hat er nie etwas von einer neuen Freundin erzählt, obwohl er, wie ich gehört habe, sie schon seit Oktober kennt. Aber ich habe mit ihm ja auch nie über Micha geredet.»

Claudia steht auf. «Wo bleiben die denn? Micha wollte doch auch um acht hiersein.»

«Wir haben ja erst fünf vor acht. Die kommen schon noch.» Vio stellt sich vor den Spiegel und beginnt sich zu schminken. «Ich bin gespannt, wie die Fete wird. An Silvester haben die meisten Leute ja immer 'ne ziemlich dünne Haut.»

Claudia geht zum Fenster und versucht, einen Blick auf die Straße zu werfen. «Laura kommt auch.»

«Ja, ich weiß.» Vio gibt sich mit ihren Lippen besondere Mühe.

«Das ist schon komisch mit ihr. Monatelang hört und sieht man nichts von ihr, plötzlich ist sie wieder da, dann bleibt sie wieder weg, und jetzt ist sie wieder da. Im Frühjahr konnte ich's ja verstehen. Das muß auch hart für sie gewesen sein. Aber im Herbst? Weißt du, was sie da hatte?»

«Nein.» Scheiße! Scheiße! Scheiße!

«Na ja. Auf jeden Fall möchte ich ihre Haare haben. Wahnsinn, wie die gewachsen sind, was!?»

Noch ein Wort, und ich schreie.

Claudia schaut sie begutachtend an. «Sieht nicht schlecht aus. Jetzt brauchst du nur noch passende Ohrringe.»

Und einen Revolver! «Gute Idee. Ich guck mal in meinem Karton nach.» Vio geht zum Schrank.

Claudia folgt ihr. «Mensch, jetzt sollten die beiden aber wirklich mal langsam antanzen!»

Wie auf Stichwort klingelt es.

Auf in den Kampf! Laura steigt die schmale Treppe zu Ollis Wohnung hinauf. Sie hört Stimmengewirr und Musik.

Max steht in der Tür. Er hält ein Glas Bier in der Hand und lächelt verschmitzt. «Laura! Schön, dich zu sehen!»

«Hallo.»

Er hilft ihr aus dem Mantel und tritt, während er sie mustert, einen Schritt zurück.

Sag schon deinen Spruch! «Machen die Nachbarn keinen Ärger?»

«Alle ausgeflogen. Sonst hätte es auch nicht geklappt mit der Fete.» Er kommt dich an ihr Ohr: «Kann das sein, daß ich dich noch nie in einem Kleid gesehen habe? Du siehst umwerfend aus!» Er lacht. «Aber sag Liv nichts davon.» Laura verzieht den Mund. Sie weiß nicht, wohin mit ihren Händen.

«Ist schon viel los hier!» Er trinkt an seinem Bier, schaut zur Seite und bewegt seinen Kopf zum Takt der Musik. Plötzlich hebt er den Zeigefinger, als fiele ihm etwas Wichtiges ein. «Da vorn in den Krug gibt man seinen Zehner. Olli hat alles besorgt. Und – warst du schon mal hier?» Er zieht sie in die kleine Diele, in der sich alles drängelt, um von einem Zimmer ins andere zu kommen.

Micha zwängt sich aus der Küche. Vio hält sich dicht hinter ihm. «Ah, hallo!» Er hebt die Hand.

Laura scheint es, als überlegte er, einen Ausfallschritt in ihre Richtung zu machen. Vio verzieht das Gesicht zu einem Lächeln und legt ihre Hände auf Michas Beckenknochen. Sie schiebt ihn weiter. Laura kann es ihr nicht verdenken. Sie weiß nicht, ob und was Micha ihr von der Fahrt nach Luxemburg erzählt hat, aber irgend etwas muß sie zumindest ahnen.

Max zupft sie am Ärmel. «Hier rechts ist die Küche mit Essen und Trinken. Geradeaus kann man tanzen – aber da ist noch keiner drin. Und links ist Ollis Schlafzimmer. Da kann man auch drin sitzen. Komm, wir gehen dir erst mal was zu trinken holen.»

In der Küche stehen Olli und Hella am kalten Buffet und unterhalten sich mit einem gutaussehenden Mann, den Laura auf Ende Zwanzig schätzt. Dunkles Jackett, Jeans und eine rote Krawatte über einem hellen Hemd. Er fällt mit seiner Skibräune inmitten all der Käsegesichter ziemlich auf. Hella begrüßt sie freundlich, Olli macht ihr ein Kompliment wegen ihres Kleides, Max zapft ihr ein Bier. Sie hofft, daß nicht jeder ihrer Bekannten eine Bemerkung über das Kleid machen wird. Natürlich ist es schön zu hören, daß sie gut aussieht. Es hat sie schließlich einige Überwindung gekostet, sich in dieser Aufmachung zur Fete zu trauen. Nannette hat wieder einmal zugeschlagen. Zwei Wochen vor Weihnachten überzeugte sie Laura davon, daß sie in diesem schwarzen Kleid hinreißend aussehe. Aber jedes erstaunte Kompliment verweist nur darauf, daß ihre sonstige Art, sich zu kleiden, keinerlei Anlaß für Begeisterungsstürme gibt. Auch wenn das stimmt, will sie es nicht zwanzigmal auf die Nase gebunden bekommen.

Sie ist bereit, einen Schnitt zu machen. Der Silvesterabend soll die erste harte Probe sein. Daß sie immer noch in Micha verliebt ist, soll sie nicht mehr länger davon abhalten, sich frei zu bewegen. In den Wochen nach dem Abend auf der Kirmes und dem unweigerlichen Absturz in der folgenden Nacht verkroch sie sich wieder in ihr Zimmer zu ihren Büchern. Bis Anfang Dezember konnte auch Nannettes gutes Zureden nichts ausrichten. Dann gab sie endlich nach und ließ sich wieder zu *Tante Mathilde* schleppen. Micha hielt sich äußerst bedeckt, Vio ging ihr völlig aus dem Weg, und das war auch in Ordnung so.

Der braungebrannte Krawattenmann stellt sich als Holger und Helgas Exfreund vor und gibt ihr die Hand. Sie ist mit dem festen Vorsatz gekommen, sich zu amüsieren. Vielleicht bringt das neue Jahr endlich die große Liebe, und warum soll sie sich nicht in der Silvesternacht, die immer gut für einen Neuanfang ist, schon einmal danach umschauen?

Max schlägt vor, ins Schlafzimmer zu Liv zu gehen. Bewaffnet mit einem Glas Bier, das sie sich in dem Gedränge dicht vor den Bauch hält, folgt sie ihm in die Diele. In der Tür zum Schlafzimmer bleibt sie stehen. Liv sitzt mit Vio und Claudia auf dem Bett. Micha und Karsten stehen davor. Sie plaudern ausgelassen miteinander. Nannette, die in diesem Augenblick mit Marc neben sich auftaucht und sie begrüßt, rettet sie fürs erste. Laura führt sie in die Küche.

«Auf die Frauen!» Max hebt sein Glas.
«Prost, Alter!»
Mit der flachen Hand schlägt Max auf das Bierfaß. «Und hier bleiben wir jetzt stehen, bis wir umfallen.»
Micha zeigt auf die Küchenuhr. «Mach langsam, Junge. Bis zwölf ist es noch fast 'ne Stunde.»
«Trotzdem!»
«Liv ist doch eigentlich ganz gut drauf heute abend.»
«Ja, das stimmt.» Max stützt sich auf das Faß, muß aber im nächsten Moment Platz machen für einen Kollegen von Olli, der sich anschickt, eine ganze Batterie Gläser zu füllen. Er stellt sich neben Micha und steckt sich die freie Hand in die Hosentasche. «Aber das dauert wohl noch 'n bißchen. Das hat sie gestern abend ziemlich angeknockt.»
«Wird schon wieder!»
«Und wie ist es mit Laura hier?»
Micha atmet tief durch. «Es ist Scheiße! Der totale Streß.» Er stößt sauer auf. «Ich hätte nicht soviel von dem Nudelsalat essen sollen.»
«Sie ist die Schönste.»
«Was?»
Max gibt ihm mit der Hüfte einen Schubs. «He! Daß Liebe blind macht, habe ich ja schon gehört. Aber taub?»
«Hör auf mit dem Quatsch!» Ollis Kollege ist endlich fertig mit seinem Meter Bier. Micha trinkt sein Glas aus und zapft sich und Max ein neues.
«Ich meine das im Ernst.»
«Und was meint Liv dazu?»
Max grinst. «Nichts, nehme ich an. Laura steht ja auch nicht auf mich.»

«Dir erzähle ich noch mal was!»

«Prost!»

Micha schaut zur Tür und entdeckt Hellas braungebrannten Exfreund Holger, der mit Vio in der Diele steht und sich prächtig zu amüsieren scheint. Charmant lächelnd schwenkt er sein Sektglas und redet gestenreich auf Vio ein. Sie sieht zu ihm auf und nickt eifrig, während sie unablässig an einem Cocktailglas nippt. Plötzlich wird sie von hinten angerempelt und stößt mit ihm zusammen. Er reißt sein Sektglas in die Höhe und faßt ihr in den Rücken, um nicht umzufallen. Sie gibt einen schrillen Kiekser von sich und wischt mit einer Hand am Revers seines Jacketts, auf dem offenbar einige Spritzer ihres Cocktails gelandet sind. Jetzt lacht sie auch noch so affektiert! Micha nimmt einen großen Schluck.

«Vio geht's offensichtlich gut.» Max legt einen Arm um Michas Schultern.

«Ich frage mich, was der Affe hier will. Wie der schon aussieht mit seiner Kackfarbe im Gesicht und dem bescheuerten Schlips.»

«Der ist ja auch zehn Jahre älter als wir.»

Das ist es ja!

«Komm, mach uns noch 'n Bier.» Max klingt schon ziemlich betrunken.

Als Micha sich mit den neuen Gläsern wieder aufrichtet, sind Vio und Holger verschwunden. «Ich geh mal aufs Klo.» Er drückt Max die Biere in die Hand und verläßt die Küche.

Im Tanzzimmer entdeckt er die beiden. In dem schummrigen Licht bewegen sie sich heftig zum Rhythmus der Musik. Die Bässe schlagen ihm auf den Magen. In einer der hinteren Ecken tanzt Laura mit einem Typen, den er nicht kennt. Gut, danke sehr, das reicht für den Augenblick! Er geht aufs Klo.

Holger faßt Vio an die Schulter und kommt mit seinem Mund dicht an ihr Ohr. «Wenn du willst, kannst du mich ja mal in Köln besuchen. Dann zeige ich dir die Stadt.» Sie riecht sein Rasierwasser. Sie muß schreien. «Ja, mal sehen, wäre toll! Ich hab auch noch 'ne andere Bekannte in Köln.» Ihr ist klar, daß sie mit dem Feuer spielt. Claudia hat ihr schon einen argwöhnischen Blick zugeworfen. Wenn Hella oder Olli es Holger nicht gesagt haben, kann er nicht wissen, daß sie mit Micha zusammen ist. Aber sie verspürt noch kein dringendes Bedürfnis, es ihm zu verraten. Er läßt die Hüften kreisen. Sie ist fasziniert von ihm, seinem Alter und der Selbstsicherheit, die er ausstrahlt. Er ist ein richtiger Mann, ganz anders als Micha, sogar älter als Olli, reifer und erwachsener. Sie genießt es, daß ausgerechnet er, der auffälligste Mann auf Ollis Fest und zudem noch Hellas Exfreund, an ihr interessiert ist. Zuerst hätte sie das Tanzzimmer allerdings am liebsten wieder verlassen. Es ist ihr unangenehm, mit Laura in einem Raum zu sein. Überhaupt fühlt sie sich umzingelt von Frauen, die ihr nicht geheuer sind. Hella, die mit Olli tanzt, verhält sich den ganzen Abend schon ziemlich abweisend ihr gegenüber, wenn nicht sogar herablassend. Vio fragt sich, ob Hella in ihr eine junge, unreife Göre sieht, die ihrem Olli einmal das Herz gebrochen hat. Die Vorstellung ärgert sie kolossal. Er dreht sich zur Seite und schwenkt seine Hüfte gegen ihren Hintern. «Und hepp!» «Yeah!» Ihr Blick fällt auf Laura. Ein Glück, daß ich mein Kleid nicht angezogen habe! Ich hätte mich schwarz geärgert. Vor ihrem inneren Auge erscheinen Micha und Laura engumschlungen tanzend in einem Bierzelt. Sie hat es im stundenlangen Streit aus ihm herausgefragt. Soll er doch mal sehen, wie das ist! Sie blinzelt Holger an. «Hey!» Er faßt sie an beiden Händen und wirbelt sie herum. «Yeah! Rock 'n' Roll!» Ihre Stimme überschlägt sich.

Nannette tanzt dicht an Laura heran und legt ihr einen Arm um die Hüfte. «Und!? Wie findest du ihn?» Sie grinst. «Ich finde ihn nicht übel.»

Laura macht ein säuerliches Gesicht. «Komm, hör endlich auf, mich mit jedem verkuppeln zu wollen! Und schau nicht so auffällig in seine Richtung!»

Mit einem Achselzucken, das in ihre rhythmischen Bewegungen übergeht, nimmt Nannette wieder ihre Position ein. Laura bildet mit ihr und Marc einen hermetischen Kreis, in den sie Ulli, den sie vor zwei Stunden kennengelernt hat, nicht mehr hineinlassen will. Es hat Spaß gemacht, mit ihm zu tanzen, obwohl sie zwischendurch immer wieder an Heiner von Marcs Fete und die leidige Geschichte danach denken mußte. Trotzdem ist es ihr gelungen, sich recht gut zu amüsieren. Bis vor einer halben Stunde. Auf dem Weg zur Toilette gab es einen kurzen Wortwechsel mit Micha. Hallo, wie geht's? Gut, und dir? Och, auch ganz gut. Na ja, bis später dann... Sie versuchte noch, ihren Frust wegzutanzen, aber es funktionierte nicht. Sie kann es nicht fassen, daß sie sich immer wieder selbst etwas vormacht. Es ist ihr einfach nicht möglich, in Michas Nähe halbwegs locker zu bleiben, geschweige denn jemand anderes kennenzulernen. Seit sie mit Micha auf dem Weg zur Toilette geredet hat, ist Ulli plötzlich wieder irgendwer, der ihr früher oder später doch nur an die Wäsche will. Die Musik gefällt ihr nicht mehr, und die Luft ist zu stickig. Aber sie muß weitertanzen, denn in den anderen Räumen hält sich Micha auf.

Sie kann Nannette die Frage nach Ulli nicht einmal übelnehmen. Wahrscheinlich hat nicht nur sie den Eindruck gehabt, daß sich zwischen ihr und ihm etwas anbahnte. Dennoch kränkt sie Nannettes Eifer und sie schämt sich, daß Micha sie entgegen ihrer Ankündigung nun doch wieder voll erwischt hat.

«Möchtest du auch noch was zu trinken?» Ullis Gesicht schiebt sich freundlich lächelnd in ihr Blickfeld.

Laura schüttelt heftig den Kopf. Für einen kurzen Augenblick spürt sie einen Anflug von Verachtung für ihn und seine Bemühungen um sie. «Nein, ich habe noch!» Mit einem Schwung dreht sie sich um die eigene Achse und achtet darauf, daß Ulli keine Chance hat, erneut Kontakt zu ihr aufzunehmen. Sie wirft sich ihre eigene Gemeinheit vor und verflucht die Tatsache, daß sie einfach nicht aus ihrer Haut heraus kann.

Marc schaut auf seine Armbanduhr. «Noch acht Minuten!» Nannette reckt eine Faust in die Höhe und brüllt gegen die Musik an. «Noch acht Mi-nu-ten!»

Die vollkommene Ernüchterung tritt unmittelbar ein. Schlagartig hört Laura auf zu tanzen. Es hat keinen Zweck! Das alles ist idiotisch! Sie beugt sich zu Nannette und umarmt sie kurz. «Ich wünsche dir alles Gute fürs neue Jahr. Ich verziehe mich. Du weißt ja, ich kann die Küsserei um zwölf nicht ausstehen.»

In Nannettes Gesicht ist ehrliches Bedauern zu erkennen. Sie gibt ihr einen Kuß. «Was hast du denn jetzt vor?»

«Nehmt ihr mich nachher mit nach Vallendar?»

«Sicher. Aber wir fahren schon gegen halb eins zurück. Wir müssen morgen früh raus, sonst kriegen wir die Fähre nach Texel nicht mehr.» Nannette schließt sie fest in ihre Arme. «Ich freue mich so auf den Kurzurlaub mit Marc.»

Laura befreit sich. «Schön. Ich treffe euch dann am Auto.»

«Wo willst du denn jetzt hin?»

«Ich gehe ein bißchen spazieren. Bis gleich.» Sie wünscht Marc noch ein frohes neues Jahr.

«He, du bist zu früh dran!» Er blickt sie überrascht an, aber Nannette faßt ihn am Arm und zieht ihn weg.

Ohne Ulli noch einmal anzuschauen, huscht sie aus dem Zimmer, schnappt sich von der Garderobe ihren Mantel und rennt die Treppe hinunter.

Die ganze Meute hat sich in Jacken und Mänteln vors Haus begeben, um das neue Jahr zu begrüßen. Als die Kirchturmglocken zu läuten anfangen und in der Nachbarschaft die erste Rakete abgefeuert wird, lassen Olli und Hella die Sektkorken knallen. Die Hände, die ihnen die Sektgläser hinhalten, zittern vor Kälte.

Lustlos zündet Micha die Lunte einer seiner mitgebrachten Raketen an. Böse kreischend steigt sie hoch. Er schaut ihr nach.

«Ahhh!» Die Leute klatschen.

Vio faßt ihn an der Schulter und dreht ihn zu sich herum. «Frohes neues Jahr!» Sie gibt ihm einen Kuß auf den Mund. Olli und Hella springen hinzu. Vio löst sich schnell und umarmt Olli. Hella küßt Micha auf die Wange. Er schwankt und stützt sich mit einer Hand auf ihrer Hüfte ab. Sie fühlt sich weich und rund an. Wie Marion! Max und Liv stehen neben der Haustür und küssen sich innig. Karsten gibt Micha einen Schlag auf die Schulter und umarmt Vio ungelenk. Hella nickt er zu. Claudia und Vio umarmen sich lange und flüstern sich etwas ins Ohr. Dann kommt Claudia zu Micha. Es ist, als umarmten sich zwei Holzbretter. Ein paar Meter entfernt sieht er, daß Vio und Holger sich in die Arme nehmen. Er wendet sich dem Rest seiner Raketen zu. Auch Nannette kommt noch und umarmt ihn wie eine alte Freundin. Zu seiner Erleichterung ist von Laura nichts zu sehen. Max und Liv helfen, die Raketen abzufeuern, und verschwinden dann wieder in Ollis warmer Wohnung.

Micha bleibt unten. Mit immensem Groll denkt er an Holger, der unverhohlen um Vio herumscharwenzelt, die nichts dagegen zu haben scheint. Er mag nicht nach oben gehen, weil er keine Lust hat, mit anzusehen, wie sie es ihm heimzahlt. Ernste Sorgen macht er sich nicht. Dennoch ist es ihm unbehaglich. Wenigstens sind wir damit quitt! Und keine Vorhaltungen mehr wegen Laura! Unschlüssig steht er auf dem Bürgersteig und überlegt, ob es nicht doch besser wäre, wieder ins Haus zu gehen. Schließlich dreht er sich eine Zigarette und raucht sie mit klappernden Zähnen.

Laura biegt um die Ecke und bleibt abrupt stehen. Er tritt die Zigarette aus. Sie setzt sich in Bewegung. Zunächst sieht es so aus, als wollte sie an ihm vorbei ins Haus gehen, aber dann beschreibt sie eine leichte Kurve und steuert direkt auf ihn zu. Einen Meter vor ihm bleibt sie wieder stehen. Beide Hände stecken in ihren Manteltaschen. Sie schaut ihn mit ernsten Augen an.

«Hallo.» Er weiß, daß sein Grinsen dümmlich aussehen muß.

Laura schießt nach vorn. Mit einem Satz ist sie bei ihm. Reflexartig geht er in Deckung und braucht eine Schrecksekunde, um zu erfassen, daß sie ihm keine Ohrfeige geben will, sondern sich fest an ihn drückt. «He, Schwester!»

Ein Ruck geht durch ihren Körper. «Nix Schwester. Ich bin Laura. Laura, hörst du. Und ich will, daß du mich küßt.» Sie nimmt seinen Kopf zwischen beide Hände.

Er spürt ihren Atem dicht an seiner Nase. Langsam legt er seine Arme um sie.

Sie drückt ihn gegen die Hauswand. «Ein einziges Mal. Dann laß ich dich in Ruhe. Dieser eine Kuß steht noch aus. Du weißt es.»

Er spürt, wie sie ihren Unterleib gegen seinen preßt. «Laura!» Er krächzt. Sein linkes Knie beginnt zu zittern. Dann öffnet er seine Lippen. Es ist, als hätte er noch nie in seinem Leben geküßt.

Ehe er es sich versieht, steht er wieder allein auf dem Bürgersteig. Laura ist ohne eine weiteres Wort weggegangen. Benommen lehnt er an der Hauswand.

«Tschüs, Micha!» Nannette und Marc winken ihm zu. «Viel Spaß noch!»

Er dreht sich weg.

«Du, mein Freund ist auch hier!»

Holger sieht Vio erschrocken an. Er tritt einen Schritt zurück. Seine Arme, mit denen er sie gerade noch an sich gezogen hat, baumeln nutzlos an den Seiten herab. «Oh, tut mir leid. Das wußte ich nicht.» Er schaut sich im Tanzzimmer um. «Wo ist er denn?»

«Ich habe ihn vorhin in der Küche gesehen. Wahrscheinlich ist er schon tierisch eifersüchtig. Ich denke, es ist besser, ich sehe jetzt mal nach ihm.»

Ungläubig schüttelt er den Kopf. «Das hättest du mir auch ruhig früher sagen können, findest du nicht?»

Holgers Direktheit verschlägt ihr die Sprache. Sie kommt sich albern und dumm vor. Noch eine Sekunde, und sie hätten sich auf offener Szene geküßt. Tatsächlich hat sie sich gefragt, wie es wäre, ihn zu küssen, und wie es wäre, wenn er ihre Brust anfassen würde, heimlich, in einer stillen, unbeobachteten Ecke, und die Phantasie hatte sie erregt. Um so mehr schämt sie sich jetzt.

Er stellt sich breitbeinig vor ihr auf. «Nicht wegen mir. Ich kann das verkraften. Aber ich finde das gemein gegenüber deinem Freund.»

Holgers Bemerkung trifft sie ins Mark. «Was hast du denn!? Ich tanze hier mit dir, und du fängst an, handgreiflich zu werden.»

«Also dann, schönen Abend noch!» Er dreht sich um und läßt sie stehen.

Max liegt neben Micha auf Ollis Bett und tätschelt seine Wange. Er schaut zu Vio auf. «Ich glaube, der ist fix und fertig. Gibt keinen Pieps mehr von sich. Kotzen will er auch nicht.»

«Was hat er denn gemacht!?» Sie kniet sich aufs Bett und streicht Micha besorgt durch die Haare. «Micha!» O Scheiße! Er rührt sich nicht. «Hat er was gesagt?»

Max steht auf, streckt sich und taumelt gegen den Türpfosten. «Nein.» Er schaut sie böse an. «Er kam plötzlich in die Küche gestürmt und hat sich die Pulle *Asbach* geschnappt. Ich wollte es ihm ja noch ausreden, aber dann habe ich ihm aus Solidarität dabei geholfen, versteht sich.» Er kann sich kaum auf den Beinen halten.

Liv kommt herein. «Das Taxi ist da!» Sie bedenkt Vio mit einem vernichtenden Blick. «Ihr seid alle bescheuert!»

«Micha, das Taxi ist da!» Vio schüttelt ihn an den Schultern.

Seine Augenlider fliegen auf. Mit einem Ruck springt er hoch und stürmt hinaus in die Diele, wo er plötzlich orientierungslos stehenbleibt.

«Rechts!» Max stolpert hinterher.

Zehn Sekunden später sind aus der Toilette erbarmungswürdige Kotzgeräusche zu hören. Vio ist zum Heulen zumute.

Darf ich dich ansehen?» Micha spricht sehr leise. Laura blinzelt. «Schalte bitte die Lampe aus.» Bei ihr ist es weniger als ein Flüstern. Mit angezogenen Beinen liegt sie ihm zugewandt auf der Seite. Ihre Hände halten ihre Wangen, die Unterarme bedecken ihre Brüste.

Langsam zieht er eine Hand unter der Decke hervor und schaltet das Nachtlämpchen aus. Für einen kurzen Moment herrscht vollkommene Dunkelheit. Nach und nach treten die Dinge wieder schemenhaft zum Vorschein.

«Du kannst die Kerze anzünden.»

Er dreht ihr den Rücken zu. Sie hört das trockne Fauchen eines angerissenen Streichholzes. Im nächsten Augenblick leuchtet das warme gelbe Licht der Kerze auf. Mit einer Hand zieht er die Decke bis zu ihren Hüften nach unten. Sie schließt die Augen und spürt eine elektrisierende Kühle auf der Haut. Sie lauscht, wie er atmet. Ihre Arme rühren sich. Im Geiste folgt sie seinen Blicken über ihren Körper. Sie löst die untere Hand von der Wange und legt sie zwischen sich und ihn. Die andere Hand gleitet langsam zu ihrem Oberschenkel. Bitte, finde mich schön!

Eine Minute vergeht. Sie streckt die Beine aus und schiebt die Decke vollständig vom Bett. Ihre Füße berühren sich. Seine Fußsohlen sind warm. Sie öffnet die Augen. Er lächelt. Seine Hand liegt zwischen ihnen dicht neben ihrer. Sein Penis neigt sich weich gebogen zur Matratze.

Sie betrachtet seine Füße, die Knie, die schmalen Hüften, die kleinen punktförmigen Brustwarzen, den kräftigen Hals, das freundliche Gesicht. Sein Körper hat sich verändert. Er wirkt kräftiger als vor eineinhalb Jahren am See in Breitenau. «Du bist schön.»

«Ist das wahr?» Sein kleiner Finger berührt ihren Daumen. Sie faßt nach seiner Hand. «Ja.»

«Du auch.» Er schließt die Augen und öffnet sie wieder.

«Ich möchte mit dir schlafen.»

Er dreht sein Gesicht zur Zimmerdecke. «Bist du sicher?»

«Ja.» Eine Ewigkeit vergeht. «Möchtest du?»

«Ich habe Präservative gekauft.»

Sie grinst. «Ich auch.»

Er sieht sie erstaunt an.

Sie beugt sich über ihn. Ihre Brüste berühren sein Gesicht. Er küßt sie zart. Aus einem Holzkästchen neben der Kerze nimmt sie ein Präservativ.

Pochend liegt sein Penis in ihrer Hand. Ich will dich in mir spüren! Sie küßt ihn. Sie gibt ihm ihre Zunge. Sie legt seine Hand auf ihre Brust. Sie schiebt sich auf ihn und bewegt sich sanft, rutscht nach unten und setzt sich auf seine Knie. Vorsichtig öffnet sie die Verpackung des Präservativs. Sie hält inne.

Wie geht das?

Er nimmt seinen Penis selbst in die Hand und zieht die Vorhaut langsam hinter die Eichel zurück. Dann setzt sie das Präservativ an und rollt es langsam ab. Es geht schwer. Das Gummi ist eng, sein Penis seltsam weich. Riecht wie ein Fahrradschlauch! Sie küßt seine Hüften, seine Leisten, spürt an ihrer Wange seinen Penis, der sich wieder aufgerichtet hat. Behutsam legt sie sich auf ihn und faßt nach seinem Penis. Sie spürt ihn an ihrer Scheidenöffnung, senkt ihr Becken, saugt ihn naß in sich hinein. Behutsam bewegt sie sich, bald schneller, immer schneller. Sie stöhnt auf. Micha gibt keinen Ton von sich.

Ihr Kopf liegt auf seiner Brust, als horchte sie seinem Herzschlag. Er zittert immer noch. Seine Hände liegen heiß und schwer auf ihrem Rücken.

«Wir müssen aufpassen.» Er greift nach unten, hält das Präservativ fest.

Sie hebt ihr Becken an und läßt sich zur Seite gleiten. Er legt das Präservativ neben das Bett und schließt sie fest in seine Arme. Ihre Körper passen sich nahtlos einander an. Laura fühlt seinen Herzschlag an ihrer Brust. Sie würde gern in ihn hineinkriechen. Zum erstenmal in ihrem Leben hält sie einen nackten Körper in ihren Armen. Jetzt gehört er ihr. Sie spürt, daß er sie fester umarmt.

Drei Tage nach Silvester rief er sie an. Er sagte: Laura, hier ist Micha. Sie schwieg. Minutenlang lauschte sie dem Knistern in der Leitung und seinem Atem. Dann sagte er endlich: Kann ich dich treffen? Heute abend? Um acht? Ich komme zu dir nach Vallendar.

Ihre Großmutter öffnete die Zimmertür, ließ ihn eintreten. Während sie die Tür schloß, zwinkerte die Großmutter ihr zu. Er wollte alles klären und redete doch nur Unsinn. Sie schwieg und wartete darauf, daß er die Fassung verlöre. Seine hilflosen Gesten rührten sie. Er stand vor ihrem Bücherregal und forderte sie auf zu sprechen. Sie lehnte an ihrer Zimmertür. Schließlich sagte sie: Ich habe mir gestern das Taschenbuch mit den Gedichten von François Villon gekauft, von dem du mir mal erzählt hast. Weißt du noch, damals im Wellenbad? Ein Gedicht gefällt mir besonders gut. Es erinnert mich an das Gedicht vom Kirschmond, an der Wand bei *Tante Mathilde*. Als wir uns das erste Mal gesehen haben, hast du mich gefragt, wie ich es finde. Damals hat es mir nicht gefallen. Jetzt ist es anders. Er fragte: Welches Gedicht von Villon meinst du? Es gibt eins, das erinnert mich an dich. Sie sagte: Fang an. Er begann: *Die Bäume standen alle grau und krank im Wald herum.* Sie fuhr fort: *Weil in dem Bach der Tag ertrank.* Er schlug die Hände vors Gesicht und sprach weiter: *Du aber warfst die Kleider fort vom Leib und hast ein weißes Licht mir ange-*

zündet, du, mein Abendweib, mit Wurzelhaar und Tierge-
sicht. Langsam ging sie zu ihm und sagte: *Und immer*
werden meine Augen hell und weit, wenn in der Nacht mir
solch ein Mond erscheint. Sie umarmten sich. Er wollte
etwas sagen, aber sie legte ihm die Hand auf den Mund. Er
sollte es nicht aussprechen. Er sollte ihr nicht sagen, daß es
nicht gehe. Sie wußte es. Er sollte nur dasein und sie halten.
Sie trafen sich wieder. Heimlich. Max weiß es. Er mußte
versprechen, Liv nichts zu erzählen. Zu gefährlich. Nannette weiß es. Sie schüttelte den Kopf und sagte: Laura,
Laura, Laura! Sie könne es nicht gutheißen, aber sie sei ihre
Freundin. Sie wünschte ihr alles Glück. Micha hat erzählt,
daß Max ihn für verrückt hält. Micha hält sich selbst für
verrückt. Er sagte: So was gibt es doch nur im Film.
Laura zieht die Bettdecke über sie beide. Ich weiß, er ist
verliebt in mich. Und ich – ich liebe ihn. Das ist der Unter-
schied. Bald ist Sommer. Bald fliege ich weit weg. Kommst
du mit? Nein, ich weiß... Wenn er ging, suchte sie ihn.
Unentwegt. *Ich aber weiß nicht, wo du weilen magst, ich*
weiß nur, wie du hautnacktweiß mit deinem Mund an mei-
nem Munde lagst. Und über uns der Mond zog seinen Kreis
die lange Nacht und hat mich still und hat mich krank
gemacht. Jetzt habe ich ihn in mir gehabt.
Micha atmet tief ein und aus. Ihr Kopf hebt und senkt sich
mit seinem Rhythmus. Ein leiser Luftzug streicht über ihre
Schulter. Sie kuschelt sich dichter an ihn. Seine Hand sucht
ihre. Sie faßt danach und dämmert weg.
Schwarz. Vögel zwitschern. Hell. Sie kann seine Hand nicht
mehr halten. Schwarz. Vögel zwitschern. Dann der
Schmerz, als explodierten ihre Eingeweide. Er fällt, zwei
Stockwerke tief. Sie hört seine Knochen knacken, der Schä-
del birst, das Hirn liegt bloß – Laura zuckt heftig und fährt
hoch.
Michas Arm wirbelt durch die Luft, trifft sie hart am Ohr.
«Was!»
Ohnmächtiges Weinen schüttelt sie. Ihre Hand drückt auf

ihren Mund, versucht das Weinen zu unterdrücken, doch die Tränen strömen heraus. Sie wälzt sich zur Seite und krümmt ihren Körper.

Er faßt sie an der Schulter, zieht an ihr. «Laura, was ist!? Hab ich dich am Ohr getroffen?» Er richtet sich auf, beugt sich über sie. «Das wollte ich nicht. Sag doch was!»

Sie versteckt ihr Gesicht.

«Laura!»

Sie greift nach hinten, findet seinen Arm und legt ihn sich auf den Bauch. Wortlos schmiegt er sich an sie, küßt ihre Schulter und streichelt ihren Bauch. Sie beruhigt sich. Plötzlich wird ihr bewußt, daß sie seit dem Tod ihrer Mutter nicht mehr geweint hat.

«Laura?»

Sie rührt sich nicht. Sie spürt die Erschöpfung, aber auch eine reinigende Erleichterung.

«Sag doch, was vorhin los war. Ich hab mich so erschrocken.» Seine Hand streichelt immer noch sanft ihren Bauch.

«Ich mußte gerade daran denken, daß ich immer alles verloren habe, was mir lieb war.» Sie nimmt seine Hand von ihrem Bauch und legt sie behutsam auf die Matratze. Micha richtet sich auf. Sie zieht die Schulterblätter zusammen.

«Ich weiß nicht, was ich sagen soll.»

«Du brauchst nichts zu sagen. Es ist so. Ich weiß, daß aus uns nichts wird. Aber jetzt –» Sie dreht sich um und schaut ihn an. «In diesem Augenblick bist du hier und nirgendwo anders.»

«Ja sicher.» Er läßt den Kopf hängen.

Sie sieht, wie er die Stirn runzelt. Sie nimmt seine Hand und legt sie auf ihre Brüste.

Er lächelt. «Du hast einen schönen Busen. Schau, er paßt genau in meine Hand.»

Sie schließt die Augen. «Findest du?»

«Ja, wirklich.»

Ein dummer Gedanke drängt sich ihr auf. Sie versucht, ihn

zurückzuhalten, doch er findet unaufhaltsam den Weg zu ihrer Zunge. «Vio hat größere Brüste.»

Als habe er sich die Finger verbrannt, zieht er seine Hand zurück. Er läßt sich auf den Rücken fallen.

«Schläfst du noch mit ihr?»

Seine Antwort kommt zögerlich. «Ja.»

«Wie machst du das – mit zwei Frauen schlafen?» Sie weiß, daß dieses Gespräch zu nichts als Verdruß führen wird. Trotzdem kann sie nicht widerstehen. Nicht nur sie ist kompliziert. Auch Micha hat ein Problem.

«Es war ja heute das erste Mal.»

Sie wartet.

«Ich komme um vor schlechtem Gewissen.»

«Liebst du sie?»

Er faßt sich mit beiden Händen an die Nase. «Ja, natürlich.»

Sie kann ihn nicht verstehen, aber sie glaubt ihm. Sie rechnet es ihm an, daß er wenigstens ihr gegenüber ehrlich ist. Weiß er überhaupt, was Liebe bedeutet? An seiner Verbundenheit zu Vio hat sie keine Zweifel, aber auch nicht an der zärtlichen Zuneigung, die er ihr selbst entgegenbringt. Immer wieder hat sie sich in den vergangenen Wochen bei Tagträumen erwischt, in denen er plötzlich seine wahre Liebe für sie entdeckt. «Meinst du wirklich, Vio spürt nichts? Bist du ein so guter Schauspieler?»

«Ich weiß es nicht. Sie hat sich schon hundertmal für Silvester entschuldigt, weil sie glaubt, ich hätte mich wegen ihres Flirts mit diesem Holger so mit *Asbach* abgeschossen. Es ist furchtbar, aber ich laß sie in dem Glauben, weil ich nicht weiß, was ich sagen soll, weshalb ich nur noch selten mit ihr schlafe.» Seine Stimme klingt immer jammervoller. «Ich merke ja, wie sie das irritiert. Sie sagt, ich wäre so verschlossen, und es täte ihr leid. Sie hat auch kein einziges Mal mehr von dir und Luxemburg angefangen. Sie weiß ja auch nicht, daß wir uns wieder treffen. Offiziell gehe ich dir seit Luxemburg aus dem Weg. Alles ist so verlogen.»

Dann ändere etwas daran! «Wann kommt sie denn wieder?»

«Morgen abend. Sie muß ja am Montag wieder arbeiten. Ich hole sie mit Marions Wagen in Koblenz vom Bahnhof ab. Intercity aus Köln, 21 Uhr 51.»

«Fährt sie häufiger nach Köln?»

«Sie hat sich mit Claudias Cousine angefreundet. Elfie. Ich mag sie auch ganz gern.»

Nicht zum erstenmal empfindet Laura eine merkwürdige Befriedigung dabei, über alltägliche Dinge zu reden, die Vio betreffen. Manchmal fahndet sie nach Anzeichen dafür, daß Micha an Vio irgend etwas auszusetzen haben könnte. Es ist ein Ausgleich dafür, daß ihre Liebe zu ihm im verborgenen bleiben muß.

Sie bemüht sich, nicht zuviel darüber nachzudenken, daß ihre heimliche Beziehung im Grunde unmöglich ist und keine Zukunft hat. Besonders in den letzten Tagen mußte sie alle Skrupel wegen der offensichtlichen Unrechtmäßigkeit ihres Handelns zur Seite schieben. Die Präservative hat sie in Koblenz in einer Apotheke gekauft, in der Löhrstraße, der belebtesten Einkaufszone der Stadt. Niemand konnte sie dort entdecken. Das konspirative Vorgehen hatte etwas seltsam Kaltblütiges, aber es half, die Peinlichkeit beim Kauf der Kondome zu überstehen. Sie wollte mit ihm schlafen. Wenigstens das wollte sie noch von ihm haben.

«Es ist komisch. Du weißt inzwischen so viel von Vio. Wir reden über sie, aber sie weiß nichts von dir. Sie ist völlig ahnungslos.» Er wirft die Arme hoch. «Das macht mich verrückt!»

«Was willst du tun?»

«Ich weiß es nicht. Sag du mir, was ich tun soll.»

«Das kann ich nicht. Ich weiß nur, daß du nicht uns beide haben kannst. Und du wirst dich gegen mich entscheiden! Du kannst lange darauf warten, daß ich dir die Entscheidung abnehme.»

Ohne ein weiteres Wort zu sprechen, liegen sie noch eine

Viertelstunde lang da. Sie berühren sich nicht mehr. Micha scheint angestrengt über etwas nachzudenken, aber er äußert sich nicht. Schließlich greift er neben das Bett und sieht auf seine Armbanduhr. «Ich muß gehen.»

«Ja.» Sie erhebt sich. «Drehst du dich bitte um. Ich möchte mich anziehen.»

«Wir haben gleich eins. Bleibst du denn nicht im Bett?»

Sie schaut über ihre Schulter, um zu sehen, ob er sich auch wirklich abgewendet hat. Er schaut zur Wand. «Nein. Ich will nicht, daß du mich allein im Bett zurückläßt.»

Zum Abschied umarmen sie sich. Sie würde ihn am liebsten nicht mehr loslassen. Am nächsten Morgen wird sie sich wieder unendlich nach ihm sehnen, nach seinem Lachen, seinem Mund, seinen Armen, nach der Wärme, die er ihr geben kann. Sie vergräbt ihr Gesicht an seinem Hals. «Es war sehr schön.»

Er drückt sie fest an sich.

«Geh jetzt.» Sie bläst die Kerze aus und öffnet ihm die Zimmertür. Aus dem Schlafzimmer ihrer Großmutter am anderen Ende der Diele dringt lautes Schnarchen.

Er küßt sie auf die Stirn und verläßt die Wohnung.

Als sie in ihr Zimmer zurückkehrt, sind zwei Stunden vergangen. Sie rechnet nicht damit, einschlafen zu können, aber im Wohnzimmer ist es ihr zu kalt geworden. Ihr Kopf ist übervoll. Zusammengekauert auf der Wohnzimmercouch, ist sie keinen Schritt weitergekommen. Glück und Stolz schlugen unversehens in Trauer und Beschämung um. Sie verfluchte Micha, und im nächsten Moment war sie entschlossen, um ihn zu kämpfen. Sie nahm sich vor, ihm die Pistole auf die Brust zu setzen, doch im selben Moment bekam sie Angst, daß er sie dann verlassen würde. Sie wand sich bei dem Gedanken, daß sie dem Ganzen selbst ein Ende setzen sollte. Sie drehte sich im Kreis.

Ihr Blick fällt auf das gebrauchte Präservativ neben ihrem Bett. Sie bückt sich, um es in den Papierkorb zu werfen. Mit spitzen Fingern hebt sie es hoch. Es hat kaum Gewicht. Sie betrachtet es genauer und stellt fest, daß es vollkommen trocken und leer ist.

Die Kerze brennt wieder, und es wird langsam warm im Bett. Micha hat ihr nie gesagt, daß er in sie verliebt sei. Sie spürt es nur. Mit wem soll sie darüber reden? Nannette bemüht sich, ihr eine gute Freundin zu sein. Sie hat gesagt: Wenn ich Micha und Vio nicht so gut kennen würde, hätte ich vielleicht weniger Probleme damit. Laura hat Angst, ihr zu erzählen, daß sie mit Micha geschlafen hat. Tu das nicht, hat Nannette sie vor ein paar Tagen noch ermahnt. Es hat nicht geholfen.

Sie dreht sich auf den Bauch. Alles riecht nach ihm.

Micha umarmt sein Kopfkissen. Er liegt auf dem Bauch, seine Beine sind eingeklemmt. Das frühlingshafte Wetter draußen paßt nicht zu seiner Stimmung. Der erste Freitagnachmittag im März ist hell, frisch und sonnig. Mit finsterer Miene dreht er sich eine Zigarette und denkt an das Wochenende in der Eifel.

Vio und er verzogen sich über Karneval in das Häuschen von Claudias Eltern. Angeblich war keiner von ihnen in Karnevalsstimmung. In Wahrheit wollte er vermeiden, auf irgendwelchen Feten oder in irgendwelchen Kneipen Laura im Beisein von Vio zu begegnen. Vio war vermutlich darauf bedacht, jeder Situation aus dem Weg zu gehen, die an Silvester erinnern konnte. Trotz Dauerregens hätte es eine gute Zeit in der Eifel werden können. Vielleicht sogar gerade wegen des naßkalten Wetters. Sie konnten kaum einen Schritt vor die Tür tun und verbrachten die meiste Zeit in der warmen Stube und vor allem im Bett. Es war nicht schlecht, aber auch nicht unbeschwert.

Er zündet die Zigarette an und stellt den Aschenbecher vor sich auf die Matratze. Vorsichtig bewegt er ein Bein. Es droht bald einzuschlafen.

Sie haben zusammen gekocht, gegessen, viel gespielt und viel geschlafen, aber weder über die Vergangenheit noch über die Zukunft gesprochen, sondern sich einfach von einem Augenblick zum nächsten treiben lassen. Die stille Abgeschiedenheit der Eifel verhalf ihm im Rückblick auf das vergangene Jahr zu einer Gewißheit, die ihm das Herz erwärmte und ihn trotzdem unglücklich machte. Niemand strahlte soviel Wärme und Sicherheit aus wie Vio. Niemandem fühlte er sich so vertraut und nahe. Kein Mädchen kannte ihn so gut wie sie, und keines hatte ihm je so viele Einblicke in die weibliche Welt gestattet. Wenn es die Situation ergab, wechselte sie in seinem Beisein den Tampon, und es war auch kein Tabu mehr, in Gegenwart des anderen auf der Toilette zu sitzen und zu pinkeln. Wenn sie in der Badewanne lagen, durfte er zusehen, wie sie aufstand und sich zwischen den Beinen einseifte, und er hatte auch seine Scheu abgelegt, sich vor ihren Augen unter der Vorhaut zu waschen. Er kannte die Marken ihrer Slipeinlagen, ihrer Kosmetik, die Nummerngrößen ihrer Slips, Unterhemden und BHs. Vio war wunderschön, witzig und schlagfertig. Aber sosehr er auch immer wieder dieses Bild von ihr und seine Gefühle für sie heraufbeschwor – über allem wehte der Geist von Laura.

Seine Hoffnung, in der Eifel endgültig Klarheit zu erlangen, ist nicht in Erfüllung gegangen. Klarheit hätte bedeutet, einen Weg zu finden, die Geschichte mit Laura zu beenden. Vio zu verlassen ist ihm nie in den Sinn gekommen. Er liebt sie. Das macht ihn so mürbe.

Die Federn der Matratze knarren. Vorsichtig streckt er das andere Bein und sorgt mit einigen Bewegungen seiner Zehen für eine bessere Durchblutung. Um vier Uhr muß er nach Neuwied fahren. Nach langem innerem Kampf hat er sich endlich seinen Termin bei einem Urologen besorgt, um den Knubbel in seinem Hoden untersuchen zu lassen. Außerdem klagt Vio seit ein paar Tagen über einen Scheidenpilz, gegen den ihre Ärztin ihr ein Scheidenzäpfchen verschrieben hat. Er wird für sich eine Salbe besorgen müssen. Er hat Angst. Es fehlt nur noch, daß der Urologe zu ihm sagt: Junger Mann, Sie haben nicht nur einen Pilz, sondern auch Hodenkrebs!

Er drückt die Zigarette aus. Was sage ich Laura, wenn ich

einen Pilz habe? Schlagartig wird sein Gesicht heiß. Sie haben wieder miteinander geschlafen. Dieses Mal ohne Präservativ. Laura hielt es nicht für nötig, weil sich ihre Periode durch eine leichte Vorblutung für den nächsten Tag angekündigt hatte. Zu seiner Erleichterung mußte sie nicht wieder weinen. Trotzdem legte sich etwas wie eine feuchte und kalte Plastikplane über sie. Plötzlich war ihm klar, daß alles ein unheilvolles Ende nehmen mußte.

Er vergräbt sein Gesicht im Kopfkissen. Egal, was kommt, es wird nur ein Scherbenhaufen übrigbleiben! Seit der letzten Begegnung mit Laura weiß er, daß er dabei ist, die Beziehung zu Vio zu zerstören. Möglicherweise ist es schon zu spät, selbst wenn er mit Laura morgen Schluß macht, oder sie mit ihm. Vielleicht besteht eine Chance darin, Vio alles zu erzählen. Aber er befürchtet, daß sie dann sofort jede Verbindung zu ihm abbricht.

Er hat geglaubt, seine Gefühle für Laura im Griff zu haben. Sie ist anders als Vio. Sie riecht anders, sie fühlt sich anders an, sie bewegt sich anders und sie denkt und spricht anders. Und doch ähnelt sich vieles. Er denkt an die Umarmungen und Küsse in Lauras Zimmer, an seine Aufregung, an das lähmende Gefühl in seinen Armen und Beinen. So ist es ihm auch mit Vio gegangen, als er am Abend unten am Rheinufer den Arm nicht um sie legen konnte, um ihr deutlich zu zeigen, daß er sie küssen wollte. Auch jetzt noch, nach einem Jahr, sind seine Antennen in ihrer Gegenwart stets ausgefahren, um ihm jede Unklarheit über die Frage, ob er und seine Lust willkommen seien, unverzüglich zu melden. Gegebenenfalls kann er dann unauffällig den Rückzug antreten. Mit Laura ist es anders. Sie hat die Initiative übernommen. Er läßt geschehen. So braucht er sich nicht den Kopf darüber zu zerbrechen, wie er sich verhalten soll. Die Erfahrung, dazuliegen und abzuwarten, was Laura unternehmen wird, und zu erleben, wie sie sich vorsichtig mit seinem Körper vertraut macht, um sich dann selbst Schritt für Schritt zu öffnen, hat ihn etwas verwirrt. Ihre Erregung steht nicht am Ende seiner Versuche herauszufinden, was sie gerne mag oder nicht. Ihre Lust und seine Hingabe sind das Ergebnis einer gemeinsamen Bewegung, deren Tempo sie bestimmt. Das gibt ihm nicht nur eine ungewohnte Sicherheit, sondern auch das Gefühl, gewollt und begehrt zu sein. Auch Vio will und begehrt ihn. Aber er ist sich dessen nie so sicher.

Er schließt die Augen. Ein Bild von Laura taucht auf. Mit ernstem Gesicht redet sie über Liebesromane, lächelt zwischendurch und streicht ihm liebevoll durchs Haar. Ihre rechte Hand liegt auf ihrem linken Busen. Sie sagt, daß sie beim Einschlafen oft eine Hand auf ihren Busen lege. Es beruhige sie. Die schwarzen, blau schimmernden Locken fallen auf ihre Schultern, ihre Nasenspitze ist leicht gerötet. Sie hat einen Schnupfen, und die Haut ihrer Unterlippe ist an einer Stelle aufgeplatzt. Sie lacht laut über eine Bemerkung von ihm, ihre Augen strahlen, und im nächsten Moment schlägt sie die langen Wimpern nieder. Er küßt sie zart.

«Ich glaube, ich bin eingeschlafen!» Vio wälzt sich auf den Rücken und gibt Michas Beine frei, die sie fest umklammert gehalten hat.

Er zuckt zusammen.

Sie schiebt sich zu ihm hoch und gähnt nach Herzenslust. «Ah, ist das schön, Freitagnachmittag freizuhaben! Das ist immer das Schönste an der Woche.» Mit der Fingerspitze berührt sie sein Ohrläppchen. «Du warst so still, da bin ich wohl eingenickt. Hast du über etwas nachgedacht?»

Er faßt sich. «Ja, über die Schule und daß Max und Liv in drei Monaten fertig sind, und daß ihr alle schon arbeitet, während ich ganz allein noch ein Jahr auf der Schule rumhängen muß.»

Sie streicht ihm liebevoll durchs Haar. «Das Jahr vergeht auch noch. Und wenn du fertig bist, ziehen wir nach Köln. Ich mache die Lehre in der Kölner Filiale zu Ende, und du studierst irgendwas oder gehst auch arbeiten.»

Gott, ist das eine Scheiße!

Sie schaut auf ihre Armbanduhr. «Schon kurz nach drei. Wann mußt du denn los?»

«Der Termin ist um halb fünf. Es reicht, wenn ich in einer dreiviertel Stunde losfahre.»

«Aha!» Sie dreht sich zu ihm, rutscht wieder ein Stück nach unten und schwingt ein Bein auf seinen Hintern. «Laß doch mal sehen, ob du einen schönen Pickel für mich auf dem Rücken hast.»

«O nein!» Er stützt sich auf beide Hände. «Du willst mich nur wieder quälen.»

«Ach was!» Ihr Tonfall wirkt beschwichtigend und verführerisch zugleich, wie immer, wenn sie sich mit eindeutigen Absichten an ihn heranmacht. Sie setzt sich rittlings auf seine Oberschenkel.

Ergeben läßt er sich den Pullover und das Unterhemd aus der Hose ziehen. «He, das ist kalt am Rücken.»

«Komm, stell dich nicht so an, du Memme!»

«Von wegen Memme! Wenn ich immer so an dir rumdrükken würde!»

«Nur zu! Ich sage doch immer, du darfst mir auch Pickel ausdrücken.» Sie kichert.

«Du hast ja nie welche.» In Erwartung einer Tortur preßt er sein Gesicht ins Kissen.

«Tja, ich dusche mich wahrscheinlich öfter als du.»

«Quatsch. Ich möchte bloß mal wissen, wieso dich das so aufgeilt, wenn da dieses Zeug rausgespritzt kommt.»

Sie gibt ihm einen Klaps auf den Rücken. «Das geilt mich nicht auf.»

«Wohl!»

«Nein.» Sie klingt wie ein kleines, auf frischer Tat ertapptes Mädchen. «Das ist nur zu deinem Besten. Nachher entzünden sich die Pickel, und dann gibt's einen Furunkel oder Schlimmeres.»

Er seufzt. Zwecklos! Das Pickelausdrücken gehört zu ihren intimen Ritualen. Und je lauter er schreit, desto mehr Spaß scheint sie daran zu haben. Er hat den Verdacht, daß sie seine hilflosen Versuche, ihren Klauen zu entkommen, sexuell erregen. Und wenn er ehrlich ist, macht es ihm sogar selbst Spaß. Allerdings hütet er sich, das zuzugeben.

«Ah, da ist ja tatsächlich ein Prachtexemplar! Der schreit gerade danach, von mir erlöst zu werden.»

«Na gut, aber nur einen! Abgemacht? Und wenn ich die Hand hebe, hörst du sofort auf. Klar!?»

«Ja, sicher, alles klar.» Sie drückt zu.

Micha schreit wie am Spieß.

«Boh!» Vios Stimme überschlägt sich. «Das hättest du sehen sollen! Ihh, ist das eklig!» Sie kreischt schadenfroh.

Blitzartig dreht er sich auf den Rücken und faßt nach ihren Handgelenken. «Wenn du dich so davor ekelst, dann mach's doch nicht!»

Sie beginnen einen kleinen Ringkampf, in dessen Verlauf der Aschenbecher von der Matratze auf den Fußboden rutscht.

Vio gluckst ausgelassen, gurrt und schnurrt und versucht, mit ihrer Zunge in sein Ohr zu kommen. Sie fährt mit der Hand über den Reißverschluß seiner Jeans und preßt ihren Unterleib gegen seinen Hüftknochen. «Hallo, mein Süßer, wir haben noch eine gute halbe Stunde Zeit, bis du fahren mußt.» Sie küßt ihn auf den Adamsapfel.

Micha spürt seine steigende Erregung, aber im nächsten Augenblick sieht er Laura vor sich. Seine Erektion sackt in sich zusammen. Zum erstenmal seit Silvester kommt er sich wirklich schäbig vor. Er faßt Vio an den Hüften und schiebt sie mit sanftem Nachdruck von sich. «Nicht jetzt. Ich muß gleich zum Urologen und ihm meinen Pimmel und meine Eier zeigen.»

Ein Anflug von Enttäuschung huscht über ihr Gesicht. «Du kannst doch nachher duschen.»

«Wenn du gleich zum Frauenarzt gehen müßtest, würdest du auch nicht mit mir schlafen wollen.» Er ist froh, daß ihm dieses Argument eingefallen ist.

Sie gibt sich geschlagen. Wenige Augenblicke später setzt sie eine heitere Miene auf und schmiegt sich an ihn. «Ich hab ja auch nur Spaß gemacht. Die Zeit ist sowieso viel zu kurz.»

Einige Minuten liegen sie schweigend beieinander.

«Weißt du, was ich seltsam finde in letzter Zeit?» Vios Stimme vibriert in seinem Brustkorb.

«Nein.» Er hält den Atem an.

«Wenn wir miteinander schlafen, bist du anders als früher. Wie soll ich sagen? Zurückhaltender irgendwie. Am Anfang hat mich das total irritiert. Ich dachte, du hast keine richtige Lust mehr, mit mir zu schlafen, ich mach dich nicht mehr an oder so was. Und ich habe gemerkt, wie schwer es mir fällt, den Anfang zu machen. Ich meine, eigentlich fängst du immer an, mich zu streicheln, und es ist komisch, wenn ich damit anfangen muß. Ich weiß dann nicht, ob du das überhaupt willst.»

Micha regt sich nicht. Er hat das Gefühl, sich gleich erbrechen zu müssen.

«Aber inzwischen finde ich das gar nicht schlecht, selbst aktiver zu werden. Du mußt mir noch ein bißchen Zeit geben.»

Sie streichelt seine Schulter. «Ist dir aufgefallen, daß ich ein bißchen aktiver geworden bin in letzter Zeit?»

«Ja, ich finde es schön.» Er küßt sie auf die Haare. «Ich muß jetzt los.»

«O.k.!» Vio schwingt sich vom Bett und ordnet vergnügt ihre Haare. «Ich muß mal wieder zum Frisör. Meine Haare sind zu lang geworden. Dir gefallen doch meine kurzen Haare noch, oder?» Sie zieht sich ihre Jacke an und steckt beide Hände in die Taschen.

Micha steht auf und stopft sich das Unterhemd in die Hose. «Ja, klar. Ich finde sie schön.»

«Ach!» Sie zieht einen Briefumschlag hervor. «Hast du mal eine Briefmarke für mich? Ich wollte den Brief an Elfie noch abschicken.»

263

«Ja, in der Schublade.» Er deutet auf seinen Schreibtisch. Dann fällt ihm etwas siedend heiß ein. Aber es ist zu spät. Vio kramt nach einer Briefmarke und findet das Päckchen Kondome, das er sich vor Wochen gekauft hat. «He, du hast ja Kondome! Wofür brauchst du die denn?» Schmunzelnd wedelt sie mit dem Päckchen vor ihrem Gesicht.

Mit pochendem Herzen geht er auf sie zu und nimmt ihr die Kondome aus der Hand. «Das sind ganz alte von früher.» Er bemüht sich um einen beiläufigen Ton. «Das Haltbarkeitsdatum ist bestimmt schon abgelaufen.» Er dreht das Päckchen in der Hand und findet das eingestanzte Datum. Ein Jahr noch! «Tatsächlich!» Er wirft es in den Papierkorb und zieht sich seine Jacke an.

Vio zupft ihn am Ärmel. «Ich dachte, ich wäre die erste gewesen für dich.»

«Warst du auch.»

«Und weshalb hast du dann früher Kondome gehabt?» Sie findet eine Briefmarke und klebt sie auf den Umschlag.

Er streckt die Hand nach ihr aus und nimmt sie in den Arm. «Ich konnte ja nicht wissen, ob nicht doch mal was passiert.»

Die Sonne ist bereits hinter den Häusern verschwunden. Sie steigen in Marions Wagen und fahren hinunter in die Stadt zu Vios Eltern. Am Abend ist sie mit Claudia zum Kino in Koblenz verabredet. Er selbst will sich mit Max bei *Tante Mathilde* treffen. Sie trägt ihm noch einmal auf, beim Arzt die Sache mit dem Pilz anzusprechen, und wünscht mit einem Kuß auf die Wange viel Glück und einen schönen Abend.

Die Fahrt nach Neuwied dauert eine Viertelstunde. Er fühlt sich wie erschlagen. Er weiß, daß es so nicht weitergehen kann. Daß Lauras Zuneigung ihn tief und wahrhaftig in seinem Innern berührt, kann ihm niemand vorwerfen, aber er schämt sich für seine Unaufrichtigkeit. Wie immer, wenn er versucht, sich zu rechtfertigen, beginnt sich alles in ihm zu drehen. Ich will sie nicht betrügen, ich will ihr nicht weh tun. Aber ich betrüge sie! Ich will Laura nicht verlieren. Ich bin ein Arschloch...

Er findet einen Parkplatz in der Neuwieder Innenstadt. Nach zwei Versuchen paßt der Wagen in die Parklücke. Er zieht den Zündschlüssel ab und betrachtet die Flecken auf der schmutzigen Windschutzscheibe. Plötzlich meldet sich wieder seine Angst vor der Untersuchung. Er ist noch nie bei einem Urologen gewesen. Max hat ihm geraten, zu dem Arzt in Neuwied zu gehen, bei dem er wegen seiner Beschneidung vor ein paar Jahren gewesen ist. Der Arzt sei ganz nett, hat Max versichert. Die Untersuchung sei zwar komisch, aber halb so wild. Was wird er sagen? Vio, halt mich fest! Er umklammert das Lenkrad und stöhnt auf.

Die Hand, die ihm der Urologe hinstreckt, ist groß und fühlt sich angenehm warm und trocken an. Er lächelt freundlich, bietet ihm einen Stuhl an und fragt, was er für ihn tun könne. Micha berichtet von seinen beiden Problemen.

Der Arzt hört aufmerksam zu und macht sich auf einer großen zusammenfaltbaren Karteikarte Notizen. «Waren Sie schon einmal bei einem Urologen?»

Micha schüttelt den Kopf.

Der Mann legt seinen Kugelschreiber auf den Schreibtisch. «Gut, dann möchte ich vorschlagen, Sie heute besonders gründlich zu untersuchen. Einverstanden?»

Micha nickt.

«Dann machen Sie sich bitte frei und legen sich dort auf die Liege. Die Unterhose können Sie noch anbehalten, wenn Sie wollen.»

Auf wackeligen Beinen geht Micha hinter die spanische Wand und zieht sich bis auf die Unterhose aus. Dann setzt er sich auf die Untersuchungsliege, über die eine Bahn weißer Zellstoff gezogen worden ist.

Der Arzt geht zu seinem Schreibtisch und drückt auf den Knopf einer Sprechanlage. «Bitte jetzt nicht ins Untersuchungszimmer kommen. Danke!»

Micha fällt ein Stein vom Herzen. Er hat schon befürchtet, daß eine der hübschen Sprechstundenassistentinnen hereinplatzen könnte.

Der Doktor tastet ihn am Hals und unter den Achseln ab, klopft hier und da, horcht mit seinem Stethoskop, befühlt die Leistengegend und erklärt ihm Sinn und Zweck seines Tuns. Zwischendurch stellt er Fragen nach früheren Erkrankungen.

Micha fällt ein, daß er mit zwölf eines Tages dickes und hartes Gewebe unter seinen Brustwarzen fühlen konnte. Damals hatte er Angst, Brustkrebs zu haben. Aber ein Jahr später waren die dicken Stellen wieder verschwunden.

Der Doktor lächelt. «Solche Brustdrüsenschwellungen kommen bei Jungen am Anfang der Pubertät sehr häufig vor. Das hat mit den hormonellen Umstellungen in dieser Zeit zu tun. Ich weiß nicht, ob Sie wissen, daß auch Jungen Brustdrüsen haben und auch weibliche Hormone. Und wenn die am Anfang der Pubertät eine Zeitlang vermehrt ausgeschüttet werden, kann sich so etwas wie ein Busenansatz bilden, der aber bald wieder verschwindet, wenn sich der Hormonhaushalt eingependelt hat. So wie bei Ihnen.»

Der Kerl gefällt mir!

«Lymphknoten kann ich keine finden, an den Leisten ist alles in Ordnung. Würden Sie jetzt bitte die Unterhose runterziehen?»

Micha befolgt die Anweisung.

«Ziehen Sie jetzt bitte Ihre Vorhaut zurück. Ich möchte die Eichel untersuchen. Sie sagten, daß Ihre Freundin einen Pilz hat?»

Micha nickt. Er setzt sich auf und zieht die Vorhaut hinter die Eichel zurück. Ein Schamhaar hat sich darunter versteckt.

Der Arzt muß Michas Verlegenheit bemerkt haben. Er grinst. «Macht nichts, das kommt schon mal vor. Haben Sie Schwierigkeiten, die Vorhaut zurückzuziehen?»

«Nein. Aber beim Miteinanderschlafen tut's manchmal an der Unterseite der Eichel weh.»

Der Arzt beugt sich nach unten und nimmt Michas Penis in die Hand. «Sollten Sie im Laufe der Untersuchung eine leichte Erektion bekommen, brauchen Sie sich nicht zu schämen. Da kann man manchmal einfach nichts gegen machen. Ah ja! Was Ihnen da manchmal weh tut, ist das sogenannte Frenulum, auch Bändchen genannt. Frenulum kommt von Bremse. Wenn Sie den Penis in die Scheide einführen, wird die Vorhaut weit zurückgezogen, und da kann es unter der Eichel, wo die Vorhaut mit dem Bändchen sozusagen befestigt ist, schon mal ziehen. Seien Sie mit Ihren Bewegungen am Anfang einfach etwas behutsamer, bis genügend Feuchtigkeit da ist. Und wenn die Beschwerden schlimmer werden oder das Bändchen sogar mal einreißen sollte, können wir überlegen, es einzuschneiden und längs wieder zu vernähen. Dann haben Sie Ruhe.»

«Ach, es geht schon! So schlimm ist es ja nicht.»

«Die Eichel ist in der Tat etwas gerötet, was auf einen Pilz schließen läßt, und», er drückt die Eichel leicht zusammen, «hier am Eingang der Harnröhre haben Sie leichten Ausfluß. Haben Sie in letzter Zeit Schmerzen beim Urinlassen?»

Micha denkt nach. «Nein.»

«Hm.» Der Arzt dreht die Eichel einmal hin und her. «Die Flüssigkeit ist ganz klar und durchsichtig. Sieht eigentlich unverdächtig aus. Hatten Sie heute nachmittag vielleicht eine Erektion oder einen Samenerguß?»

Micha ist verblüfft über die Offenheit des Arztes. «Eine Erektion ja, Samenerguß nein.»

«Na ja, vielleicht ist es ja auch nur ein bißchen Schleim, der bei sexueller Erregung an der Harnröhre austritt. Manche nennen das den Sehnsuchtstropfen. Kennen Sie den Begriff?»

Micha nickt.

«Aber ich möchte mir das trotzdem lieber mal genauer ansehen.» Er geht zu einem Schrank und kommt mit einem

Wattestäbchen zurück. «Ich werde jetzt mit dem Wattestäbchen ein Stückchen in Ihre Harnröhre eindringen und den Abstrich dann unter dem Mikroskop anschauen. Das ist jetzt ein bißchen unangenehm.»

Micha zuckt zusammen.

«So, schon vorbei.» Der Arzt hantiert eine Weile an einem Mikroskop herum und meint, daß nichts auf eine bakterielle Entzündung hinweise. Eine Pilzinfektion könne er allerdings nicht ausschließen. Dann untersucht er Michas Hoden. Er beleuchtet sie mit einer kleinen Taschenlampe, um, wie er erklärt, etwaige Unregelmäßigkeiten im Gewebe feststellen zu können. Er tastet alles ab, befühlt die Samenstränge und Venen und bittet Micha, sich hinzustellen. «Ja, das habe ich mir gedacht.»

«Was!?»

«Machen Sie sich keine Sorgen. Sie haben eine sogenannte Varikozele. Das ist, man kann sagen: eine Art Krampfader, die fast immer nur im linken Hoden entsteht, so daß sich dort das Blut staut und den Hoden erwärmt. Wenn Sie auf dem Rücken liegen, fließt das Blut wieder zurück, und man kann sie nicht mehr fühlen.»

«Und das ist nichts Gefährliches?»

«Nein. Wie lange haben Sie das schon?»

Micha hört die Steine förmlich purzeln. «Seit ein paar Jahren.»

«Da hätten Sie sich aber durchaus früher mal untersuchen lassen sollen.»

Micha nickt.

«Es ist nichts Schlimmes, aber Sie sollten sich das trotzdem bald mal operieren lassen. Durch die Erwärmung des Hodens kann nämlich die Qualität Ihres Samens vermindert werden. Wenn Sie später einmal Kinder zeugen wollen, sollten Sie sich das überlegen.»

«Ist das wirklich nötig?»

Der Arzt lächelt verständnisvoll. «Wie gesagt, es wäre eine Vorsichtsmaßnahme. Vorher würden wir noch einen Samentest durchführen, um zu sehen, wie es um die Fruchtbarkeit Ihres Spermas steht.»

«Muß man das dann hier in der Praxis machen, ich meine –». Micha sucht nach dem passenden Wort.

«Sie meinen masturbieren? Ja, das wäre für uns am bequemsten. Aber ich könnte Ihnen auch ein Spezialgefäß mit nach Hause geben, das Sie dann sofort nach getaner Arbeit hier vorbeibringen müßten.»

Micha setzt sich wieder hin. «Na ja, ich überleg's mir.»

«Tun Sie das.» Der Arzt geht zu seinem Schrank und streift sich Plastikhandschuhe über. Einen Finger schmiert er mit einer fettartigen Masse ein. «Zum Abschluß möchte ich Sie noch rektal untersuchen, das heißt durch den After. Das ist leider etwas unangenehm, weil es für die meisten Männer ungewohnt ist, daß ihnen etwas in den Po eingeführt wird. Aber es ist wichtig. Ich kann dann sehen, ob mit den Schleimhäuten hinten alles in Ordnung ist, und ich kann auch Ihre Prostata abtasten.»

Micha atmet tief durch. Das hat er befürchtet. «Die Hafenrundfahrt!»

«Wie?»

«Hafenrundfahrt. Manche Leute nennen das so, wenn der Arzt einen von hinten untersucht.»

Der Arzt lächelt. «Das ist nett. Habe ich noch nie gehört.» Er zieht an seinem Handschuh. «Beugen Sie sich bitte nach vorn und stützen Sie sich mit den Ellenbogen auf die Liege.» Micha stellt sich in Position und schließt die Augen. Die Vorstellung, daß der Arzt in diesem Augenblick sein Poloch sehen kann, ist ihm äußerst unangenehm. Er beschließt, weiterhin tapfer zu sein.

«Versuchen Sie sich zu entspannen. Es kann sein, daß Sie gleich etwas Harndrang oder Stuhldrang empfinden. Es können auch ein paar Tropfen Urin vorne herauskommen. Das ist ganz normal.» Er legt Micha eine Hand auf die Hüfte.

Die Berührung wirkt beruhigend. Was folgt, beschert ihm

jedoch ein völlig fremdartiges und um so beunruhigenderes Erlebnis. Noch nie in seinem Leben hat er sich einem anderen Menschen so ausgeliefert gefühlt. Noch nie hat ein Mensch sein Innerstes ertastet. Er verkrampft sich.

«Gleich ist es vorbei.»

Mit größter Verblüffung hört Micha dem Arzt zu, der mit seinem Finger die Prostata fühlen und ihm mitteilen kann, daß alles in bester Ordnung sei. Die Berührung der Prostata spürt er bis in seine Eichel hinein. Er hat sich noch nie Gedanken über seine inneren Geschlechtsorgane gemacht und ist verwundert, wie alles miteinander zusammenhängt.

«Ich ziehe jetzt meinen Finger wieder heraus. So.»

Micha spürt, wie sich sein Poloch verschließt und entspannt. Erleichtert richtet er sich wieder auf.

Der Arzt klopft ihm freundlich auf die Schulter. «Jetzt haben Sie's geschafft. Abgesehen von der Varikozele und der Rötung Ihrer Eichel, die vielleicht auf eine Pilzinfektion hinweist, kann ich nichts Auffälliges finden.» Er streift die Handschuhe ab, wäscht sich die Hände und reicht Micha einen Fetzen Zellstoff. «Hier, damit können Sie sich die Fettcreme hinten abwischen.»

Während Micha sich hinter der spanischen Wand wieder anzieht, fühlt er sich federleicht.

Der Arzt füllt ein Rezeptblatt aus. «Ich schreibe Ihnen vorsorglich mal eine Salbe für den Pilz auf. Bis die Behandlung abgeschlossen ist, möchte ich Ihnen raten, auf jeden Fall Kondome zu benutzen, wenn Sie mit Ihrer Freundin schlafen. Dann kann der Pilz nicht wie ein Pingpongball zwischen Ihnen und Ihrer Freundin hin- und herspringen. Schauen Sie nächste Woche noch mal rein. Geht das?»

«Ja, gut!»

«Haben Sie sonst noch Fragen?»

Micha entscheidet, die Gelegenheit zu nutzen. «Ja, vielleicht.» Er rutscht zur Stuhlkante. «Ist es eigentlich normal, fast jeden Morgen mit einem steifen Penis aufzuwachen?

Ich meine, ich bin da eigentlich gar nicht erregt, und trotzdem ist er steif.»

Der Arzt grinst und hebt eine Hand. «Entschuldigen Sie, daß ich grinse. Sie meinen das, was man gewöhnlich eine Morgenlatte oder auch Wasserlatte nennt.» Er macht wieder ein ernstes Gesicht. «Nein, da machen Sie sich mal keine Sorgen. Das ist ganz normal und hat auch nichts mit sexueller Erregung zu tun. Es kann natürlich vorkommen, daß Sie vor dem Aufwachen einen erotischen Traum haben und von daher Ihr Glied steif ist. Aber im allgemeinen ist ein steifer Penis am Morgen die Folge einer vollen Blase.»

Micha schaut den Arzt verständnislos an.

«Die Natur hat sich das beim Mann sozusagen als Schlafsicherung ausgedacht. Wenn der Penis steif ist, können Sie nicht Urin lassen und spüren auch den Harndrang kaum noch. Sie haben sicher schon festgestellt, daß Sie morgens erst dann pinkeln können, wenn der Penis wieder weich geworden ist.»

Micha nickt.

«Wenn die Blase morgens also so voll ist, daß Sie eigentlich aufstehen und zur Toilette gehen müßten, sorgt der steife Penis bis zu einer gewissen Grenze dafür, daß Sie noch eine Weile weiterschlafen können. Das ist alles.»

«Deswegen der Name Wasserlatte?»

«Richtig. Weitere Fragen?»

Micha schüttelt den Kopf und nimmt sich vor, Vio diese neue Erkenntnis aus dem Innenleben der Männer bei nächster Gelegenheit unter die Nase zu reiben. Im nächsten Augenblick schämt er sich und schiebt den Gedanken beiseite.

«Gut.» Der Arzt streckt ihm die Hand zum Abschied hin. Micha läßt sich von der Sprechstundenhilfe einen neuen Termin geben und verschwindet aus der Praxis. Auf dem Weg zum Auto findet er eine Apotheke, in der ihm eine blaßgrüne Salbenschachtel ausgehändigt wird. Er spielt mit dem Gedanken, Laura nichts von der möglichen Pilzinfektion zu sagen, denn er scheut sich, ihr gegenüber davon zu reden, daß er immer noch mit Vio schläft. Aber es wird ihm wohl nichts anderes übrigbleiben.

Gegen neun sitzt er bei *Tante Mathilde* mit Max am Tisch. Es geht ihm leidlich gut. Was auch kommen mag – heute abend will er nicht mehr über Vio und Laura nachdenken. Seine Erlebnisse beim Urologen gehen ihm durch den Kopf. Leider scheint es Max nicht besonders gutzugehen. Er ist wortkarg und wirkt unkonzentriert. Lustlos nippt er an seinem Bier.

Micha prostet ihm zu. «Sag mal, willst du mich eigentlich nicht fragen, wie's beim Arzt war?»

Max räuspert sich. «Doch. Erzähl.»

Micha berichtet, wie es ihm beim Urologen ergangen ist. Die frohe Botschaft, daß es sich bei seinem Knubbel um eine sogenannte Varikozele handelt, hebt er sich bis zum Schluß auf. Max gratuliert ihm seltsam ungerührt. Micha nimmt sich vor, ihn bald zu fragen, was er auf dem Herzen hat. Im Augenblick ist er jedoch zu sehr mit sich selbst beschäftigt. «Wahrscheinlich muß ich demnächst einen Samentest machen lassen.» Er lacht und schaut sich um. «Stell dir vor! Du gehst in so eine Kabine, wichst dir einen, kommst mit dem Glas wieder raus und drückst es der Laborantin in die Hand. Und die weiß genau, was du da gerade gemacht hast. Furchtbar!»

Max bohrt sich in der Nase.

Micha nimmt sein Tabakpäckchen in die Hand. «Und weißt du, was komisch ist? Ich habe mir noch nie ernsthaft überlegt, ob ich fruchtbar bin oder nicht. Ich meine, irgendwie bin ich immer davon ausgegangen, daß ich es bin. Aber im Grunde habe ich keine Vorstellung davon, was das wirklich bedeutet.»

«Wie meinst du das?»

Micha überlegt, zuckt dann mit den Schultern. «Ich weiß nicht. Ist dir so richtig klar, daß du 'ne Prostata hast? Oder daß in deinen Hoden wirklich Samenfäden produziert werden, die durch zuviel Wärme zum Beispiel geschädigt werden können?»

Max begutachtet seinen Nasenpopel und schnippt ihn unauffällig auf den Fußboden.

Micha trommelt auf die Tischplatte. «Vorhin im Auto habe ich mir was überlegt. Wenn's kalt ist, schrumpeln der Pimmel und die Eier ein, werden also dicht an den Körper rangezogen, damit sie's wärmer haben. Kennst du ja.» Er zeigt zwischen Daumen und Zeigefinger drei Zentimeter an. «Das Wasser ist sooo kalt! Und wenn's warm ist, dann hängen die Eier ganz schlaff runter, sind also weiter weg vom Körper, damit sie besser gekühlt werden, kann man sagen.» Er schaut Max an, um zu sehen, ob er ihm folgen kann. «Es ist nämlich so, daß Wärme und Kälte Einfluß auf die Qualität des Samens haben. Hast du das gewußt?»

Max schüttelt den Kopf.

«Könnte doch sein, daß es da einen Zusammenhang gibt, oder?»

«Kann sein, ja.»

«Ich habe mir neulich Pariser gekauft. Ich gehe also in die Apotheke, und die nette Frau fragt mich, was ich will. Am liebsten wäre ich wieder abgehauen. Ich dachte die ganze Zeit, die hält mich jetzt für 'nen Wüstling.»

Max zieht die Augenbrauen hoch.

«Und als sie mich dann auch noch fragt, ob mit oder ohne Gleitmittel, war's ganz aus. Ich hab so 'ne Bombe gekriegt.» Micha formt mit den Händen einen kürbisgroßen Kreis. «Das Verrückte ist, ich hab mir bei dieser Sache schon über alles mögliche Gedanken gemacht, nur nicht darüber, daß es bei den Parisern eigentlich um nichts anderes geht, als meinen Samen aufzufangen. Hört sich komisch an, was?»

Geistesabwesend schwenkt Max das Bier in seinem Glas. «Wofür brauchst du denn Pariser? Ich dachte, Vio nimmt die Pille.»

Augenblicklich sinkt Michas Stimmung in den Keller. «Weiß Vio immer noch nichts?»

«Nein, ganz sicher nicht.»

Patschend schlägt Max mit der flachen Hand auf die Tischplatte. «Schluß jetzt!» Plötzlich scheint er aufgewacht zu sein. «Ich überlege mir den ganzen Abend schon, wie ich's dir sagen soll. Ich weiß nicht, wie du das aushältst! Das ist doch bekloppt! Liv –» Er rollt mit den Augen, dreht sich zur Seite.

Micha schnellt nach vorn und kann das umkippende Bierglas gerade noch auffangen. «Hast du's Liv etwa erzählt?» Max wendet sich ihm wieder zu. «Tut mir leid, aber das hat mich eben total beschäftigt, und da ist's mir halt rausgerutscht.»

«So, rausgerutscht!»

«Ja, verdammt.» Max' Gesicht bekommt Farbe. Er scheint sich keiner Schuld bewußt zu sein. «Und ich will dir mal was sagen, und zwar in aller Freundschaft: Mach endlich reinen Tisch! Vio ist gewissermaßen auch eine Freundin von mir, du weißt, wie ich das meine. Aber ich traue mich ja selbst schon nicht mehr, ihr ins Gesicht zu gucken.»

Michas Nacken versteift sich. «Willst du mir die Freundschaft kündigen?»

Verärgert winkt Max ab. «Nein, du Arsch!»

Micha zittert. Die ganze Chose kommt ihm wieder hoch, unentrinnbar. Alles, war er Vio sagen müßte, staut sich in seinem Hals. Beklommen neigt er den Kopf, öffnet sein Tabakpäckchen und sieht, daß ihm das Zigarettenpapier ausgegangen ist.

Vio schlägt ihr Tagebuch auf. Ihre Augen schmerzen. Wie in Zeitlupe blättert sie zur letzten Eintragung, die vom August des vergangenen Jahres stammt. Sieben Monate ist das her, ein paar Wochen nach dem traumhaften Urlaub in Spanien und ein paar Tage bevor Micha sie wegen Laura an einem Samstagabend hat warten lassen.

Sie liegt im Bett unter dem Federzeug. Obwohl sie sich nicht die Mühe gemacht hat, ihre Jacke zuvor auszuziehen, friert sie. Ihre Schuhe liegen vor dem roten Nachtschränkchen, dessen Schublade offensteht. Der neue, geräuschlose Wecker zeigt auf kurz nach sieben. Um acht wird Micha kommen, um ihr zu berichten, was sein zweiter Besuch beim Urologen erbracht hat. Anschließend wollen sie sich noch mit den anderen bei *Tante Mathilde* treffen. Aber daraus wird nichts.

Sie zieht sich die Decke bis zu den Ohren und hält das Tagebuch mit beiden Händen dicht vor das Gesicht. Ungläubig liest sie, was sie vor einigen Monaten zu Papier gebracht hat.

Ich bin glücklich! Ich bin so glücklich! Ich bin so überglücklich! Ich liebe Micha, und er liebt mich. In seiner Nähe ist mir alles andere egal. Nach ihm wird es für mich nie mehr jemand anderes geben. Das habe ich früher zwar auch immer über Olli gedacht, aber jetzt bin ich mir sicher. Der Urlaub in Spanien hat die letzten Zweifel beseitigt: Wir

gehören zusammen. Ich könnte immerzu Luftsprünge ma-
chen. Niemand ist so klug und zärtlich wie Micha, so offen
und ehrlich. Ich vertraue ihm total, und ich spüre, daß er
genauso denkt und fühlt. Nichts kann uns mehr passieren.
Mit ihm zu schlafen ist toll, auch wenn es manchmal nicht
einfach ist. Ach, Micha, wir schaffen das alles!!! Zusammen
sind wir stärker als alle anderen.
Ich habe jetzt eine Lehre als Reiseverkehrskauffrau ange-
fangen. Es macht mir Spaß. Unaufhaltsam werde ich er-
wachsen. Wir werden später sicher Kinder zusammen
haben, und ich weiß, wir werden glücklich sein. Micha,
mein Prinz! Mein Geliebter! Was du auch tun wirst: Ich
werde dich immer lieben.

Sie schießt hoch. Wut verzerrt ihr Gesicht. Einen Augenblick
zögert sie noch, dann bringt sie all ihre Kraft auf, um das
Buch in zwei Stücke zu reißen. Ihr Körper bebt. Sie preßt die
Augen zusammen. Ihr Kopf zittert vor Anstrengung. Spucke
sprüht, als ihre Hände auseinanderschnellen. Eine Hand
schlägt knirschend gegen die Wand. Jäh aufheulend schleudert sie die beiden Buchhälften nacheinander durch den
Raum in Richtung Regal. Krachend zerschellt das große
Einmachglas mit den gesammelten Murmeln auf dem
Schreibtisch. Die Glaskugeln prasseln herab und verteilen
sich in Windeseile auf dem Fußboden. Vios Magen krampft
sich zusammen. Sie springt zum Waschbecken. Aber zu
spät. Die Hälfte ihres Mageninhalts geht daneben. Wim-
mernd sinkt sie auf die Knie. Ihr verschmierter Mund öffnet
sich, schnappt nach Luft. Sie krümmt sich zusammen und
dankt dem lieben Gott, daß ihre Eltern nicht zu Hause sind.
In der Diele klingelt das Telefon. Vio bewegt sich nicht, läßt
es klingeln, reibt sich den geschwollenen Handrücken.
Nach dem letzten Läuten zieht sie sich am Waschbecken
hoch, sieht ihr Gesicht im Spiegel. Entsetzte Augen starren
sie an. Es ist, als wollten sie in Stücke springen. Ihr Herz
rast. Endlich brechen laute Schluchzer aus ihr heraus.

Die Kirchturmuhr schlägt die halbe Stunde an. Langsam richtet Vio sich auf. Sie zieht ihre Jacke aus, spült den Mund und wäscht sich das Gesicht. Der Spiegel zeigt ihr eine aufgedunsene, rotgefleckte Maske. Der Kummer wandelt sich wieder in eine Mordswut. Mit fahrigen Bewegungen und steinerner Miene säubert sie den Fußboden vor dem Waschbecken und sammelt die Glasscherben ein. Dann beginnt sie, die Murmeln aufzuklauben.

Wieder klingelt das Telefon. Sie pfeffert eine Handvoll Murmeln in eine Zimmerecke und stürmt in die Diele. Hastig reißt sie den Hörer an sich. «Ja!»

Am anderen Ende rührt sich niemand.

Sie wartet. Komm, du Scheißkerl!

«Vio? Bist du das?» Claudia.

Vios Hände zittern. «Hast du vorhin schon mal angerufen?» Sie läßt sich auf den kleinen Dielenhocker sinken.

Claudia lacht und plappert los. «Ja. Aber da warst du wohl noch nicht zu Hause. Das war ja gerade komisch. Ich dachte schon, ich hätte mich verwählt. Dein Ja klang wie ein Rülpser. Na ja. Weswegen ich anrufe: Ich wollte dich fragen, ob du mir gleich was zur *Tante Mathilde* mitbringen kannst. Deine Mutter hat doch so ein schwäbisches Kochbuch, oder wenigstens eins über die Küche da unten im Süden, mit Spätzle, Buabaspitzle und Maultaschen und all so was. Und Karsten kriegt doch morgen fürs Wochenende Besuch von seinem Cousin aus Reutlingen. Da haben wir uns überlegt, daß wir ihn überraschen und was Schwäbisches kochen. Meinst du, deine Mutter leiht mir mal das Kochbuch?»

Claudias Worte rieseln durch Vios Kopf wie durch ein Sieb. Sie legt den Hörer neben den Apparat, zieht ein Taschentuch aus ihrer Hosentasche und schneuzt sich. Dann nimmt sie den Hörer wieder in die Hand.

«Vio? Bist du noch da? Was ist denn los?»

«Es ist aus.»

«Was?»

«Es ist aus! Ende! Ich trenne mich von Micha.»

«Wie? Ich versteh nicht. Was? Wie kommt das denn jetzt? Was ist denn passiert? Erzähl doch! Mein Gott, jetzt versteh ich gar nichts mehr. Du hast –»

«Wenn du still bist, erzähle ich dir alles.» Vios Stimme klingt kalt. Zu kalt. «Entschuldige, aber ich bin fix und fertig.»

Claudia spricht jetzt leise. «Ja, entschuldige auch. Tut mir leid. Du weißt ja, wenn mich etwas unvorbereitet trifft, geht mein Mundwerk los.»

«Ist schon gut.» Vio steht auf und geht mit dem Telefonapparat ins Wohnzimmer, wo sie sich in einen Sessel setzt. «Du hast mir doch am Montag erzählt, daß Karsten und du am Sonntagnachmittag mit dem Auto nach Koblenz gefahren seid und Micha in Vallendar zusammen mit Laura an der Bushaltestelle gesehen habt. Sie hätten wild rumgestikuliert, und es hätte ausgesehen wie ein Streit.»

«Ja.»

«Und ich habe gesagt: Das kann gar nicht sein. Micha war den ganzen Sonntagnachmittag mit Max spazieren. Ich hab ihn abends sogar noch danach gefragt, und er hat ganz erstaunt gemeint, daß ihr ihn da wohl verwechselt haben müßtet.»

«Sag bloß, die beiden –»

«Ja. Er hat was mit Laura.» Vio schluckt. Die Magensäure brennt in ihrem Hals. «Irgendwie war er so komisch in letzter Zeit, aber ich dummes Huhn –» Sie fängt an zu weinen.

«Vio! Soll ich rüberkommen?»

«Nein. Laß mich erst erzählen.» Sie schneuzt sich. «Und ich habe nichts geschnallt, aber auch rein gar nichts. Er hat in letzter Zeit kaum noch Lust, mit mir zu schlafen. Und wenn wir's tun, dann ist er ganz anders als früher. Ich fand das auch noch klasse, dachte: Oh, er hält sich etwas zurück und will, daß ich mich mal mehr traue und so weiter. Dann habe ich bei ihm in der Schublade durch Zufall eine Packung Pariser gefunden. Er war richtig verlegen, aber ich hab mir nichts dabei gedacht, weil er meinte, daß das ganz alte Kondome von früher wären. Er hat sie auch gleich weggeschmissen. Und dann, am Sonntagabend war er völlig konfus, daß ich schon dachte, er hätte sich beim Spaziergang mit Max gestritten. Aber er wollte nichts erzählen. Und –»

Claudia unterbricht sie. «Ja aber, mach mal langsam. Karsten hat auch schon mal eine Phase gehabt, da war er ein bißchen komisch, und ich habe mir regelrecht die Beine in den Bauch gestanden, bis er mal wieder ankam und mit mir schlafen wollte. Das ging ein paar Wochen lang so. Aber da war garantiert nichts mit einer anderen. Und das mit den Kondomen? Na ja, ich weiß nicht. Außerdem kann es wirklich sein, daß Karsten und ich uns am Sonntag verguckt haben.»

Vio muß all ihre Geduld aufbringen, um Claudia nicht mit einer scharfen Bemerkung zum Schweigen zu bringen. «Ich bin noch nicht fertig.» Sie legt sich eine Hand auf die Augen. «Du weißt, daß ich letzte Woche einen Pilz hatte. Micha war am Freitag beim Urologen und hat sich eine Salbe in einer hellgrünen Schachtel verschreiben lassen. Heute nach der Arbeit bin ich noch schnell in die Löhrstraße zur Apotheke gelaufen, um mir eine neue Pillenpackung zu besorgen. Ich gehe rein, und da kommt mir Laura entgegen, die gerade rausgehen will. Sie sieht mich ganz erschrocken an. Und ich kriege sofort weiche Knie. Und dann sehe ich, daß sie aus ihrem Tütchen eine hellgrüne Schachtel zieht. Die gleiche Pilzsalbe, die Micha verschrieben bekommen hat. In meinem Kopf gibt's einen Knacks. Aber ich sage mir: Vio, du bist verrückt. Das ist doch völliger Quatsch. Völlig unmöglich.» Sie fängt wieder an zu weinen. «Ich weiß auch nicht. Aber ich zeige auf die Schachtel und sage: Das ist ja Michas Salbe. Und sie wird weiß wie die Wand. Und ich frage: Was ist denn? Und sie sagt: Frag Micha! Und rennt –» Sie preßt den Hörer schmerzhaft fest an ihr Ohr. «Dieser verfluchte Scheißkerl!»

«Vio!» Claudias verzerrte Stimme dringt stechend in Vios Ohr. «Soll ich nicht doch besser vorbeikommen!?»

«Nein!» Vio setzt sich gerade hin und wischt sich die Tränen mit dem Ärmel ihres Pullovers ab. «Nein. Micha kommt gleich um acht.»

«O mein Gott.» Claudia klingt ernsthaft besorgt. «Rufst du mich nachher an? Ich sage Karsten Bescheid und bleibe zu Haus. O.k.?»

Vio schließt die Augen. «Ja. Vielleicht.»

«Ach, Vio, das tut mir alles so leid. Bist du dir auch ganz sicher?»

Vios Miene verfinstert sich. «Ja. Und sag nichts den anderen. O.k.?»

«Rufst du mich an?»

Vio legt den Hörer auf. Minutenlang starrt sie gedankenverloren ins Leere. Plötzlich sträuben sich ihre Nackenhaare. Dieser Scheißkerl! Diese Scheißnutte! Wie lange geht das schon? Seit letzten September? Und ich quäle mich, weil ich einmal mit Holger geflirtet habe. Der Pilz! Der stammt von ihr. Er hat seinen Schwanz in ihre stinkende Fotze gesteckt. Dieses verklemmte, scheinheilige Luder! Wahrscheinlich wissen's alle. Nur ich nicht. Alle lachen sich schlapp über mich, Max, Liv, Nannette, und sagen mir nichts. Was sind das für Freunde!?

Sie sieht Micha und Laura vor sich. Nackt miteinander im Bett. Sie lachen und küssen sich. Lachen über die ahnungslose, naive Vio. Laura macht die Beine breit, leckt sich mit der Zunge die Lippen, faßt sich zwischen die Schenkel, sagt: Komm, Micha, fick mich...! Vio ballt die Fäuste und schlägt sich mehrmals gegen die Stirn.

Sie denkt an die blumigen Schwelgereien und Liebesschwüre in ihrem Tagebuch. Alles Scheiße! Alles Schrott! Alles gelogen! Sie krümmt sich. Das überlebe ich nicht! Wie kann er nur so grausam sein? Ich hätte es wissen müssen! O Micha, warum hast du das gemacht? Warum? Ich liebe dich doch!

Wie in einem Blitzlicht, das durch ein Dunkel dringt, sieht sie sich als kleines Mädchen an der Hand ihres Vaters auf der Messe in Koblenz. Sie löste sich von seiner Hand, rannte los zum Kinderkarussell. Plötzlich wildes Gedrängel überall. Sie drehte sich um. Ihr Vater war verschwunden. Verlassen stand sie in der Menge und weinte bitterlich...

Es klingelt.

Vio schrickt hoch. Die Kirchturmuhr schlägt die volle Stunde an. Dann noch achtmal. Wieder klingelt es. Sie wischt sich mit beiden Händen durchs Gesicht, steht langsam auf und geht in die Diele, drückt auf den Türöffner. Unten im Flur wird die Haustür aufgedrückt. Krachend fällt sie ins Schloß. Schritte auf der Treppe. Sie öffnet die Wohnungstür einen Spalt, geht in ihr Zimmer und setzt sich an den Schreibtisch.

«Hallooo!» Unsicher. «Vio?» Stille. Schritte in der Diele. Er klopft an die angelehnte Zimmertür. «Vio?»

Sie spürt, daß sich die Tür öffnet. Jetzt steht er im Türrahmen. Die Härchen auf ihren Unterarmen richten sich auf.

«Hier bist du!» Gut gelaunt. «Warst du auf'm Klo, oder warum hat das so lange gedauert?»

Er muß zwei, drei Schritte in ihre Richtung gegangen sein. Jetzt steht er mitten im Zimmer.

«He! Was ist denn hier passiert? Sieht ja aus wie auf'm Schlachtfeld!»

Stille.

«Vio? Was ist?» Besorgt.

Einen Meter noch!

Er berührt sie an der Schulter. «Vio!»

Sie wirbelt herum. «Rühr mich nicht an!» Ihr Schrei dröhnt in ihren Ohren.

Er weicht entsetzt zurück. Unten bellt Pepe, der Nachbarshund.

Ein Schauer überläuft ihre Arme. «Hast du mit Laura geschlafen?»

Er steht wie vom Donner gerührt. Langsam legt er sich die Hände aufs Gesicht und dreht sich von ihr weg.

Sie explodiert förmlich, stürzt sich auf ihn. Er faßt sie an den Händen und versucht sie festzuhalten. Sie dreht sich um ihre eigene Achse und reißt sich los. Er stolpert nach vorn, sie erwischt ihn mit dem Ellbogen voll an der Nase. Sie hört ein schmatzendes Geräusch und sieht, wie er die Augen aufreißt. Mit einem dumpfen Schlag landet er auf dem Rücken. Blut sprudelt zwischen seinen Fingern hervor. Panisch atmet er durch den Mund.

O mein Gott! Sie springt zu ihm und hält seinen Kopf hoch. Das Blut tropft auf den Teppich. Er stöhnt. Seine Augen sind immer noch weit aufgerissen. Er blickt sie ängstlich an. «Bleib liegen!» Sie stürmt aus dem Zimmer ins Bad, läßt eine Plastikschüssel mit kaltem Wasser vollaufen und rennt mit einem Waschlappen und einem Stapel Handtücher zurück. Verblüfft registriert sie, daß sie mit sicherem Griff alte Handtücher ausgesucht hat.

Micha hat sich aufrecht hingesetzt und sich gegen den Kleiderschrank gelehnt. Er gibt keinen Ton von sich.

Sie taucht den Waschlappen ins Wasser und wringt ihn kurz aus. «Hier. Drück das drauf.»

Er gehorcht. Eine rote Luftblase platzt an einem seiner Nasenlöcher. Mit einem der Handtücher wischt sie seine Hände und seinen Hals ab. Dann zieht sie ihm die Jacke aus. Er reicht ihr den Waschlappen. Seine Augenlider schließen und öffnen sich langsam.

Sie wäscht den Waschlappen aus und säubert so gut es geht sein Gesicht. Die Nase blutet nur noch schwach. «Leg den Kopf in den Nacken. Warte.» Sie taucht ein Handtuch ins Wasser, wringt es gründlich aus, rollt es zusammen und legt es ihm in den Nacken. «So, jetzt.» Dann steht sie auf und setzt sich wieder auf ihren Schreibtischstuhl. Sie ist naß geschwitzt.

Minutenlang sitzen sie stumm. Michas Atem beruhigt sich. Die Blutung hört ganz auf. Hin und wieder wäscht er den Waschlappen aus und betupft vorsichtig seine Nase, die anzuschwellen scheint.

«Warum? Sag mir. Warum hast du mich mit Laura betrogen?»

Ohne sie anzublicken, taucht er den Waschlappen erneut ins Wasser, preßt ihn zusammen und hält ihn sich auf die Nase. Erschrocken zuckt er zusammen und gibt einen Zischlaut von sich. «Ich glaube, du hast mir das Nasenbein gebrochen.» Er klingt, als habe er eine schwere Nebenhöhlenvereiterung.

Vio schwankt innerlich hin und her. Sie hat Angst, ihn ernsthaft verletzt zu haben. Gleichzeitig will sie kein Mitleid mit ihm haben. «Ich will, daß du mir alles der Reihe nach erzählst.»

Er sagt nichts.

«Das bist du mir schuldig.»

Er schweigt.

«Seit wann geht das mit dir und Laura? Seit letzten September?»

Vorsichtig schüttelt er den Kopf.

«Seit wann?»

«Seit Anfang Januar.» Er behält den Waschlappen auf der Nase.

Ihr Hals brennt wie Feuer. Seit Anfang Januar! «Wegen der Sache mit Holger? Wolltest du dich an mir rächen?» Sie schlägt die Hände auf ihre Schenkel und wird lauter. «Mein Gott! Ich habe mich doch tausendmal entschuldigt!» Sie spürt ihr Herz bis in den Hals schlagen.

Micha hält den Atem an. Dann senken sich seine Schultern. «Das hat damit nichts zu tun.» Er zittert. «Wir haben uns an Silvester draußen geküßt. Nach zwölf, als ihr alle schon wieder oben wart. Die ganze Zeit sind wir uns aus dem Weg gegangen. Und plötzlich kommt sie um die Ecke gebogen und hat mich geküßt.»

«Sie dich!?»

«Ich war völlig durcheinander. Deswegen habe ich mich auch so vollaufen lassen. Es hatte nichts mit dir und Holger zu tun.»

Ihr Magen verkrampft sich.

«Drei Tage später hab ich mich mit ihr getroffen. Ich wollte die Geschichte aus der Welt schaffen, aber —» Er spricht

nicht weiter, starrt nur auf seine freie Hand, die blutver-
schmiert in seinem Schoß liegt.

Vio legt sich auf ihr Bett und dreht ihm den Rücken zu. «Bist
du in sie verliebt?»

Keine Antwort.

«Seit wann liebst du mich nicht mehr?»

«Ich liebe dich immer noch!» Die Antwort kommt wie aus
der Pistole geschossen. Dann fügt er flüsternd etwas hinzu.

«Was?»

«Mehr als je zuvor.»

In ihr sträubt sich alles. «Das geht nicht. Das glaube ich dir
auch nicht.»

Schweigen.

«Was war letzten Sonntag, wo du angeblich mit Max spazieren warst? Weiß er es eigentlich?»

«Ja.»

«Und Liv?»

«Seit letzter Woche. Sonst weiß es hier niemand.»

Sie ist dankbar für jeden kleinen Trost, auch wenn er nüchtern betrachtet noch so unbedeutend ist. «Warum hast du
dich mit Laura getroffen?»

Keine Antwort.

«Ihr seid gesehen worden.» Sie hört, daß er Luft ausstößt.

«Wir haben die Sache beendet. Es ging ja nicht mehr weiter
so. Das war uns ja auch klar.»

Vio muß sich zusammenreißen. «Was sagt sie?»

«Sie hält es für das Beste.» Er macht eine kleine Pause. «Sie
ist natürlich traurig. Du kannst dir vielleicht vorstellen, daß
sie sich die ganze Zeit über ziemlich beschissen vorgekommen ist. Ich übrigens auch.»

Vio ballt die Fäuste. Nein, das kann ich mir nicht vorstellen!
Soll ich jetzt auch noch Mitleid mit euch haben!? «Und
wieso habt ihr euch an der Bushaltestelle gestritten?»

«Seit wann weißt du das eigentlich alles so genau?»

«Das geht dich nichts an.»

«Wir sind in Vallendar am Rhein spazierengegangen und

haben über alles geredet. Zum Schluß hat sie –» er stockt – «geweint. Sie wollte ja auch, daß es endlich ein Ende hat, aber ich sollte noch etwas bleiben an dem Abend. Ich hab mich von ihr losgerissen. Ich –» wieder stockt er – «bin mir vorgekommen wie ein Schwein.»

Vio beißt die Zähne aufeinander. «Wie oft?»

«Was?»

«Wie oft habt ihr miteinander geschlafen?»

«Zweimal.»

«Zweimal in zweieinhalb Monaten!?» Sie wirbelt herum. «Lüg mich nicht an!»

«Es ist aber so.»

Sie dreht sich wieder zur Wand. Die Frage der Fragen wühlt in ihr. Es ist absurd, sie zu stellen. «Wie war es mit ihr?»

«Das geht dich nichts an.»

Der Satz trifft sie wie ein Stein an der Stirn. Das alles ist absurd! Es gibt keine Sicherheit, keine Liebe, kein Vertrauen. Es gibt nur Verrat.

Mit starrem Blick kaut sie an ihren Lippen. Zweimal in zweieinhalb Monaten! Es muß mehr zwischen ihnen gegeben haben als Sex. Sie haben über Bücher geredet, sie haben romantische Spaziergänge gemacht, sie haben sich aus ihrem Leben erzählt. Er hat ihre Geheimnisse erfahren. Sie waren vertraut miteinander. Sie hat ihn angefaßt und gestreichelt, und er hat dabei verträumt und verliebt gelächelt. Was hat er über mich erzählt? Hat er sich bei ihr über mich beklagt? Ich wäre einfältig, langweilig, oberflächlich? Er hat sie angefaßt, hat ihre süßen, kleinen Brüste gestreichelt, geküßt. Er ist in sie eingedrungen, hat ihren Geruch eingeatmet... «Hattest du vor, mir reinen Wein einzuschenken?»

«Ich weiß es nicht.»

«Ich habe Laura heute nach der Arbeit in der Apotheke in Koblenz getroffen. Sie hatte sich gerade die Pilzsalbe gekauft, die dir der Doktor verschrieben hat. Hat sie den Tip von dir?»

Er stöhnt. «Ja.»

«Habt ihr keine Pariser benutzt?»

«Nur beim ersten Mal.»

«Und an Aids denkst du wohl gar nicht!?» Eine Sekunde lang sieht sie die beiden wieder nackt miteinander im Bett liegen. «Du bist ein Schwein.» Sie hievt sich hoch und setzt sich auf die Bettkante.

Er läßt den Waschlappen in die Plastikschüssel fallen und legt seine Hände neben sich flach auf den Teppich. «Ich weiß, daß alles, was ich jetzt sage, dumm und hohl klingt. Aber ich liebe dich. Ich liebe dich wirklich. Und ich kann dir gar nicht sagen, wie leid es mir tut, dich so verletzt zu haben. Ich habe mich die ganze Zeit gefragt, wie ich da wieder rauskomme. Und ich hab Angst gehabt, daß du mich verläßt, wenn du's erfährst.»

«Das werde ich auch tun.»

Er gibt ein jammervolles Bild ab. Um ihn herum liegen die blutverschmierten Handtücher. Die verstreuten Glasmurmeln geben dem Anblick etwas Lächerliches. Sein Gesicht ist dick geschwollen. Die Nase sieht verrutscht aus. Irgend etwas stimmt da nicht.

«Was ist mit deiner Nase?»

«Es pocht. Ich glaube, sie ist gebrochen.»

Nun tut er ihr doch leid. Sie steht auf. «Du mußt ins Krankenhaus. Bist du mit Marions Wagen hier?»

Er nickt.

Sie hilft ihm auf die Beine und führt ihn nach unten zum Wagen, setzt sich hinter das Steuer und fährt los. «Das mit der Nase wollte ich nicht. Ist es schlimm?»

Er fängt an zu weinen.

Sie stoppt den Wagen und umklammert das Lenkrad. Die Welt ertrinkt.

Lauras Zug zum Frankfurter Flughafen geht in zwei Stunden. Sie sitzt in ihrem Zimmer auf dem Schreibtischstuhl und stützt einen Arm auf den perfekt gepackten Rucksack. Im dritten Anlauf ist es ihr gelungen, eine tragbare 10-Kilo-Mischung aus Unterwäsche, Strümpfen und Kleidungsstücken für heiße und kühlere Tage, entsprechendem Schuhwerk sowie den notwendigsten Reiseutensilien zusammenzustellen. Eine wasserfeste Umhängetasche hängt an der Stuhllehne. Darin befinden sich die wichtigsten Papiere, ein Teil der Reiseschecks, das Flugticket, ihr Walkman, Musikkassetten und die Liste ihrer Gastgeberinnen.

Am nächsten frühen Morgen wird sie in New York landen, um den bereits gebuchten Überlandbus nach Boston zu besteigen, wo sie ihre erste SERVAS-Gastgeberin treffen wird. SERVAS, eine private Organisation der Völkerverständigung, führt seit dem Zweiten Weltkrieg in vielen Ländern Gastgeberlisten von Leuten, die bereit und interessiert sind, Reisende aus aller Welt für ein paar Tage bei sich aufzunehmen. Um an eine solche Adressenliste heranzukommen, mußte Laura selbst Mitglied und potentielle Gastgeberin werden. Mitte März fing sie an, alle Frauen der USA-Liste anzuschreiben, die an der von ihr ausgewählten Reiseroute quer durch die Vereinigten Staaten wohnen. Mehr als fünfzig nahezu gleichlautende Briefe gingen in den folgenden Wochen mit der Post ab, und es sagten ihr genügend Frauen Unterkunft zu.

Vier Wochen lang wird sie durch die USA reisen. Von Boston zurück über New York bis hinunter nach Orlando, weiter nach New Orleans und dann nach San Francisco. Dort wird sie sich mit Nannette treffen, um weitere vier Wochen irgendwo im Westen zu verbringen. Marc muß in diesem Sommer ein zweimonatiges Werkspraktikum absolvieren und kann nicht weg. Sehr zu Lauras Freude. Sie haben sich überlegt, einen Wagen zu mieten und einfach mal draufloszufahren. Vielleicht sogar bis hinunter nach Mexiko. Am Tag von Nannettes Rückflug müssen sie wieder in San Francisco sein. Anschließend will Laura noch zwei Wochen bei einer letzten SERVAS-Gastgeberin in Seattle verbringen. Ihr Rückflugticket ist auf den vierzehnten August ausgestellt.

Zehn Wochen Amerika! Sie lächelt Nannette zuversichtlich an.

Nannette hat es sich auf dem Bett bequem gemacht. «Wenn ich dich da so abfahrbereit sitzen sehe, würde ich am liebsten gleich mitfahren.» Sie streckt sich und öffnet den obersten Knopf ihrer Jeans. «Ich glaube, ich habe wieder zugenommen.» Seufzend entspannt sie sich wieder.

Laura sucht etwas auf ihrem Schreibtisch. «Vier Wochen mußt du noch aushalten. Und dann!» Sie klatscht in die Hände. «Wir zwei in San Francisco, mit dem Leihwagen durch die Gegend fahren, Städte angucken, Leute kennenlernen, Naturwunder erleben!»

«Teurer Spaß.» Nannette sagt es, als tadele sie sich selbst.

Laura nimmt einen zusammengefalteten Papierbogen in die Hand und betrachtet ihn eingehend. «Ach was! Erstens schieße ich dir einen Teil vom Rest meiner Zehntausend zu, und zweitens wirst du dein Leben lang an diese Reise zurückdenken.»

Nannette grinst breit. «Wahnsinn!»

«Komisch.» Laura legt den Papierbogen wieder auf den Schreibtisch.

«Was?»

Sie deutet auf den Bogen. «Ich habe es mir immer als einen besonders erhebenden Moment vorgestellt, endlich das Abiturzeugnis in der Hand zu halten. Aber ich habe es gestern bei der öffentlichen Veranstaltung im Nonnenbunker entgegengenommen wie irgendeine x-beliebige Klassenarbeit. Ich dachte immer, ich würde mich dann erwachsener oder wenigstens erleichtert fühlen. Aber abgesehen davon, daß ich in ein paar Stunden im Flieger nach Amerika sitzen werde, fühle ich mich heute genauso wie vorgestern.»

«Und wie?»

«Komisch.»

Nannette zieht ihr T-Shirt aus der Hose und beginnt, ihren Bauch zu streicheln. «Irgendwie bewundere ich dich.»

«Weswegen?» Laura sieht sie erstaunt an.

«Na ja. Wegen allem irgendwie.» Nannette verschränkt die Hände hinter ihrem Kopf. «Du hast die Schule fertig gemacht, und jetzt fährst du allein in die USA. Ich weiß nicht, du warst immer schon so selbständig, hast immer schon das gemacht, was du für richtig gehalten hast, ohne dich groß nach den anderen zu richten. Deswegen. Ich hätte das nie so hingekriegt.»

Verlegen schaut Laura auf ihre Füße. Sie freut sich über Nannettes Worte, aber sie beschreiben nur die halbe Wahrheit. Seit der letzten Abiturprüfung hat sie über nichts anderes als die andere Hälfte der Wahrheit nachgedacht. «Schön, daß du das sagst. Aber ich würde trotzdem gern mit dir tauschen.»

«Quatsch! Wieso das denn?»

«Doch. In einem Jahr bist du mit der Lehre fertig, wirst richtig Geld verdienen und so weiter, und außerdem hast du Marc.»

Nannette lächelt. «Ist ja auch egal. Ich wollte dir nur sagen, daß ich es toll finde, wie du das alles so allein gepackt hast.»

Laura nickt und schüttelt zugleich den Kopf. Sie würde Nannettes Lob gern annehmen, aber es geht nicht. Ich mache nur das, was ich immer schon gemacht habe: mich verkrümeln! Ich bin seit Ewigkeiten allein, mußte immer alles allein machen. Da habe ich ja Übung drin. «Aber ich habe es so satt! Ich will das nicht mehr, aber es ändert sich einfach nicht.»

«Wieso? Wir fahren doch jetzt zusammen in Urlaub?»

«Ja schon. Aber wenn Marc in diesem Sommer kein Praktikum machen müßte, würdest du mit ihm wegfahren, nicht mit mir.»

«Ach komm!» Nannette streckt eine Hand nach ihr aus. «Und wenn schon.»

Laura setzt sich zu ihr aufs Bett. «Ich freue mich ja auch darauf.»

Nannette lächelt ihr aufmunternd zu.

«In den letzten Tagen ist mir alles noch mal durch den Kopf gegangen. Die ganze Geschichte. Vorher ging es ja nicht, wegen der Prüfungen, und das war ja auch gut so.» Sie greift nach Nannettes Hand. «Aber was habe ich denn gemacht, seit Micha die Geschichte beendet hat? Fürs Abi gelernt und mich wieder mal in mein Zimmer verkrochen. Und wenn ich nicht gelernt habe, saß ich da in dem Sessel und zog mir Liebesromane rein, einen nach dem anderen, wie immer.» Sie läßt Nannettes Hand los und lehnt sich gegen die Wand. «Ich wollte keine Liebesromane mehr lesen, aber mir ist nichts Besseres eingefallen. Und genau das, wovor ich immer Angst gehabt habe, ist passiert: Ich verliebe mich in einen, und er läßt mich sitzen.»

Nannette öffnet den Mund, um etwas zu sagen, aber Laura hebt beide Hände.

«Ja, ich weiß, da haben wir schon hundertmal drüber geredet, so kann ich das eigentlich nicht sagen, gut, o.k. Ich weiß auch, daß so was jeden Tag hunderttausendmal vorkommt und daß das ein ganz gewöhnliches Ereignis ist. Trotzdem habe ich gelitten wie ein Schwein. Mir ist es in meinem ganzen Leben noch nie so schlecht gegangen wie im März, und ich habe schon einiges erlebt.» Sie faltet die Hände. «Und wenn ich nachts allein dagelegen bin und es mir mit der Hand gemacht habe, ist er immer noch mein Liebhaber gewesen...»

Nannette sagt nichts.

«Natürlich freue ich mich auf die USA. Aber das ist eine Idee, auf die ich letztes Jahr gekommen bin, und zwar genau zu dem Zeitpunkt, da klar war, daß Micha mit Vio zusammen war. Ich wollte weg, nichts mehr hören und sehen von dem ganzen Mist hier. Nur das Reiseziel stand damals noch nicht fest. Gut, und jetzt ist es soweit: Ich fahre weg und freue mich. Aber wenn ich mit Micha zusammen wäre, würde ich wahrscheinlich nicht fahren, oder wenigstens nicht für so lange. Ein Monat würde reichen, mit dir.»

«Ich verstehe nicht, weshalb du jetzt alles so runtermachst.»

«Ach!» Laura steht auf und dreht eine Runde im Zimmer. Dann bleibt sie stehen. «Ich will doch gar nicht alles runtermachen. Ich weiß, ich sollte froh sein, aber es reicht mir nicht. Es ist eben so, daß ich im Grunde todunglücklich bin und mich abstrampeln muß, das Beste daraus zu machen, so wie ich es immer gemacht habe.»

«Ja eben!» Nannette setzt sich auf die Bettkante. «Das meine ich doch! Du machst eben das Beste draus. Ich weiß nicht, wie du das ausgehalten hast. Ich an deiner Stelle hätte mich vielleicht sogar umgebracht.» Erschrocken hält sie inne. «Scheiße. Tut mir leid.»

«Schon gut.» Laura streicht ihr durchs Haar. «Aber in meiner Familie gibt es schon genug Tote.» Sie setzt sich wieder aufs Bett. «Vielleicht ist das alles auch nur die gerechte Strafe.»

«Wofür?»

«Na ja, immerhin hast du mal gesagt, daß du der Frau, die sich hinter deinem Rücken an Marc heranmachen würde, den Hals umdrehen würdest.»

Nannette wehrt ab. «Ach, das sagt man halt so. Und außerdem gehören da immer zwei dazu.»

Es klopft an der Zimmertür.

«Ja!»

Lauras Großmutter öffnet die Tür. «Das Essen ist fertig, subito!»

«Wir kommen. Gracie, nonna.»

Die Großmutter macht eine bekümmerte Miene und schließt wieder die Tür.

«Sie macht sich Sorgen, was?»

Laura nickt ernst. «Klar.»

«Ich frage mich, weshalb es ausgerechnet Micha dir so angetan hat. Versteh mich nicht falsch. Er sieht ganz gut aus und ist wirklich in Ordnung. Aber so selten gibt's das auch wieder nicht. Verstehst du, was ich meine?»

Laura geht zum Fenster. «Es hat mir unendlich gutgetan, von ihm zu hören, daß er mich schön findet. Ich weiß nicht, warum, aber er war der erste, dem ich das geglaubt habe. Vielleicht, weil ich gespürt habe, daß auch er unsicher war. Er hat mich –» Sie hört auf zu reden. Das ist alles Quatsch! Sie weiß nicht, was sie Nannette antworten soll. Sie hat sich in Micha verliebt, aus welchem Grund auch immer. Und ich liebe ihn immer noch, diesen Eiertänzer! Sie schaut zum Fenster hinaus. Niemand ist im Hof. «Weißt du, was verrückt ist?»

Nannette wartet.

Laura dreht sich um. «Eigentlich war ich ihm vom ersten Moment an, als ich ihn bei *Tante Mathilde* getroffen habe, treu.»

«Und Heiner?»

«Der zählt nicht. In Gedanken war ich bei Micha.»

«Hast du eigentlich vor, ihm zu schreiben?»

«Was soll ich ihm denn schreiben? Es ist doch alles gesagt. Bei mir hat sich nichts geändert.»

Nannette steht auf, stopft sich das T-Shirt in die Hose und zieht den Bauch ein, um die Hose wieder zuknöpfen zu können. «Und du hast seitdem nichts mehr von ihm gehört?»

Laura schüttelt den Kopf. «Nachdem er den Unfall mit seiner Nase hatte und Vio alles wußte, haben wir uns noch einmal kurz getroffen. Da hat er gesagt, daß er mit ihr einen Neuanfang machen wolle. Ob das geklappt hat, weiß ich nicht. Ich war seitdem nicht mehr in Bendorf.» Sie steht auf, öffnet die Zimmertür und verzieht den Mund. «Alles wie gehabt!»

Nannette bleibt vor ihr stehen. «Soviel ich weiß, sind sie tatsächlich wieder zusammen. Aber die alte Clique zerfällt allmählich. Ich sehe die anderen kaum noch. Max und Liv hab ich vor kurzem getroffen. Wir haben uns ein bißchen unterhalten, und ich hatte das Gefühl, daß Max einmal ganz gezielt Micha und Vio in einem Atemzug genannt hat. So, als sollte ich die Nachricht, daß sie zusammen sind, an dich weitergeben. Aber ich hab mich nicht getraut, richtig nachzufragen. Liv erzählte dann aber noch, daß Vio nach Köln ziehen wird, um ihre Lehre dort weiterzumachen. Vielleicht haben die beiden dann so was wie 'ne Wochenendbeziehung, wie Marc und ich.»

Laura folgt Nannette in die Küche. Der Appetit ist ihr vergangen. Es wird Zeit, abzuhauen!

Während des Essens wird nicht viel gesprochen. Die Großmutter hat sich damit abgefunden, Laura nie mehr wiederzusehen, weil sie fernab der Heimat, allein in der Fremde, mit Sicherheit unter die Räder kommen wird. Seit Laura ihr von ihren Reiseplänen erzählt hat, verwünscht die alte Frau immer wieder den Tag, an dem sie auf die Idee gekommen ist, ihr zehntausend Mark im voraus zu vererben. Laura hat mit Engelszungen auf sie eingeredet. Sie hat ihr erklärt, daß sie nur bei Frauen wohnen wird, alle Adressen seien hinterlegt und außerdem könne ihr in den USA genauso viel und genauso wenig passieren wie in der Toskana oder in Vallendar vor der Haustür. Vergeblich.

Sie bekommt kaum einen Bissen herunter. Natürlich ist sie davon ausgegangen, daß Micha wieder mit Vio zusammen ist. Trotzdem hat es ihr einen Schlag versetzt. Eine Wochenendbeziehung! Er wird viel allein sein in Bendorf, aber ich darf ihn nicht sehen. Ich...

«Ich glaube, wir sollten mal los!» Nannette zeigt auf ihre Armbanduhr.

Laura schaut zur Küchenuhr. «Der Zug geht doch erst in einer dreiviertel Stunde. Bis zum Bahnhof brauchen wir höchstens fünfzehn Minuten.»

Nannette wirkt ungeduldig. «Komm, besser ein paar Minuten zu früh als eine Minute zu spät.»

«Gut.» Laura schaut ihre Großmutter an.

«Was ist mit dem Auto?» Die Großmutter stellt die Teller zusammen.

Nannette hilft ihr. «Das behalte ich in den nächsten vier Wochen. Und wenn ich dann fliege, stelle ich es hier vors Haus.»

Laura geht in ihr Zimmer und bringt den Rucksack in die Diele.

Die Großmutter drückt sie an ihre mächtigen Brüste und schluchzt ein wenig. «Stammi bene, amore! E telefonami ogni sabato! E scrivi anche!»

«Arrivederci, nonna!» Laura gibt ihr einen Kuß auf die Wange. «Ich rufe jeden Samstag an und schreibe auch. Versprochen.»

Die Großmutter löst sich von ihr und hält sie an den Schultern. «Stai attenda, amore. Paß auf dich auf, ja!?» Sie nickt unaufhörlich. Dann läuft sie zum Küchenfenster. «Santa Madonna!»

Im Treppenhaus begegnen sie Manuel, der mit einem Plastikschwert unter dem Arm und einem Plastikhelm auf dem Kopf die Stufen hochstapft. Augenblicklich nimmt er eine breitbeinige Kampfstellung ein und zückt das Schwert. «Halt! Halt!» Er streckt seine Zunge heraus. Dann läßt er das Schwert sinken und schaut neugierig auf Lauras Rucksack. «Gehst du weg?»

Laura erklärt ihm ihr Vorhaben, aber sie hat nicht den Eindruck, daß er sich unter den Vereinigten Staaten von

Amerika etwas vorstellen kann. Daß sie mit einem Flugzeug fliegen wird, interessiert ihn allerdings sehr.

Nannette drängt und pocht mit dem Zeigefinger auf ihre Armbanduhr.

«Ciao, Manuel.» Laura bückt sich und gibt ihm einen Kuß auf die Wange.

Er dreht den Kopf ein wenig zur Seite. Sie geht weiter die Stufen hinunter. Nannette folgt ihr. Manuel pikst sie mit seinem Schwert in den Hintern und quietscht vergnügt.

Unten auf der Straße winkt Laura noch einmal ihrer Großmutter, die am Küchenfenster steht und tapfer lächelt.

Sie sind zwanzig Minuten zu früh auf dem Intercity-Bahnsteig. Nannette schaut sich nervös um.

Laura hat den Rucksack abgestellt und hält ihre Umhängetasche fest umklammert. Sie mag Abschiede nicht. «Ich rufe dich auf jeden Fall zwei Tage vor deinem Abflug noch mal an, damit wir uns nicht verpassen. Aber ich habe ja deine Flugnummer und alles, da dürfte eigentlich nichts schief—»

Micha steht vor dem Wagenstandanzeiger und schaut zu ihnen herüber.

Nannette umarmt sie. «Ich hoffe, du bist nicht sauer. Er hat mich heute morgen angerufen und wollte unbedingt wissen, wann dein Zug abfährt. Außerdem sollte ich dir nichts davon sagen.» Sie drückt Laura fest an sich. «Gute Reise, und melde dich.»

Sprachlos schaut sie Nannette hinterher, die sich noch einmal umdreht und mit einer um Verzeihung bittenden Miene winkt.

«Hallo, Laura.» Sein Nasenrücken weist eine kleine Einbuchtung auf. Er grinst und berührt die Delle. «Ich weiß, ich sehe aus wie ein Boxer.»

Laura fällt es schwer zu atmen. Sie schaut zur Seite.

«Wie geht's dir?»

Langsam wendet sie sich ihm zu.

Er weicht einige Zentimeter zurück und zieht sein Tabakpäckchen aus der Jackentasche, verstaut es aber gleich wieder. «Geht's dir gut?»

Sie schaut zur Bahnhofsuhr. Noch fünfzehn Minuten! Die Anzeigetafel über ihrem Kopf gibt blätternde Geräusche von sich. Laura zittert.

«Du hast dir ja die Haare wieder kurz geschnitten. Sieht gut aus.»

«War das eigentlich wirklich ein Unfall mit deiner Nase?» Er lächelt unsicher. «Nein. Vio hat mir im Gerangel eins draufgegeben. Sie hat das mit uns erfahren, bevor ich's ihr sagen konnte.»

«Wieso erzählst du mir dann den Quatsch mit dem umstürzenden Bücherregal?» Trotz des anhaltenden Schocks über sein plötzliches Erscheinen spürt sie in diesem Moment leichte Schadenfreude.

Verlegen zuckt er mit den Schultern.

«Und was willst du hier?»

«Ich wollte dich noch mal sehen. Ich —»

Sie schweigen. Eine Frauenstimme verkündet durch den Lautsprecher, daß Lauras Zug in einigen Minuten pünktlich eintreffen wird.

«Bist du wieder mit Vio zusammen?»

«Ich weiß es nicht.»

«Was heißt das?»

«Ich weiß es nicht.»

O Micha! Du machst mich wahnsinnig! «Und wie geht es dir?»

«Ich vermisse dich.»

Sie schüttelt den Kopf. «Heißt das: Es klappt mit Vio nicht mehr so richtig, und jetzt versuchst du es noch mal bei mir?» Sie will nicht, daß es so scharf klingt, aber sie kann es nicht ändern.

«Nein.» Ein älterer Mann stößt ihm von hinten seinen Koffer in die Beine. Der Mann entschuldigt sich. Micha nimmt keine weitere Notiz von ihm. Er schaut sie an. Sein Blick ist plötzlich fest.

«Du bist wahnsinnig hierherzukommen. Mir geht es schon schlecht genug.»

«Ich beneide dich. Ich finde das irre, daß du jetzt diese weite Reise machst. Ich wünschte, ich könnte auch weg.»

Laura spürt es in ihrem Bauch grummeln. «Fang du nicht auch noch damit an.»

Er schaut sie verständnislos an.

«Schon gut.»

«Schreibst du mir mal?»

O Gott, Micha! «Was würde denn Vio dazu sagen, wenn sie Post von mir bei dir findet?»

Dazu sagt er nichts.

Nach kurzer Überlegung zieht sie ihren Kalender aus der Umhängetasche hervor. «Ich muß mir das noch überlegen, Micha. Aber ich kann dir zwei Adressen geben. In New Orleans und in Seattle. Ich schreibe dir die Zeiten auf, in denen ich da bin. Dann kannst du mir schreiben.» Sie betont das Du.

Die Lautsprecherstimme bittet die Leute auf dem Bahnsteig zurückzutreten.

Micha nickt.

Sie reißt ein Blatt aus dem Kalender und schreibt die Adressen und die Daten auf. «Geh jetzt. Ich will nicht, daß du mir nachwinkst.»

Er tritt einen Schritt vor und gibt ihr einen Kuß auf den Mund. «Laß es dir gutgehen, Laura.» Er nimmt ihr den Zettel aus der Hand, dreht sich um und verschwindet im Getümmel der Reisenden, die aus dem angefahrenen Zug ausgestiegen sind.

Sie schaut ihm hinterher. Ich vermisse dich auch!

Wenige Minuten nachdem am Abend ihre Maschine abgehoben hat, fällt Laura in einen tiefen, traumlosen Schlaf.

Zwei Finger liegen auf ihren Lippen.

Heute abend werde ich sie sehen! So oder so. Micha steckt das *Stephen King Buch* in den Plastikbeutel, nimmt die Sonnenbrille von der Nase und reibt sich den Schweiß von der Stirn. Er sitzt in der prallen Sonne auf einer Parkbank neben dem Reiterdenkmal und wartet auf Max, der bald mit dem Bus aus Koblenz von seiner ersten Samstagsfrühschicht kommen wird. Max absolviert seit Anfang August seinen Zivildienst in der Kinderabteilung einer Koblenzer Klinik. Seitdem geht es Micha nicht besonders gut. Dabei sind die Ferien schon schlimm genug gewesen.

Er setzt sich auf eine andere Bank in den Schatten. Vio ist vor eineinhalb Monaten nach Köln gezogen. Er hat ihr beim Umzug geholfen, und sie hat ihm ein bißchen die Stadt gezeigt. Ein Brief noch von ihr und ein Telefonanruf, dann war es endgültig zu Ende. Sie wollte es so.

Sie sind wieder zusammengewesen, zumindest haben sie es versucht. Sie verbrachten die Abende miteinander, kochten hin und wieder, aßen zusammen und schliefen miteinander. Aber die alte Vertrautheit fand sich nicht wieder ein. Bei jeder seiner Berührungen spürte er, daß sie an seiner Aufrichtigkeit zweifelte. In jedem ihrer Blicke lag ein Vorwurf. Er sagte zu Max: Sie kann das mit Laura einfach nicht vergessen. Und Max fragte: Kannst du denn Laura vergessen?

Als Vio und er das letzte Mal miteinander schliefen, schob

sie ihn unvermittelt von sich weg und sagte: Ich kann nicht mehr. Er hatte ihr erzählt, daß er sich von Laura am Bahnhof verabschieden wollte. Sie fragte: Und was willst du von mir? Er konnte sich nur wiederholen, und seine Worte hatten auch für ihn selbst keine Überzeugungskraft mehr. Sie sagte: Du bist es, der sie nicht vergessen kann. Nicht ich bin entfernt von dir, sondern du bist weit weg von mir. Micha sah sie groß an. Vio hatte den Nagel auf den Kopf getroffen. Ein paar Tage später stand ihr Entschluß, nach Köln zu ziehen, endgültig fest. Trotz seiner wachsenden Panik vor dem Alleinsein wagte er es nicht, sie zurückzuhalten, sie zu bitten, auf ihn zu warten, bis er mit der Schule fertig wäre. Er fügte sich ihrer Entscheidung, wie zur Strafe. Und ihm war klar, daß der Umzug nach Köln ein Wegzug von ihm sein sollte. Es war nicht der Anfang vom Ende, sondern der Schlußpunkt.

Max war für ihn da. Bis Anfang August. Jetzt hat er keine Zeit mehr, muß morgens früh raus und abends früh ins Bett. In der letzten Ferienwoche hat Micha sich so einsam und verlassen gefühlt wie seit Jahren nicht mehr. Und in der vergangenen Woche, die Schule fing wieder an, ist ihm endgültig klargeworden, daß seine Tage in Zukunft in einem vollkommen anderen Rhythmus als dem seiner Freunde verlaufen werden. Als letzter, der noch die Schulbank drücken muß, ist er abgeschnitten vom Alltag der anderen, die einer Arbeit nachgehen und mehr oder weniger glücklich in ihren Beziehungen sind. Max hat Liv, Marc hat Nannette, Karsten hat Claudia, Olli hat Hella und Vio ist in Köln.

Und Laura sitzt im Flugzeug! Er setzt die Sonnenbrille wieder auf. Einen Brief hat er ihr geschrieben, nach New Orleans. Er schüttete ihr darin sein Herz aus, schrieb ihr, daß Vio Schluß gemacht hat, schilderte seine Verwirrung und seine plötzliche Einsamkeit und gestand ihr, daß er sie liebe. Es war ein sehr schöner Brief, aber er fühlte sich unwohl dabei, denn er hatte noch einen ihrer letzten Sätze auf dem Bahnsteig im Ohr: ob er es jetzt nach der sich anbahnenden Pleite mit Vio noch einmal bei ihr versuchen wolle. Es entsprach genauso der Wahrheit wie die Tatsache, daß er in Laura verliebt war. Ein paar Wochen später traf ein Brief von ihr aus Hollywood ein. Seitenlang beschrieb sie ihre bisherigen Reiseerlebnisse, ohne ein Wort über ihn zu verlieren. Es schien ihr wirklich gutzugehen. Nur das Postskriptum bezog sich auf ihn. Dort stand: Ich denke viel über uns nach. Mehr nicht. Er hätte noch einen zweiten Brief nach Seattle schicken können, aber er ließ es bleiben. Er fürchtete sich vor Lauras Nachdenken. Bei ihm selbst ist selten etwas Gutes dabei herausgekommen.

Er nimmt wieder das *Stephen King Buch* hervor und schlägt *Popsy* auf. Klingt lustig! Er blättert zum Ende der Geschichte. Zwölf Seiten.

Ein Mann beobachtet einen kleinen, etwa fünfjährigen Jungen, der vor einem Supermarkt umherirrt und offensichtlich seinen Vater sucht. Der Mann ist auf der Suche nach neuer Lieferware für Leute, die auf kleine Jungen stehen. Der Junge ist schon ganz verzweifelt. Der Mann spricht ihn an, fragt, ob er seinen Dad verloren habe, und erfährt, daß der Kleine seinen Popsy sucht. Der Mann hält Popsy für den Vater des Jungen. Er sagt, daß er ihn zu Popsy bringen könne. Erst mißtrauisch, dann aber ganz hoffnungsfroh, läßt sich der Junge in einen Wagen locken, wo ihn der Mann mit eisernen Bändern an den Beifahrersitz fesselt. Dann braust er mit dem Jungen davon. Der entsetzte Kleine droht damit, daß Popsy ihn finden werde. Popsy sei sehr stark, er könne ihn riechen, und fliegen könne er auch. Der Mann denkt: Ja ja, so denken Fünfjährige über ihre Väter. Was er nicht wissen kann: Popsy kann wirklich fliegen. Popsy ist nämlich ein Vampir und nicht der Vater, sondern der Großvater des Jungen. Plötzlich landet etwas laut platschend auf dem Dach des Wagens, und eine Raubvogelklaue stößt durchs Seitenfenster. Ehe der Mann sich versieht, schlitzt ihm Popsy die Kehle auf. Und ehe ihm schwarz vor den Augen wird, sieht er noch, daß der Junge mit seinen Händen einen Becher formt und das herausströmende Blut trinkt, während ihm Popsy sanft und liebevoll das Haar streichelt.

Micha schlägt das Buch zu. Erschöpft sieht er auf.

Max sitzt auf der anderen Bank und grinst. «Was liest du denn da? Dein Mund hat sich beim Lesen ständig bewegt. Du warst so in deinen Schmöker da vertieft, da wollte ich dich nicht stören.» Er steht auf und setzt sich neben Micha auf die Bank.

«Seit wann hast du denn schon da gesessen?» Micha schüttelt sich innerlich.

«Seit zwei Minuten. Übrigens! Wenn ich dich so sehe mit Boxernase und Sonnenbrille: sieht echt cool aus. Kannst du mir nicht auch mal so 'n Ding verpassen?»

«Danke für das Kompliment.» Micha hebt eine Faust.

Max schnappt sich Michas Sonnenbrille und setzt sie sich auf. «Mann! Schade, daß ich's nicht herumerzählen darf. Das war wirklich der Hit. Eifersüchtige Frau schlägt Mann das Gesicht zu Brei! Darf ich's nicht mal Liv erzählen?»

«Hast du's schon?»

«Nein, aber die Geschichte mit dem Bücherregal ist wirklich zu blöd.»

Micha schlägt mit der Faust in seine flache Hand. «Ich warne dich. Sonst darfst du dir eine bessere für dich selber ausdenken.»

Sie lachen.

Max rückt die Sonnenbrille zurecht. «Was hast du denn da gelesen?»

Micha erzählt ihm kurz von Popsy.

Max verzieht das Gesicht. «Was liest du auch immer für 'n Scheiß!?»

«Wieso Scheiß?» Micha beläßt es bei dieser Erwiderung. Er wüßte selbst gern, weshalb er sich immer wieder die Geschichten von Stephen King antut. Sie faszinieren ihn einfach, und irgendwie tun sie einem am Ende doch gut. Auf einen wie Popsy ist Verlaß! «Wie war die Frühschicht?»

Max streckt sich. «Nach der Woche Spätschicht ging's sogar ganz gut. Aber mir platzt bald der Schädel, weil ich mir so viele Sachen merken muß. Und dann die krebskranken Kids. Ich sag dir! Das macht mich total fertig. Ich hoffe, daß ich mich mit der Zeit daran gewöhne. Aber Ende des Monats muß ich erst mal zu einem Lehrgang in Krankenpflege.»

Micha legt das Buch zur Seite. «Schade, daß wir uns kaum noch sehen. Ehrlich gesagt, vermiß ich dich, besonders in den Pausen. Und wenn du wie diese Woche Spätschicht hast, mußt du gerade los, wenn ich heimkomme.»

Max nickt nachdenklich. «Ja, das ist komisch. Zur Zeit läuft alles auseinander. Ich wüßte zum Beispiel auch gern, ob und wo Liv ihren Studienplatz im Herbst kriegt. Wenn sie nicht nach Koblenz, sondern nach Bonn oder Mainz kommt, flipp ich aus. Dann sitze ich in diesem Kaff hier, und sie ist hundert Kilometer weit weg.»

«Wenn sie im Oktober weg muß, kannst du ja in spätestens einem Jahr nachziehen.» Micha hat den Satz noch nicht zu Ende gesprochen, da sieht er sich schon in einem auch von Max verlassenen Bendorf herumhängen. Wenigstens ist er noch hier, bis ich mein Abi mache!

«Trotzdem.» Plötzlich lächelt Max versonnen. «Ich hätte nie gedacht, daß es mir mal so geht.»

«Wie geht's euch denn sonst so?»

Max verschränkt die Arme und überkreuzt die Füße. «Nachdem das mit dir und Vio passiert ist, bin ich irgendwie ins Grübeln gekommen. Am Anfang mit Liv habe ich immer gedacht, daß es doch nach 'ner Weile mal langweilig werden müßte mit ihr. Und manchmal ist es auch langweilig, aber anders, als ich das immer befürchtet habe.»

«Wie meinst du das?»

«Na ja, das ist halt nicht immer alles so einfach. Weißt ja, mit dem Miteinanderschlafen zum Beispiel. Ich gehe dann halt in der Phantasie 'n bißchen fremd.» Er schaut Micha tadelnd an. «Anders als du, mein Lieber!»

«Schon gut.» Micha dreht sich eine Zigarette.

Plötzlich lacht Max auf. «Da fällt mir ein. Ich hab jetzt abends nach der Schicht Olli in Koblenz getroffen, und wir sind noch was trinken gegangen.»

«Und?»

«Wir kamen so ins Reden. Er hat auch von früher erzählt, als er noch mit Vio zusammen war.» Max zögert einen Augenblick. «Das muß ich dir erzählen.» Er schaut Micha aufmunternd an. «Also: Der redete wie ein Buch. Kennt man gar nicht von ihm. Er sagte, er hat damals jeden Tag mit ihr rumgemacht, obwohl er gemerkt hat, daß Vio meistens nur so mitgemacht hätte. Trotzdem wollte er's dauernd. Und als Vio dann mit ihm Schluß gemacht hat, wäre er nah am Selbstmord gewesen.»

«Ach.» Micha zündet sich die Zigarette an. Er hat keine Lust, sich das anzuhören.

«Ja, verrückt, was! Und wir haben nix gemerkt. Seine Mutter hat ihm immer in den Ohren gelegen, Vio wäre sowieso 'n Flittchen. Und fast hätte er's ihr geglaubt. Bescheuert, was!?»

Micha zuckt mit den Schultern.

«Und als er dann Hella kennengelernt hat, hat er seiner Mutter erst mal den Schlüssel zu seiner Wohnung abgenommen. Die hatte glatt einen Schlüssel zu seiner Wohnung und konnte jederzeit rein! Und jetzt kommt's, das glaubst du nicht. Hella und er sehen sich jeden Abend. Sie essen was und gehen anschließend miteinander in die Kiste, um zu vögeln. Hella will das, regelmäßig, wie 'n Uhrwerk. Erst hat er gedacht: Boh, toll, genau das, was ich immer wollte. Aber mittlerweile macht ihn das total fertig. Er ist völlig ausgelutscht.» Max schlägt sich auf die Schenkel und schaut Micha erwartungsvoll an.

«Und das hat er dir alles erzählt?»

«Sicher! Und von Olli weiß ich auch, daß Tante Mathilde ihren Laden aufgeben will, weil sie zu alt geworden ist. Irgend so 'ne Spielhallenkette steht schon parat. Schöne

Scheiße, was!? Dann gibt's hier in Bendorf gar nix mehr, wo man hingehen kann.»

Micha schnippt die halbgerauchte Zigarette weg und sieht auf die Uhr. «Ist ja sowieso bald keiner mehr hier.»

«Mußt du noch weg? Ich dachte, wir könnten uns heute abend mal wieder bei *Tante Mathilde* treffen. Wer weiß, wie lange es die noch gibt! Ich muß zwar morgen wieder früh raus, aber dafür hab ich Montag und Dienstag frei. Da kann ich heute ruhig schon mal 'n bißchen vorfeiern.»

«Ich fahre gleich nach Frankfurt.»

«Wohin!?»

«Heute ist der Vierzehnte.»

Max legt die Stirn in Falten. «Ja und?»

«Laura kommt heute zurück. Ich hole sie vom Flughafen ab.»

«Hat sie dir noch mal geschrieben?» Max rückt etwas näher heran.

«Nein. Aber ich fahre trotzdem.»

Max tippt mit seinem Zeigefinger an Michas Stirn. «Du hast Nerven! Und wenn sie dich nicht sehen will? Vielleicht hat sie sich ja verliebt im Wilden Westen. Hast du schon mal an so was gedacht?»

«Das Risiko gehe ich ein.» Micha spürt, daß er trotzig reagiert. Im Grunde spricht Max nur aus, was ihn selbst schon seit Tagen beschäftigt.

«Und wenn sie schon von jemand anderem abgeholt wird? Von Marc und Nannette zum Beispiel.»

«Nannette weiß Bescheid.»

«Ach!»

«Ja.»

Anerkennend pfeift Max durch die Zähne, aber es ist die blanke Ironie. Dann legt er Micha plötzlich den Arm um die Schultern. «Tut mir leid. Ich bin völlig aufgedreht. Muß wohl am Wetter liegen. Ich wünsche dir jedenfalls Hals- und Beinbruch, Kumpel.» Ein bißchen ironisch klingt er immer noch.

«Danke.»

«Hat Marion dir ihren Wagen gegeben?»

«Ja.»

«Weiß sie, wofür du ihn brauchst?»

«Marion und mein Vater kennen die Geschichte ja sowieso. Ich hab ihnen in der Nacht alles erzählt, als das mit der Nase passiert ist.»

«Das wußte ich ja gar nicht!» Max scheint enttäuscht zu sein, daß ihm etwas Interessantes entgangen ist. «Wie haben die denn reagiert?»

Micha reibt sich die Nase. «Irgendwie war mir da alles egal. Aber ich bin froh, daß ich's erzählt habe. Die mochten Vio ja ganz gern, und Marion hat bei aller Anteilnahme an meinem schlechten Zustand sogar Verständnis für sie aufgebracht. Anders als mein Vater. Dem hab ich, glaube ich, richtig leid getan.» Er erinnert sich an den traurigen Blick seines Vaters und daran, wie sehr er ihn in diesem Moment gemocht hat. «Die haben dann beide sogar zugegeben, daß sie selber mal fremdgegangen sind, also früher mal, meine ich. Und dann –»

Ein Bild von Laura taucht vor ihm auf: am Koblenzer Hauptbahnhof. Sie wich ein wenig zurück, als er sie zum Abschied küßte. «Mein Vater hat mich plötzlich gefragt: Bist du denn verliebt in Laura? Dann hat Marion ihn 'n bißchen verklärt angeguckt, und ich hab mich zum erstenmal gefragt, ob die beiden schon miteinander ins Bett gegangen sind, als mein Vater noch mit meiner Mutter zusammen war. Komisch, daß ich da vorher nie dran gedacht hab.»

Max nimmt die Sonnenbrille ab. «Und was haben die gesagt, als du wieder mit Vio zusammen warst?»

«Nichts. Sie haben mich in Ruhe gelassen.»

Max kneift die Augen zusammen. «Mein Vater hat mir mal erzählt, daß er in meinem Alter ein richtiger Schürzenjäger war.» Er lächelt. «Meine Mutter war auch nicht ohne.»

Sie sitzen noch eine Weile auf der Parkbank und verabreden sich für den nächsten Spätnachmittag zu einem Spaziergang zum *Meisenhof*. Dann bringt er Max zu Livs Haus.

Max steigt aus, geht vorn um den Wagen herum und beugt sich ins Fahrerfenster. «Hier.» Er reicht ihm die Sonnenbrille. «Fahr vorsichtig.»

Micha stellt den Motor aus. «Eins wollte ich dich noch fragen: Hast du mal was von Vio gehört?»

Max greift in den Wagen und versucht die Hupe zu betätigen. Sie gibt keinen Ton von sich. «Liv hat sie mit Claudia letztes Wochenende in Köln besucht. Sie meint, daß es ihr wohl ganz gutgeht. Die neue Stelle wäre o.k., die Leute wären nett, und 'ne schöne Wohnung hätte sie auch. Aber die Wohnung kennst du ja.»

Micha nickt. Mehr will er nicht wissen.

Max richtet sich auf und steckt beide Hände in die Hosentaschen. «Übrigens! Ich habe vor, nächstes Wochenende was zu kochen. Nach Rezeptbuch. Ich will doch mal sehen, ob ich nicht was Eßbares hinkriege. Olli und Hella kommen, und Liv natürlich. Wenn du willst» – er geht ein paar Schritte rückwärts und grinst –, «kannst du ja noch jemanden mitbringen.» Er hebt die Hand und geht.

«Warte mal!» Micha steigt aus dem Wagen.

Max bleibt stehen.

Er nimmt Max in die Arme und drückt ihn fest an sich.

Am späten Samstagnachmittag ist die Autobahn frei. Er kommt zügig voran. Seine Aufregung wächst, und als er die ersten Hinweisschilder zum Flughafen sieht, kommen ihm plötzlich wieder Zweifel, ob er das Richtige tut. Vielleicht freut sie sich nicht, ihn zu sehen. Vielleicht liebt er sie gar nicht wirklich. Möglich, daß er nur über den Verlust von Vio hinweggetröstet werden will. Auch Max hat das angedeutet. Woher, verdammt noch mal, soll ich das wissen!? Er denkt an die Treueschwüre, die er Vio einmal in größter Glückseligkeit geleistet hat, und an die absolute Gewißheit, mit der er davon überzeugt war, sie für immer und alle Zeiten zu lieben. Er weiß, daß er das alles damals aufrichtig empfunden hat. Trotzdem ist es vorbei.

Er nimmt die nächste Abfahrt und fährt aufs Flughafengelände. Was ist, wenn ich wieder ins Schwimmen komme und das Ufer ist so weit weg? Er stutzt. Dann schwimm doch einfach! Er lächelt still vor sich hin.

Den Wagen stellt er im Parkhaus des Flughafens ab. Dann folgt er den Anweisungen, die ihm Nannette gegeben hat. Als er Lauras Flugnummer auf der Anzeigetafel erblickt, wappnet er sich ein letztes Mal für den Fall, daß sie keinen Wert darauf legt, von ihm empfangen zu werden. Er entscheidet sich deshalb, keinen Blumenstrauß zu kaufen.

Er steht in der wartenden Menge am Ausgang der Gepäckausgabe. Einzelne braungebrannte Reisende werden von ihren Angehörigen und Freunden freudig empfangen. Für einen kurzen Moment kann Micha durch die Tür zur Gepäckhalle einen Blick auf das Förderband mit den Koffern und Taschen werfen. Da steht sie. Ihre schlaksige Gestalt und die blauschwarzen Locken sind unverkennbar. Sein Herz läuft über.

Einige Minuten später tritt Laura durch die Tür. Sie sieht ihn, lächelt und schaut verlegen zur Seite.

Und jetzt!?» Es klingt nicht sehr freundlich. Vio besteigt die Kabine. Vor zwei Stunden ist Claudia für
einen spontanen Kurzbesuch nach Köln gekom-
men. Und seit zwei Stunden liegt sie ihr mit dieser Geschichte in den Ohren.

Claudia folgt ihr in den schwankenden Kasten, schließt die
Tür und setzt sich neben sie. «Ach, Vio, ich weiß es einfach
nicht!» Sie jammert.

Der Mann, der ihre Tickets entgegengenommen hat, gibt
der Kabine einen Schubs. Schaukelnd setzt sie sich in Bewegung und wird langsam zum ersten Stützpfeiler nach
oben gezogen. Unter ihnen liegt die Kölner Zoobrücke, ein
vierspuriger Autobahnzubringer, auf dem an diesem mil-
den Sonntagnachmittag im Oktober die Autos in beiden
Richtungen entlangrasen.

«Mensch, ist das hoch!» Claudia rückt etwas näher an Vio
heran.

«Keine Angst.» Widerwillig tätschelt sie Claudias Arm.

Die Seilbahn trägt die beiden ans andere Rheinufer zum
ehemaligen Thermalbad, von dem nur noch ein paar ver-
kohlte Ruinen übrig sind.

«Kannst du dir vorstellen, daß ein Schwimmbad ab-
brennt?» Vio zeigt auf den Rest der gekachelten Mauern.

«Nein.»

Sie verlassen das Seilbahngelände und spazieren am Ufer
entlang in Richtung Süden, um den Fluß später über die

Eisenbahnbrücke wieder zurück zum Kölner Dom überqueren zu können.

«Ich kann dir nichts raten.» Vio gibt sich Mühe, Claudia
nicht im Stich zu lassen. «Ich bin ein gebranntes Kind. Aber
wenn du unbedingt wissen mußt, wie es ist, mit – Wie heißt
er?»

«Stefan.»

«Wie es ist, mit Stefan zu schlafen, dann tu es. Aber überleg's dir gut, was du da aufs Spiel setzt. Karsten und du, ihr
seid schon so lange zusammen. Außerdem» – sie schaut
Claudia böse an – «kann ich dir verraten, daß es nichts
Schlimmeres gibt, als betrogen zu werden.»

Claudia bleibt stehen. «Das ist es ja gerade. Ich hab es nicht
für möglich gehalten, daß mir so was mal passiert. Aber ich
bin einfach hin und weg von Stefan. Er ist so völlig anders
als Karsten. Lebhafter! Er lacht ständig. Mein Gott, und
wenn er lacht und mich ansieht, dann –» Sie bricht ab.

«Dann?»

Claudia faßt sie am Arm. «Dann könnte ich mich auf der
Stelle vergessen.»

Vio geht ein paar Schritte voraus und denkt an Karsten.
Lieb und nett! Absolut zuverlässig, ein guter Freund, schlau
und langweilig. Sie schämt sich ein wenig für dieses Urteil,
aber Karsten hat noch nie auch nur die geringste erotische
Anziehungskraft auf sie ausgeübt. Sie dreht sich um und
betrachtet Claudia. Im Grunde bist du doch genauso! Was
versprichst du dir von diesem Stefan? Daß es dir endlich
mal einer gut macht? Daß er das mit dir anstellt, was Karsten sich nicht traut oder was du ihm verbietest? «Tu's
nicht!»

«Ich hab schon mit ihm geschlafen. Gestern.» Claudia
schaut weg.

«Na prima!»

«Das war Wahnsinn. So was hab ich noch nie erlebt.»

«Und jetzt?»

«Wenn ich das wüßte! Ich fühl mich so elend.»

Überrascht stellt Vio fest, daß sie weder für Claudia noch für Karsten Mitleid empfindet. Auch wenn sie seit vielen Jahren ihre beste Freundin ist, hat sie sich Claudia nie beim Geschlechtsverkehr mit Karsten vorstellen können. Und wenn sie es doch versucht hat, bewegten sich die beiden vor ihrem inneren Auge steif und verschämt, so wie es ihr selbst damals mit Olli gegangen ist. Zudem hält sie Karsten nicht unbedingt für einen guten Liebhaber, und sie glaubt auch nicht, daß Claudia überhaupt zu heftigen Gefühlsausbrüchen in der Lage ist.

In Claudias Gesicht breiten sich rote Flecken aus. Dann holt sie tief Luft. «Sag's schon! Daß ich eine Schlampe bin und ich so jemanden wie Karsten gar nicht verdient habe! Daß es das Gemeinste ist, das ich ihm antun konnte, und daß mich Stefan schnell fallenläßt, wenn er mich erst mal besser kennt.» Sie ballt die Fäuste in Hüfthöhe.

Vio schmunzelt.

«Was gibt's denn da zu grinsen!?» Claudia ist offensichtlich irritiert. Im nächsten Moment stiehlt sich ein schiefes Lächeln in ihr wütendes Gesicht. Dann fällt sie Vio in die Arme. «Mensch, ich habe so 'ne Angst!»

Vio streichelt Claudias Rücken. «Wovor?»

Claudia löst sich und schaut zum Wasser. «Daß Karsten etwas erfährt und mich verläßt.»

Sie gehen weiter am Messegelände vorbei, steigen die Treppe zur Eisenbahnbrücke hinauf und betreten den schmalen Fußweg. In der Mitte der Brücke bleiben sie stehen und lehnen sich ans Geländer. Die Sonne scheint mit letzter Kraft. Der Dom und die Rheinpromenade liegen in einem weichen, rötlichen Licht.

Vio raucht der Kopf. Hat es Micha mit mir auch nicht mehr gefallen? Hat er deshalb mit Laura geschlafen? Er hat das immer bestritten. Der alte Schmerz meldet sich wieder und macht sie müde. Hinter ihnen donnert ein Zug über die Brücke. Die Metallkonstruktion vibriert. Vio wartet, bis der Zug durch ist. «War es wirklich so toll mit Stefan?»

Claudia stöhnt. «Ach, ich weiß nicht. Ich war total aufgeregt. Er wohl auch. Wie das halt so ist, nehme ich an.» Sie steckt ihre Nase in ihre Hände, die sie wie zum Beten gefaltet hat, und näselt. «Eigentlich ist es ganz gut mit Karsten. Alles ist vertrauter. Wir haben uns beide irgendwie entwickelt.» Sie legt die Hände aufs Geländer und wippt mit dem Oberkörper vor und zurück. «Aber mit Stefan war es irgendwie – ich weiß nicht! Anders eben, aufregend, spannend, neu. Obwohl» – sie stutzt –, «Stefan ist viel schlanker als Karsten, und trotzdem kam er mir viel schwerer vor. Karsten ist weicher und kuscheliger mit seinem dicken Bauch.»

«Hast du dich in diesen Stefan verliebt?»

«Nein!» Energisch schüttelt Claudia den Kopf.

«Dann beende die Geschichte und erzähl's Karsten nicht.» Vio schüttelt den Kopf. Das sage ausgerechnet ich!

Ein Passagierschiff der *Köln-Düsseldorfer*-Linie kommt den Rhein heraufgefahren und legt am Ufer an. Der Oktoberhimmel färbt sich leuchtend rot.

Claudia schaut auf ihre Armbanduhr. «Ich muß gleich zum Zug. Ist das weit von hier?»

Vio zeigt zum Ende der Brücke. «Nein. Der Hauptbahnhof liegt direkt hinter dem Dom. Drei Minuten von hier.»

Claudia setzt sich in Bewegung. «Dir geht's gut hier in Köln, hm?»

«Ja, stimmt.» Vio schwenkt einen Arm und dreht sich einmal um die eigene Achse. «Die Luft könnte besser sein, aber trotzdem atmet es sich hier irgendwie freier. So etwas wie den Dom und die Rheinpromenade gibt es halt in Bendorf nicht. Tausend Kinos, Geschäfte, Kneipen, Bürgerzentren, Parks, Zoo, Philharmonie, Oper, Theater und das alles. Richtige Großstadt halt, ganz anders als Koblenz. Das hier ist eine ganz irre Atmosphäre.» Sie merkt, daß sie ein bißchen zu dick aufträgt. Aber nach den ersten Wochen, in denen sie sich in der großen Stadt ziemlich verloren gefühlt hat, beginnt sie tatsächlich, die Vorzüge von Köln zu entdecken. «Die Leute im Reisebüro sind nett, und daß ich in Nippes bei Elfie und Katrin in der Wohngemeinschaft ein Zimmer gekriegt habe, war wirklich unverschämtes Glück. Außerdem haben beide viele Bekannte, die auch ganz nett sind.»

«Denkst du noch viel an Micha?»

«Ich bemühe mich, nicht allzuviel an ihn zu denken. Es ist aus. Jeder soll seinen eigenen Weg gehen.» Seit Monaten bemüht Vio sich, vernünftig zu sein. Sie denkt fast unentwegt an ihn.

Claudia will etwas sagen.

Vio stoppt sie. «Falls du etwas über ihn weißt, über ihn oder Laura, behalt's für dich. Du kannst es mir ja später mal erzählen.»

«Gut.»

Am Bahnhofsvorplatz hocken sie sich auf die Stufen zur Domplatte. Claudias Zug fährt in ein paar Minuten.

Vio ringt mit sich, ob sie Claudia nicht doch nach Micha fragen soll. Sie entscheidet sich zu etwas anderem. «Ich habe jemanden kennengelernt.»

«Wirklich!? Und das erzählst du mir jetzt erst! Wen denn? Wer ist es denn?»

Vio spürt, daß es ihr augenblicklich etwas leichter ums Herz wird. Sich mit der besten Freundin über interessierte Jungs auszutauschen ist einfach das beste Mittel gegen Frust jeder Art. «Du hast mir ja bisher keine Gelegenheit dazu gegeben.»

Mit schuldbewußter Miene zieht Claudia an Vios Jackenärmel.

Vio umklammert ihre Beine, stützt ihr Kinn auf die Knie und grinst. «Steckbrief: Er heißt Zoltan, kommt aus Ungarn, ist ein Kollege von Elfie im Reisebüro und locker mit ihr befreundet. Zweiundzwanzig oder dreiundzwanzig Jahre alt, gut gebaut, braune Haare, grüne Augen, schöne Hände und solo. Allerdings wohnt er noch mit seiner Exfreundin zusammen. Angeblich findet sie keine Wohnung.»

«Und!?» Claudia schaut wieder auf ihre Armbanduhr. «Erzähl schnell. Ich muß gleich los.»

Vio steht auf. «Da gibt's noch nicht viel zu erzählen. Wir sind bisher zweimal abends ausgegangen, einmal ins Kino, einmal in eine Kneipe. Ich hab das Gefühl, daß er mich mag. Das heißt, ich glaube, er ist interessiert.»

«Und du?» Claudia steuert zielstrebig durch die Bahnhofshalle.

«Ich weiß nicht. Er ist nett.»

Sie hasten die Treppe zum Bahngleis hoch. Eine kurze Umarmung noch, und Claudia springt in letzter Sekunde auf den bereits abfahrbereiten Zug.

«Grüße an Karsten!» Vio kann es sich nicht verkneifen.

Claudia winkt lachend. Es ist anzunehmen, daß sie die kleine Gemeinheit nicht mehr mitbekommen hat.

Vio verläßt den Bahnsteig und geht durch die Haupthalle hinunter zum U-Bahn-Schacht, wo sie die Linie 12 nach Nippes besteigt, dem Stadtteil, in dem sie seit fast vier Monaten wohnt.

Die Linie 12 nimmt ihren unterirdischen Weg. Zoltan! Vor ein paar Tagen wartete sie am Ende ihres Rendezvous darauf, daß er sie fragte, ob er mit zu ihr nach Hause kommen solle. Aber er hat sie nicht gefragt. In der Nacht konnte sie lange nicht einschlafen. Sie lag da und fühlte sich vollkommen ausgehungert. Seit Wochen schon ging es ihr so. Erst nachdem sie sich selbst befriedigt hatte, kam der Schlaf. Nach wenigen Wochen schon hatte sich Elfies Einfluß auf sie bemerkbar gemacht.

Vio schließt die Augen. Ich vermisse es so verdammt, einmal wieder warm geschaukelt und geschüttelt zu werden und einen schönen, warmen Penis in mir zu spüren ... Sie wäre mit Zoltan ins Bett gegangen, gleich am zweiten Abend. Vio, Vio! Was machst du für Sachen!?

Elfie sitzt mit Frank, ihrem derzeitigen Liebhaber, in der Küche. Frank arbeitet in einem Gärtnereibetrieb. Katrin, schon Ende Zwanzig und Buchhändlerin, steht an der An-

richte und bereitet ihre Spezialität zu: im Backofen gedün-
stete rote und gelbe Paprikaschoten, die in mühevoller
Arbeit von der wächsernen Papierhaut befreit werden müssen, bevor sie in Streifen geschnitten und in eine Marinade
aus Olivenöl, Zitronensaft, Knoblauch und Senf eingelegt
werden.

Katrin schaut sie an. «Schön, daß du kommst! Hast du
Lust, heute abend Doppelkopf zu spielen? Etwas zu essen
gibt es vorher auch. Allerdings muß sich noch jemand auf-
raffen, unten beim Türken ein Fladenbrot zu holen.»

Frank steht auf. «Ich geh schon.» Lächelnd schlendert er an
Vio vorbei. «Hast du Lust?»

Sie läuft rot an. «Gern, aber ich brauche wieder meinen
Zettel, von dem ich die Reihenfolge der Trümpfe ablesen
kann.»

«Kein Problem.» Frank verläßt die Küche.

«Wie geht's Cousine Claudia?» Elfie schüttet sich ein Glas
Rotwein ein.

«Ich erzähle es dir später.»

Ihr neues Zimmer ist klein und noch recht spartanisch ein-
gerichtet. Die alten roten Möbel hat sie in Bendorf zurück-
gelassen. Nichts hätte sie bewegen können, ihr Mädchen-
zimmer mit nach Köln zu nehmen. Auf dem Fußboden
liegen ein Lattenrost und eine Matratze, die Elfie ihr preis-
wert besorgt hat. Ein von Katrin ausgeliehenes Bücherregal, an dem sie mit Heftzwecken eine bis zum Boden
reichende Stoffbahn befestigt hat, dient als Kleiderschrank.
Ihr Schreibtisch besteht aus einer Holzplatte auf zwei Bök-
ken. Den einfachen Basthocker hat sie sich gleich am ersten
Tag gekauft. An einer Wand hängt ein Plakat mit einer
lächelnden äthiopischen Schönheit, die für Urlaubsreisen in
ihr Land wirbt. Frank hat ihr eine große Bananenstaude
geschenkt, die mit ihren riesigen, lederartigen Blättern am
Fußende der Matratze aufragt. Vio fühlt sich wohl in ihren
eigenen vier Wänden.

Sie kramt auf der vollbepackten Holzplatte nach dem

Spickzettel für den Doppelkopfabend. Nachdem sie ihn gefunden hat, legt sie sich auf die Matratze, verschränkt die Arme hinter ihrem Kopf und betrachtet den Verlauf eines langgezogenen Risses im Putz der Zimmerdecke. Wie schön es ist, nach Hause zu kommen, und nette Leute sind da! Auch wenn ich überall das Küken bin...

Im Flur klingelt das Telefon. Sie dreht den Kopf zur Zimmertür und horcht. Jemand nimmt den Hörer ab. Elfie meldet sich mit ihrem Namen. Ein paar Sekunden vergehen. Elfie sagt: Ja, sie ist da, einen Augenblick. Es klopft an der Tür.

«Ja!» Vio richtet sich auf. Ihr Herz schlägt schneller. Zoltan!

Elfie kommt mit dem Apparat in der Hand an Vios Bett. «Für dich.» Sie hält ihr den Hörer hin und lächelt vieldeutig.

Vio wartet, bis Elfie die Zimmertür hinter sich geschlossen hat. «Ja, hallo!?»

«Ich bin's, Micha.»

Von einer Sekunde zur anderen verwandelt sich ihr Gehirn in eine kalte Puddingmasse.

Micha räuspert sich. «Ich habe einen Ohrring von dir unter meinem Bett gefunden. Ich dachte, du hättest ihn vielleicht schon vermißt.»

«Nein.»

«Wie?»

Sie hört Frank zurückkommen. Krachend fällt die Wohnungstür ins Schloß. «Den Ohrring hättest du auch Claudia geben können.»

«Ja.» Micha räuspert sich erneut. «Stimmt, aber – Ich wollte auch mal hören, wie's dir geht. Ich meine, wir haben uns jetzt seit mehr als drei Monaten nicht mehr gesehen, und gehört hab ich auch nichts von dir. Ich meine, ich dachte, wir sind ja nicht in totalem Streit auseinandergegangen, oder? Ich denke viel über uns nach.» Wieder räuspert er sich.

«Bist du erkältet?»

«Nein, wieso?»

Sie betrachtet die Bananenstaude und entdeckt eine kleine Spinne, die den Kübelrand entlangkrabbelt. «Micha.»

«Ja?»

«Mir geht es ganz gut. Aber ich weiß nicht, ob ich mit dir reden will.»

Er sagt nichts.

«Wie geht's dir?»

«Auch ganz gut. Hier hat sich viel verändert.»

Das kann ich mir denken!

«Ich weiß nicht, ob du mitgekriegt hast, daß Tante Mathilde aufgehört hat.»

«Ich habe gehört, daß da eine Spielhalle reinkommen soll.»

«Kommt aber nicht. Gabi, die alte Aushilfe –»

«Ich weiß, wer Gabi ist. So lange bin ich auch noch nicht weg aus Bendorf.»

Er lacht. Es klingt unbeholfen. «Jedenfalls hat Gabi jetzt die Kneipe übernommen. Sie hat den ganzen Laden renovieren lassen. Sieht ganz gut aus. Gestern war Neueröffnung.»

«Schön.»

«Und als ich da gestern saß, ging mir erst auf, daß alle Wände neu gestrichen worden sind. Und daß» – er zögert – «und daß es jetzt das Gedicht vom Kirschmond nicht mehr gibt.»

«Bist du mit Laura zusammen?»

«Was?»

Vio schließt die Augen. «Ich glaube, du hast mich schon verstanden.»

«Ich denke schon.» Er spricht leise. «Ja, wir sind zusammen, denke ich.»

«Ich wünsche dir viel Glück.» Sie legt auf.

Eine Stunde lang hockt sie regungslos auf ihrem Bett. In ihrer Brust liegt ein kalter Stein. Seit Wochen versucht sie, ihn ins Rollen zu bringen. Er rührte sich immer nur einen Deut und kippte wieder in seine alte Position zurück. Sie

stemmt sich mit aller Kraft dagegen. Nie mehr zum Spielplatz am Rhein, nie mehr zum *Meisenhof*, kein Eifelhäus-
chen mehr. Kein Micha mehr. Aus. Was bleibt, ist die
brennende Kuh...

Es klopft. «Vio?» Elfie. «Kommst du? Wir warten auf
dich.»

Sie atmet auf. «Ja, sofort.»

Entschlossen greift sie zum Hörer und wählt Zoltans Nummer.

Zitierte Literatur

Tschingis Aitmatow: Dshamilja. Zürich 1988
Vicki Baum: Flut und Flamme. Olten/Stuttgart/Salzburg 1967
Knut Hamsun: Victoria. Die Geschichte einer Liebe. München 1983
Stephen King: Popsy. In: Das Stephen King Buch. München 1989
François Villon: Die Lasterhaften Balladen und Lieder des François Villon. Nachdichtung: Paul Zech. München 1962

Wer mir schreiben möchte:

Rainer Neutzling
Sachsenring 2–4
50677 Köln

Danksagung

Ich möchte danken,
Prof. Georg Neubauer für die Idee, psychosexuelle Fragen
der Pubertät im Sinne der Jugendkapitel des Buchs «Die
Prinzenrolle» erzählerisch zu vertiefen. Dr. Verena Acke-
mann, Dr. Ingeborg Reifferscheidt-Kreuzfeldt und Dr.
Ansgar Schlütz für die hilfreichen Informationsgespräche
über gynäkologische bzw. urologische Fragen der Pubertät.
Hilde Jürgens und Dieter Schnack für die ermutigenden
Rückmeldungen und kritischen Hinweise in der Anfangs-
phase des Manuskripts. Den Schülerinnen und Schülern der
Klasse 8D der Adolf-Reichwein-Realschule, die mir im Mai
1994 bei einer ersten Vorleseprobe in den Räumen der pro
familia Witten aufmerksam zugehört haben. Dirk Achter-
winter und Ulla Luthe für die sexualpädagogische Begleitung des Vormittags. Lothar Kleinschmidt und Gisela
Schmidt-Gieseke für die sexualpädagogische Begleitung einer ebensolchen Veranstaltung im September 1994 anläß-
lich der Jugendwoche des Stadtjugendrings Greven. Maria
Franco und Stefanie Kühnel für die Übersetzung einiger
Dialoge ins Italienische. Den Erwachsenen und Jugendlichen Nathan Berg, Almuth Blittersdorf, Ingrid Brücher,
Marion Felder, Sebastian Fleary, Jonas Geißler, Nicole
Heinz, Vera Heinz, Jessika Jürgens, Nico Jürgens, Achim
Koch und Carmen Ressler für die aufmunternde und treff-
sichere Kritik an der ersten Fassung des kompletten Manu-
skripts. Und zu guter Letzt meiner Liebsten Margarethe
Jungert für ihre Offenheit, mit der sie während meiner
Schreibphase den Standpunkt der Mädchen vertreten hat,
und für ihren Langmut, mit dem sie sich immer wieder als
kritische Testleserin zur Verfügung gestellt hat.

DIETER SCHNACK / RAINER NEUTZLING

Die Prinzenrolle
Über die männliche Sexualität
416 Seiten. Kartoniert

Aus dem Inhalt: Vom Umgang mit kindlicher Sexualität / Jungen zwischen sechs und zehn / Jungen zu Beginn der Pubertät / Petting und das erste Mal / Ansichten über den Trieb des Mannes / Männliche und weibliche Erregung / Hingabe und Kontrolle / Der Traum vom losgelösten Moment / Verschmelzung, Wachwerden und Trennung / Die männliche Hälfte am Wunder des Lebens / Sexualität nach der Geburt eines Kindes

«Die beiden noch recht jungen Autoren ... schreiben mit einer Leichtigkeit, die hierzulande ebenso selten ist, wie sie als unseriös gilt: Der keineswegs oberflächliche Plauderton, dazu die vielen stimmigen Zitate, die authentischen Fallbeispiele und fiktiven, aber anschaulichen Schicksale erinnern an beste angloamerikanische Sachbuchliteratur.»

Psychologie heute

Kleine Helden in Not
Jungen auf der Suche nach Männlichkeit
rororo sachbuch 8257

Die Frauenbewegung löste sinnvolle und konstruktive Diskussionen über die Erziehung von Mädchen aus. Allerdings wurde bei all den Bemühungen, Benachteiligungen von Mädchen abzubauen, stillschweigend angenommen, den Jungen ginge es gut, sie wüchsen in Freiheit und Zufriedenheit auf. Die beiden Autoren zeigen, daß das nicht der Fall ist. Die Ergebnisse ihrer Arbeit verlangen nach einem neuen positiven Konzept der Jungenerziehung.

«Das Buch ‹Kleine Helden in Not› bringt eine solche Materialfülle, daß es als Handbuch in jede Familie, in jeden Kindergarten und in jede Schule gehört.»

Erziehung und Wissenschaft

ROWOHLT